鈴木敦子 著

戦国期の流通と地域社会

同成社 中世史選書 7

目 次

序……1
一 本書の研究視角と研究史 1
二 本書の構成 6

第Ⅰ部 国人領主の存在形態と交通

第一章 肥前東松浦地域における国人領主鶴田氏の動向……13
はじめに 13
第一節 鶴田氏に関する文書類……14
一「鶴田家文書」 14
二『岩屋家譜』 15
第二節 鶴田氏について……15
一 中世前期の鶴田氏関係文書からみた鶴田氏 15
二 大川野日在城の鶴田氏（嫡男家）について 20
三 岩屋獅子ヶ城の鶴田氏 23
四 日在城と獅子ヶ城の連絡ルート 23
第三節 東松浦地方の政治状況と鶴田氏……25
一 波多氏の後継問題と鶴田氏 25

二　大友氏の東松浦地域支配と両鶴田氏　28
三　後藤貴明と両鶴田氏　31
四　獅子ヶ城鶴田前の死去　34
五　天正四～六年の起請文と政治情勢　35
六　鶴田氏のその後　39
おわりに　40
第二章　戦国期有明海の交通体系と国人領主……47
はじめに　47
第一節　宣教師がみた有明海の海上交通……48
第二節　大友氏の筑後・肥後両国における兵船動員と国人領主の動向……53
一　国人領主田尻氏の場合　53
二　国人領主小代氏・三池氏の場合　56
おわりに　60

第Ⅱ部　龍造寺氏の物資調達システム

第三章　龍造寺氏の鉄砲受容について―焔硝の調達をめぐって―……67
はじめに　67
第一節　毛利・大友氏の鉄砲使用状況……69

一 毛利氏の鉄砲使用状況 70
二 大友氏の鉄砲使用状況 71
第二節 龍造寺氏の鉄砲使用状況……72
第三節 戦国大名（大友・毛利・龍造寺氏）の鉄砲・焔硝の調達……76
一 鉄砲の輸入 76
二 焔硝の輸入 78
三 焔硝の製造 80
第四節 龍造寺領国における焔硝の調達と龍造寺長信の役割……82
おわりに 87
第四章 龍造寺領国における物資調達と長信の役割……91
はじめに 91
第一節 材木の調達……91
第二節 板の調達……94
第三節 軍事と土木工事……96
おわりに 99

第五章　肥前国における印判状について……101
はじめに　101
第一節　龍造寺隆信の印判状……106
第二節　龍造寺政家の印判状……108
第三節　鍋島直茂の印判状……110
一　鍋島直茂（信生）の印判状の初出　110
二　直茂時代の印判状の用法　115
おわりに　116

第Ⅲ部　龍造寺領国下の「町」の成立と貨幣流通

第六章　戦国期肥前国における「町」の研究―伊勢御師関係文書の検討―……123
はじめに　123
第一節　『天正十七年御祓賦帳』にみえる町名と宿名……125
一　『御祓賦帳』にみえる「町」　127
二　戦国期町場の具体像―肥前国「蛎久」を例として―　141
第二節　戦国期の町運営の機構（組織）について……155
一　養父郡瓜生野町の検討　155
二　川崎町の町立て（近世的町立て）　159

おわりに 160
第七章 肥前国内における銀の「貨幣化」……175
はじめに 175
第一節 銀の「貨幣化」に関する研究史について……176
一 戦国大名毛利氏の場合 176
二 戦国大名大友氏の場合 177
三 伊勢国の場合 178
四 京都の場合 178
第二節 戦国期肥前国内の貨幣流通と銀の「貨幣化」……180
一 『肥前日記』の検討 180
二 肥前国における「計屋」の成立 182
三 『御参宮人帳』(肥前国)の分析 185
第三節 龍造寺氏と銀……194
一 龍造寺氏の銀使用 194
二 貿易商人平吉氏と銀 196
おわりに 199

第八章　中世後期の経済発展と銭貨……207
はじめに　207
第一節　中世後期における商品流通の展開と銭貨……208
一　物資流通と銭貨の浸透　208
二　民衆生活と銭貨　210
三　礼物としての銭の使用　215
第二節　代銭納の展開と諸権力の貨幣政策……217
一　代銭納の進展　217
二　戦国大名と銭貨　219
三　銭貨流通の地域性（代銭納の終焉）　220
おわりに　223

付
翻刻『天正十七年御祓賦帳』　228
解題『天正十七年御祓賦帳』　290
初出一覧　309
あとがき　311
索引　316

序

一　本書の研究視角と研究史

近年の戦国期研究は、近世をも射程にいれて考察を加える中近世移行期研究へと広がりをみせている。特にこの傾向は村落論において活発であるが、近年では都市・流通の分野においてもその傾向が広がっている。しかし、その研究対象とされている地域は主に「先進地帯」であった。それは、京都の中世都市から近世都市への移行の問題や、戦国期城下町研究においてはその近世城下町への移行が問題とされている。他方、この間に歴史考古学においては、山城や町場の豊富な発掘事例報告が蓄積されてきており、これらの事例研究を中近世移行期の「後進地帯」における都市・流通史研究にどのように活用していくのかは大きな課題である。

著者は、中世後期地域社会における流通構造の究明を研究課題としてきた。本書では、主に肥前国内の国人領主の動向を踏まえて、戦国期の政治情勢と地域社会（経済・流通）のあり方を考察していく。その際、流通史・都市史（町場）の各論を考察するなかで、近世への展望にも言及するようにつとめていきたい。

以下では近年の戦国期の流通史と都市史との研究動向について簡単に触れておくこととする。

（一）近年の戦国期の流通史研究

二〇〇〇年以降の一〇年ほどの間に中世後期の流通史研究、とりわけ地域経済圏の解明については、考古学の発掘成果を活用することを通じて、めざましい進展をみせている。中世後期の経済構造については、畿内へ求心化する流通と求心化しない地域間流通（地域経済圏）とが併存すること、地域経済圏は自己完結的なものではなく、蜂房状構造・数珠状に連なっていることについては、現在では共通認識となっていると言ってよかろう(1)。これは、多くの陶磁器類の発掘成果報告などとその分析によって、広範な物流の実態が明らかにされてきたことによるところが多い(2)。

また、畿内における中近世移行期の主要遺跡から発掘される陶磁器の分析から、この時期に都市間の物流が盛んになる（伏見・淀・大坂などの都市遺跡から同質の遺物が出土する）ことが明らかにされている。これは、文献史学での当該時期の水陸交通の変容と一致するものであり、地域間（都市間）流通・交流の活発化がその背景にあることが想定される(3)。

一方、地域経済圏の範囲・存在については、商品によって異なる流通経路・販売経路を経て市場へ供給される例があることから、「モノの流通範囲を、即座に荘園や国衙など政治的枠組みに還元すべきではない(4)」との主張もあり、地域経済圏のあり方については、今後も検討を重ねていく必要があろう。

以上のように、出土遺物から戦国期の流通のあり方を考えるのとは別に、既存の史料を新しい視角から再検討する方法でもって、流通史研究での史料的制約を克服し流通論を進展させようとする試みもなされている(5)。例えば、二〇〇五年度の日本史研究会大会における宇佐見隆之氏の報告「中世末期地域流通と商業(6)」である。ここでは、主に近江をフィールドとして流通ルートに焦点をあて、中世から近世への商人の活動形態の変容（新儀商人の問題）を論じている。さらにこの間に起こった、敦賀の港町の内部構造の変化と商業勢力の交替についても指摘している。このような流通史研究のスタイルは八〇年代に論じられた地域経済圏の方法論に依ったものであり、きわめてオーソドックスな研究スタイルであるが、この報告を継承・展開する研究が近年行われていないのは、残念である。

さらに近年、地域経済圏をキーワード・分析視角として取り入れた多方面からの研究の一つに、貨幣史の分野での川戸貴史氏の研究がある(7)。氏の研究は、中世後期の地域経済圏と悪銭流通との関係を論じており、在地において独自に成立している銭貨の流通秩序＝「地域的銭貨流通秩序」について究明し、これを無視した政策の導入が、悪銭問題を生じさせる原因であるとする。この結論は、地域流通システムの成立（それは地域社会が形成された結果の産物である）に支えられてはじめて、全国流通システムが円滑に機能していたことを示唆している。この問題は、初期の藩領域内における貨幣問題へと繋がることも検証されており、これらは、戦国期の特質である地域分権化と表裏の関係にあること、さらにそれらを解決することが近世社会の成立には不可欠であったことを示していて、貨幣論から移行期問題を検証した好例である。ただし、川戸氏の研究は、貨幣流通の視座から移行期の問題を分析しており、より普遍性を持たせるためには、当該期の経済構造の枠組みのなかで捉えなおすことが不可欠であろう（貨幣問題は物資流通量を反映して発生するものであることを確認しておきたい）。

(二)　戦国期の町場の研究

ここでは中世都市研究の中でも戦国期の城下町研究に焦点をあてて近年の動向に触れておきたい(8)。

戦国期の城下町を中心とした都市・町場の研究を展開した早い例としては、小島道裕「戦国期城下町の構造(9)」があげられよう。氏は戦国大名の城下町の経済・流通機能は、城下町（居館を中心として家臣団・商工業者の屋敷）と市場との二元的構造であることを指摘している。さらに、それとは別に、戦国大名は家臣化している国人領主領の独立性・在地制を否定できないままに、在地市場の存続を容認する体制をとっていることも明らかにしている。この体制を打破するには兵農分離政策の実行が不可欠であり、織田信長によってそれが初めてなされたとする。小島氏が提唱した中近世移行期の城下町・町場（市・町）モデルは、その後考古学の発掘事例を理解するうえでの基本モデルとなっている。

さらに考古学の分野では、近年戦国期の町屋の発掘事例報告が多数なされており、個別の事例研究は豊富である。例えば、木戸雅寿「考古学からみた中近世集落の発展と都市」や玉井哲雄「都市空間における中世から近世への転換」[10]は、町場の存在形態を中世的な形態と近世的なそれとに分類し、その移行過程を追求している。また、木島孝之著『城郭の縄張り構造と大名権力』[11]は、歴史地理的なアプローチによって主に九州の近世城下町の存在形態を探るものである。氏はこのなかで、佐賀藩領内の各地に残る城下町[12]のあり方を検討している。その結論として後進性ゆえに各地の城館城下町に集約されない中小の町場が残存する、きわめて中世的な流通構造を色濃く残しているとする。

しかしこれらの研究では、文献史料的に城館（山城）や城下町の遺跡調査の結果を裏付けることは難しく、町の構造・運営・組織などの詳細・実像に迫ることが行われていないのが現状である。それゆえに、発掘事例が示されても町場が個々に散在する状況がそのまま放置されているのが現状であろう。これらをどのように有機的関連性を持ったものとして理解すべきなのか、それらにどのような地域性をみるのかなど、地域の特性を考慮しつつ中近世移行期の流通構造の中に位置付けることが、課題となる。[13]この点の克服なしには、「後進地域」における中世都市から近世的都市（＝城下町形成によって流通・経済の統制が貫徹可能となる）への移行問題を解明することはできないのではなかろうか。

（三）地域社会史の課題

地域史研究は地域をテーマに選べば自ずと地域史研究になるという、安易さがある。しかし単なるモデルケースとしてのケーススタディを提示するだけに終わっていてはならないのであり、地域の特性を明らかにすることによって、その時代の何が検証されたのかを確認することが不可欠である。すなわち、全体史の中に位置づけて一般化・普遍化することである。

また、戦国期の地域社会史を論じようとする際にさらに留意すべきことがある。まず第一には、戦国期を単なる「国盗り物語」の時代・破壊や社会混乱の時代と捉えるのではなく、そのなかで「近世」的なものがいかに準備されていたのかを検証することが必要である。それは、それぞれの地域社会のなかで、どのような変容・転換が起きていたのかを検証していくことである。

第二には、戦国期は、地域分権化が全国的に最も深く進行した時代であり、古代以来の中央と地方という伝統的な中央集権体制を崩壊させた時代であった。また、大名領国という地域国家が各地で形成された時代であり、そのなかで、それぞれの地域国家に適合的な独自の経済構造・政治構造の形成を模索した時代と、捉えることができよう。それゆえに個々の事例が、戦国期社会の全体像とどう関わるのかを常にフィードバックすることが不可欠である。

第三には、この時代は日本が初めて西洋の文物にであう時代である。特に西欧からもたらされた火器（鉄砲）類は、入手の可否が戦国大名自身の存否を左右するものであり、戦国大名にとって従来には考えられなかった、外交と貿易が戦争と内政の遂行のために必要不可欠なものとなった。そのため領国政策等々、政治・経済において旧来の政策とは異なるアイディアが要求された。例えば、斬新性が強調される織田信長の種々の政策も、時代が要請したものであったといえよう。

さらに付け加えるならば、戦国大名領国支配の中に吸収・包含されていった多くの国人領主層の動向も地域社会史にとっては重要である。彼らの動向が戦国大名の打ち出す諸政策に対して方向付けをあたえることとなったからである。またその動向は国人領主間の同盟・離反など様々な部分に大きな影響を与え、国人領主層も自らの方向性の明確化を迫られたのである。

本書では、こうした社会変動の大きい中近世移行期において、中央から遠隔の地である北部九州地域（「後進地域」と称される）をフィールドとして国人領主の動向を踏まえつつ、交通体系、戦国大名と鉄砲類の調達、町場の成立と貨幣流通など、地域社会の具体的な動向を追究することとしたい。さらに、この地域での社会変動は、どのような特性を持っていたのか、それは中央の動向とどのように関わりを持っていたのか、一般化は可能であるのか、などについてもできうる限り言及していきたい。

二　本書の構成

肥前国内では龍造寺氏が戦国大名として著名ではあるが、その支配期間は一五年ほどである。俗にいう今山の合戦（元亀元年＝一五七〇）によって、大友氏の支配・影響力から徐々に自立していくのであるが、隆信は天正十二年に島原での島津軍との戦いの最中に没するからである。その後は鍋島直茂が後見人として隆信の子・政家を補佐し、朝鮮出兵などを経て近世には鍋島藩として龍造寺領国を継承する。

かかる中近世移行期の政治・経済的な支配の変遷については、既に網羅的な研究（藤野保編『佐賀藩の総合的研究』[14]）が行われている。そこで本書では、その成果に学びつつ、以下のような構成で検討していきたい。第一部「国人領主の存在形態と交通」と題して、第一章「肥前東松浦地域における国人領主鶴田氏の動向」では龍造寺領国と対峙した国人領主鶴田氏の存在形態を、第二章「戦国期有明海の交通体系と国人領主」では筑後の田尻氏・三池氏、肥後の小代氏などの動向を有明海の交通体系との関連から考察する。彼ら国人領主は、豊前の大友氏との関係を強めつつ自己の存立基盤を確保していた。彼らが、周辺国人領主と連携・攻防を繰り返しながら、戦国期をどのように生き抜いていったのかを検討し、さらには肥前国の地域社会の特性とはどのようなものであったのかをも、追求していきたい。

第二部「龍造寺氏の物資調達システム」では、龍造寺領国の政治体制・支配体制を龍造寺氏領国における軍需物資の調達のあり方から検討する。第三章「龍造寺氏の鉄砲受容について—焔硝の調達をめぐって—」では焔硝の調達方式を、さらに第四章「龍造寺領国における物資調達と長信の役割」では建築資材の調達システムを究明する。両論考では、特に龍造寺領国内での龍造寺隆信の弟長信の役割・任務に焦点をあて、龍造寺氏領国の流通政策を検討する。龍造寺領国の物資流通システムの検討は従来までに行われておらず、その具体的検討によって、戦国大名龍造寺氏の特性を明らかにできると考える。また、第五章「肥前国における印判状について」では龍造寺氏の印判の使用例を検討し、東国の戦国大名との相違を明らかにした。その結果ここにも龍造寺氏の特性をみることができた。

第三部「龍造寺領国下の町の成立と貨幣流通」では、中近世移行期の町場・貨幣流通の存在形態の検討を通じて、肥前国の地域的特性を検討してみたい。特に使用する史料（『天正十七年御祓賦帳』、なお以後『御祓賦帳』と略す）については、この分野における文献・史料の不足という壁を乗り越えるために、既存史料を新しい分析視角で検討することを課題とした。その結果、第六章「戦国期における『町』の研究—伊勢御師関係文書の検討—」では文献上で肥前国内の各地に「町」が成立していたことが検証でき、かつその具体像をも究明することができた。近年各地で町場の発掘事例が報告されているが、これらがどのような歴史的過程の中で形成されてきたのか、さらに各地域において町場がどのような有機的関連性をもって形成されているのかなど、領国内流通網形成の観点も含めて考察する方法を提供できたと考えている。

第七章「肥前国内における銀の『貨幣化』」では、『御参宮人帳』に記載された多くの参宮者が奉加金を銀で納入していたことがわかる。ここから、主に天正年間の『御参宮人帳』・『御祓賦帳』の類を使って、肥前国における銀使用の実態を検証した。さらに他の地域毛利領国や大友領国などの銀使用状況との比較検討を行い、肥前国の銀使用の先進性を明らかにした。また、龍造寺領国での御用商人による銀使用の実態も検証し、彼らが貿易商としての活動を通じて銀を蓄積していること、銀が貿易決済用途にあてられていることも検証した。ただし、これらがどのようにして肥前国内に流通し、庶民にまで普及していくのかは、今後に残された課題である。

第八章「中世後期の経済発展と銭貨」では、中世後期社会における銭貨使用の全国的な広がりの実態を近江の村掟にみられる罰金規定、兵庫北関での関銭徴収、代銭納、貫高制などから追究した。

最後に『天正十七年御祓賦帳』の翻刻とその解説を付けた。今回『御祓賦帳』を新しい視点から活用することで、肥前地域史の未解明部分を明らかにできたと考えている。旧来の史料を新しい視角で検討することによって、史料的な制約による地域史研究の停滞を少しは解消出来るのではないかと考えている。

本書では、上記のような構成をとり、個々の論稿を通じて、中近世移行期肥前国内の地域的特性と、そこに展開された流通経済のあり方を分析していきたい。

注

（1）例えば、川戸貴史「中世移行期の流通構造と貨幣」（同氏『戦国期の貨幣と経済』吉川弘文館、二〇〇八年）参照。

（2）一例をあげると、二〇〇三年に発足した内陸遺跡研究会では、二〇〇五年に第一回のシンポジウム「海なき国々のモノとヒトの動き」を開催し、十六～十七世紀における内陸部の流通を集中的に議論している。

（3）鍛代敏夫「中・近世移行期における淀川交通の変換」（同氏『戦国期の石清水と本願寺』法蔵館、二〇〇八年）。

（4）坂本亮太「中世後期の地域内流通を考える」（『中近世土器の研究』二二、二〇〇九年）。

（5）この方法は、拙著「一五・一六世紀における『保内商人』団の存在形態変化と経営論理の展開」（鈴木『日本中世社会の流通構造』校倉書房、二〇〇〇年）において用いた手法である。

（6）『日本史研究』五二三号、二〇〇六年。

（7）『戦国期の貨幣と経済』（吉川弘文館、二〇〇八年）所収論文のうち、特に第七章「中世近世移行期の銭貨流通秩序」、終章「中世近世移行期の流通構造と貨幣」など。

（8）近年の研究としては、仁木宏他編『岸和田古城から城下町へ』（和泉書院、二〇〇八年）がある。これは、和泉地域の唯一の城下町岸和田のルーツを中世在地領主の城館に求めている。また、仁木宏他編『信長の城下町』（高志書院、二〇〇八年）では、小牧・岐阜・安土と小牧以前の尾張国内の織田系城下町、信長家臣の城下町、豊臣政権が造った大坂城下町を比較検討し、信長時代の城下町の全体像とその特色の把握を試みている。中世都市の代表である京都では、仁木宏氏が自治都市（都市共同体）を運営した「町衆」の自治権がどのような変質するのか、というテーマにそって一連の研究を行っている（同氏『京都の都市共同体と権力』思文閣出版、二〇一〇年）。

（9）『日本史研究』二五七号・一九八四年、その後同氏『戦国織豊期の城下町の研究』（青史社、二〇〇五年）。

（10）両論考ともに『中世都市史研究Ｉ　都市空間』（新人物往来社、一九九四年）。

（11）九州大学出版会、二〇〇〇年。

（12）佐賀藩には、三支藩と御親類・御親類同格（「大配分」）と称される自立性が強い地方知行制度が行われていた。そのために各領主の館に接続する形で城下町が形成された。

（13）考古学での町場の発掘事例（宇佐見氏の指摘や日本史研究会大会での斎藤善之氏のコメントのなかで指摘された敦賀や青森・三国湊の事例など）を中近世移行期の都市問題としてどのように理解するのかは、十分に議論されていない。

（14）吉川弘文館、一九八一年。

第Ⅰ部　国人領主の存在形態と交通

第一章　肥前東松浦地域における国人領主鶴田氏の動向

はじめに

本章は、戦国期東松浦地域の国人領主鶴田氏が、当該地域の政治情勢の中でどのような動向を示したのか、多くの起請文から検討しようとするものである。そのためにまず、十六世紀の肥前国内の政治状況を概観しておく。

天文十五年（一五四六）三月、水ヶ江龍造寺氏の当主龍造寺剛忠の死後に当家を継承したのは、周家（剛忠の孫）の子で還俗した胤信（のち隆胤・隆信）であった。一方、龍造寺氏の惣領家である村中龍造寺氏では、胤秀が大内義隆から肥前国守護代に任命され、佐賀郡で五千町、神埼郡で五百町など六千町の知行を得たが、同十七年に病死した。そのため胤信が胤秀の後家を娶り両龍造寺氏を統一し、八千町を領する大領主となった。さらに同十九年（一五五〇）には大内義隆の偏諱を得て隆信と名乗り、肥前主要地域を掌握していた千葉氏からの脱却を図って大内氏の下に入った。

しかし同年豊後国では大友義鑑が横死し（二階崩れの乱）、大友義鎮（大友宗麟）が跡を継いだ。また翌天文二十年（一五五一）には大内義隆が家臣の陶隆房（晴賢）に討たれ、北九州の情勢が一変した。さらに同年龍造寺氏の内部では、家臣の土橋栄益が大友義鎮に通じて、龍造寺鑑兼を擁立しようとして内紛をおこした。しかし、同二十二年龍造寺隆信は鑑兼を追放し、栄益を殺害して内紛を収め、大内義長の一字を弟家信に得て長信として、大内氏との関係を強化し、肥前支配の基礎を固めた。

一方、大友義鎮は、天文二十三年（一五五四）、肥前守護に任命された。北九州の名族といわれた少弐冬尚は大友義鎮に通じ、東肥前の馬場・横岳・筑紫氏らの家臣に擁立され、さらに有馬氏や千葉胤頼等とも結んで勢力の回復を図っている。

すなわち、この時期は大内氏の援助のもとで、東肥前地域の平定を行っていこうとする龍造寺隆信と、他方では大友・有馬氏の援助のもとで少弐氏再興を図る勢力とで肥前国内は二大勢力に分裂していた。そのなかで、元亀元年（一五七〇）のいわゆる「今山の戦い」以降、龍造寺氏の東松浦地域への侵攻が行われていく。以下、当該期に東松浦郡大河野に本拠をおいた国人領主鶴田氏（嫡男家日在城…伊万里市、庶流家獅子ヶ城…厳木町、なお両家を総称して両鶴田と呼ぶ）の動向を龍造寺氏や武雄の後藤氏、岸岳城の波多氏などとの関係と絡めて、「鶴田家文書」等の主に起請文を使って検討していきたい。

第一節　鶴田氏に関する文書類

一　「鶴田家文書(1)」

日在城の鶴田氏（嫡流家）に伝わる文書（百数十通点）のうち、七五点の中世関係文書は「鶴田家文書（嫡流家）」として『佐賀県史料集成』第七巻に収録されている。また、獅子ヶ城の鶴田氏（庶流家）に伝わる文書（一一五点）は、同じく「鶴田家文書（庶流家）」として『佐賀県史料集成』第六巻に収録されている。両文書ともに無年号のものが多く、かつほとんどが戦国期のものである。その他、江戸期の文書類を中心とする「鶴田家文書」も現存する。

二　『岩屋家譜』

『岩屋家譜』は鶴田氏の庶家、厳木町岩屋にあった獅子ヶ城鶴田氏の家譜である。主に鶴田越前守前とその子賢の事蹟を編年順に記述したもので、「宝暦三年癸酉（一七五三）、夏五月、鶴田寛」との奥付けがある。しかし、その後（時期は不明）手が加えられ、墨消し加筆訂正が大量にあり、解読が困難な部分がある。そのために、部分的に紹介されたことはあるが、(2) 現在までのところ全面的な活字化はされていない。今回の利用も限定的なものである。史料批判を含め、全容の解明は今後の課題である。

第二節　鶴田氏について

一　中世前期の鶴田氏関係文書からみた鶴田氏

鶴田両家の文書の中で、年号が判明する文書のうち最古のものは、「鶴田家文書（嫡流家）」（以下「鶴田（嫡）」と略す）中の正治元年（一一九九）十一月二日付の「遠江守（北条時政ヵ）書状案」(3)である。

　其後何事候哉抑肥前国松浦党清・披・囲・知・重平如本、可令安堵之由、蒙仰、賜身暇、所令下向候也、且宮庁御使、令下向関東、遂問注候畢、其間事、定令中候歟、毎事期後信、恐々謹言

正治元

十一月二日　　　　　　遠江守御判

大蔵次郎殿

これは大蔵次郎（鎮西奉行ヵ）に宛てて、肥前国松浦党（清・披・囲・知・重・平）(4)に元の如く所領（本領）を安堵するという遠江守（北条時政ヵ）の安堵状である。「伊万里家文書」(5)にも同様のものがあるが、両方共に写しである。これは文面にある「肥前国松浦党」の一族に係わる家々が、松浦党の由緒を残す必要から書写したものと考えられる(6)。ちなみに日在城鶴田氏の祖は知となっている（系図参照）。なお本文書には疑義が残る。

次いで古いものは南北朝期のもので、建武三年（一三三六）三月二十七日の「足利尊氏（カ）下文案」(7)である。これは「下　松浦一族等」に宛てて、肥前国川副庄・肥後国鹿子木庄・日向国浮田庄を勲功の賞として宛行う、というものである。この文書についても疑義が残るが、前掲の正安の文書と同様に、鶴田氏が松浦党の一員であることを確認できる文書として保有していたのであろう。

三番目のものは、「今川了俊書下写」(8)であり、ここには永和三年の三通の文書写が収められている。これらの文書について検討しておきたい。

まず三通の日付は、（a）永和二年（一三七六）二月十四日、（b）同三年三月十二日、（c）同年五月十九日であり、これらを書写した最後に、「本書在伊万里之家」との添え書きがある。「本書」は現在も「伊万里家文書」(9)に残されており、伊万里家にあった文書を何らかの必要性から、鶴田家で書写したことがわかる。なお、前述の「鶴田（嫡）」の一号文書「遠江守書状案」も「伊万里家文書」に原文書が残っている。これらのことから鶴田氏と伊万里氏は姻戚関係などで非常に近い関係にあったことが、推測される。

（a）松浦伊万里中務丞貞申、肥前国松浦大河野対馬入道聖本跡事、任相伝旨、沙汰付下地於貞、可執進請取之状、如件、

永和二年二月十四日　　　　沙弥判

松浦大河野豊前権守殿

これによると、松浦党の伊万里貞は、肥前国松浦大河野の対馬入道聖本が所有していた向村は貞の先祖相伝の地であるので、貞への安堵を要求した。これに対し九州探題今川了俊は松浦大河野豊前権守に貞の主張を了承するように伝えている。大河野聖本は永和二年一月に今川了俊と対立した波多武方に付き、「退治」されて所領は没収された(10)。その後、その所領は伊万里貞に与えられた(11)。しかし翌年に貞は大河野豊前権守から違乱を受けたために、（b）の書状が発給されることとなった。

（b）松浦伊万里中務丞貞申、肥前国松浦大河野対馬入道聖本跡向村事、仕相伝之旨、先度成敗畢、而波多助三郎、為凶徒、楯籠当所間、加対治、知行不可有相違之処、大河野豊前権守違乱云々、為事実者、太不可然、不日退彼妨、沙汰付下地於貞、可被執進請取之状、如件、

永和三年三月十二日　　　沙弥判

相知美濃権守殿

相知中山備前権守殿

この文書によると、「大河野向村」は伊万里貞に相伝の地であると認められたのだが、今度は波多助三郎が当所（向村ヵ）に立籠って横領しようとしているという。そこで彼を退治し、伊万里貞の知行を認めた。しかし、再度大河野豊前守が違乱をしているとのことなので、事実であるならばその違乱を停止し、貞に所領を与えるようにせよと、今川了俊が相知氏に伝えている。

（c）松浦伊万里中務丞貞申、肥前国大河野向村事、度々被仰之処、大河野豊前権守有、尚以違乱之由、使節注進、披見畢、太不可然、就相伝文書、成敗之処、無理押領之、好而招其咎歟、所詮、重莅彼所、可被沙汰付下地於

貞、若猶不事行者、可有殊沙汰之状、如件、

永和三年五月十九日　　　　　沙弥判

松浦相知美濃権守殿

（c）は、伊万里貞に与えた「大河野向村」の所領に対して、いまだに大河野有が違乱を働いていると「使節」からの報告があったので、重ねて向村に赴き、下地を貞に与えよと、今川了俊が相知氏に伝えたものである。

以上の三通から、向村が波多氏・伊万里氏（貞）・大河野氏（有）の三者間での領有権争いの対象となっていることがわかる。なかでも伊万里氏（貞）と大河野氏（有）の二者間での争論が主軸であり、解決は容易ではなかったようである。

ここでは、大川野の領有権が伊万里貞に認められたことが、名字の地である大河野氏には納得できず、違乱を繰り返している様子がわかる。南北朝内乱の混乱した中で、「退治」されて本願地を失う側と勲功の賞として与えられた側との対立の構図といえよう(12)。

鶴田氏は系図によると、大河野三郎知の子馴が鶴田五郎を名乗ったことになっているが、その詳細は不明である。しかし、鶴田氏と大河野氏の間での婚姻関係が結ばれていることなどから、直の代になって大川野に居城を移すこととなったと考えられる。「鶴田家文書」中に大河野氏関係文書が含まれるのは、以上のような事情からであろう。また鶴田氏が伊万里氏の下に所蔵されている正本からこれらの文書を書写している事実によって、鶴田氏も向村が伊万里氏の所領であることを承認していたと推測できる。ただし、この文書の書写の時期や向村の鶴田氏への委譲の時期は不明である。

「伊万里家文書」には明徳二年（一三九一）十二月十五日付の「大河野向村田地等坪付(13)」、その後明応六年（一四九七）の「源胤知行宛行状(14)」が存在していることから、その後大河野氏の違乱は退けられ、伊万里氏の所有に帰したと考え

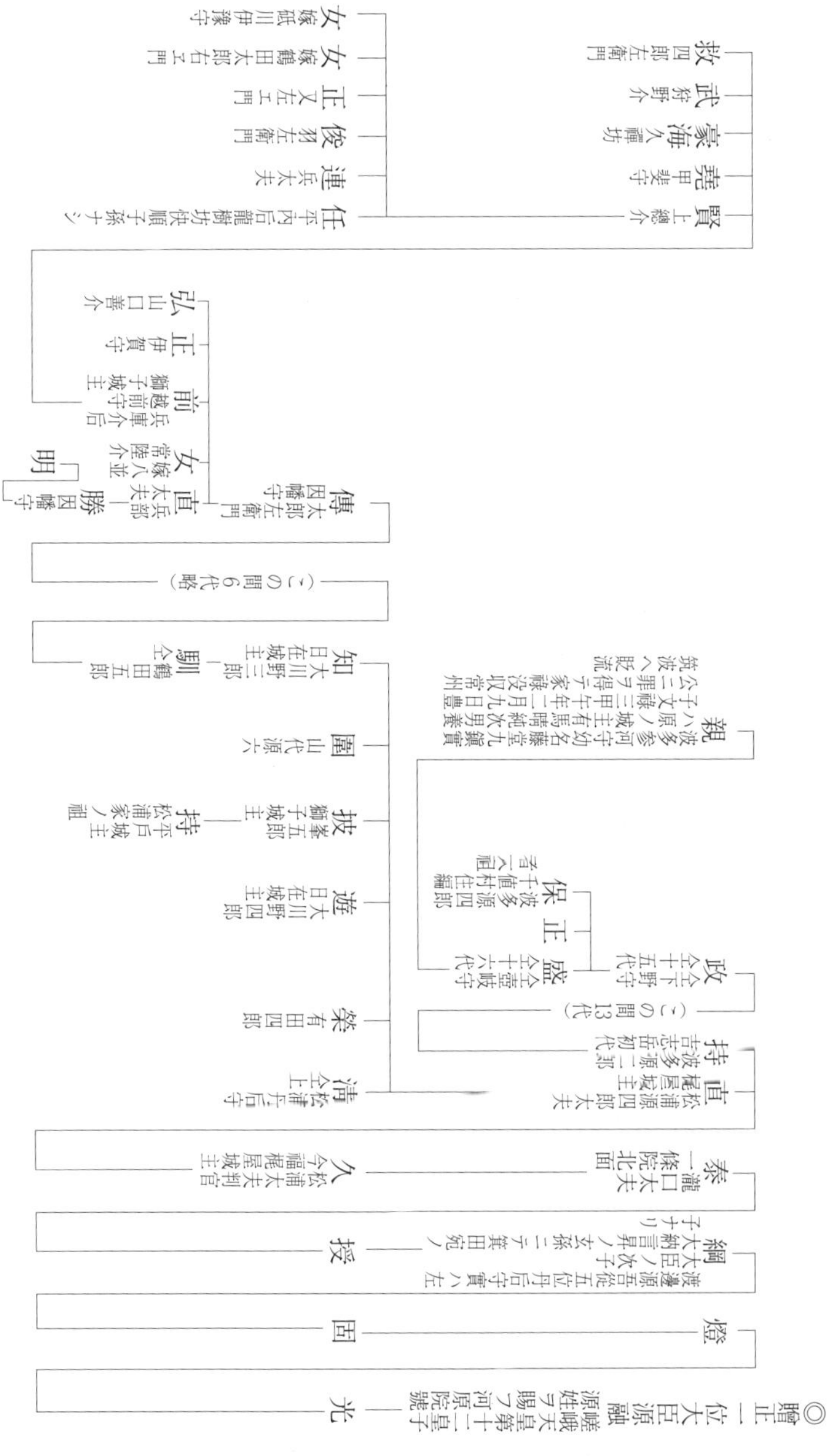

松浦党略系図

出典「鶴田家（庶家）文書」より作成

られる。大川野鶴田氏が向村の権利を有するようになるのは、明応六年以降であろう[15]。

二　大川野日在城の鶴田氏（嫡男家）について

鶴田氏は松浦党の一族である。『松浦家世伝』や「松浦系図」によると、源久の長子直の四男遊が現在の大川野に居住したことから大河野氏を称したという。遊は久寿年間（一一五四～五六）に、大川野に日在城を築いた。源久の次男持は波多郷を譲られ波多氏を称したが、その子の来は鶴田（現唐津市相知町佐里）に居住して鶴田太郎といい、鶴田氏の祖となった。来の子の起は日在城の娘を妻に迎えている。その後大河野氏がとだえたが、天文年間（一五三二～五五）に鶴田直が日在城に入り居城としたという。日在城についての調査報告は宮武正登氏のものがある[16]。ここでは宮武氏の見解に従って大川野の地域についてみておきたい。

さて、『岩屋家譜』によると、「火割《日在》ノ城ハ、大河野ノ河西村ニ在リ、小シ南ニヨリテ東ニ向ヘリ高山絶険ニシテ、ソノ後ノ続キタル所ヲハ広ク堀切テ攻入ルコトナカラシメ、前ニハ則大川アリテ南ヨリ北ニ流レタリ、然シテ鶴田氏平日東ノ麓ニ逸居シテ、事アレハ必城上ニ登ツテ自守ラレシトゾ、麓ノ居室モ則亦郭ノ内ニシテ権現社ノ下ニ在ケリ、今斯城ノ要害ノ精キコト傳ラザルナリ」とある。

すなわち、日在城は大川野の河西村の少し南寄りに位置していて、東を向いている。山は高く急峻でその背後は広く堀を切ってあり、攻め入ることができない。その前面には大川（松浦川）が南から北に流れる。鶴田氏は平時は東の麓に居住していて、いったん事が起きると城山に登り守った。麓の館も城の郭内であって、権現社の下に位置していた。今ではこの城の要害の精緻な造りについては何も伝わっていない。

以上のように記されているが、現在でも大字川西の小字には「古城」・「構」・「館」などの地名が残っており、城館の存在したことを示している[17]。ただし、この記事にある「権現社」は慶長十五年（一六一〇）に藩主の寺沢志摩守広

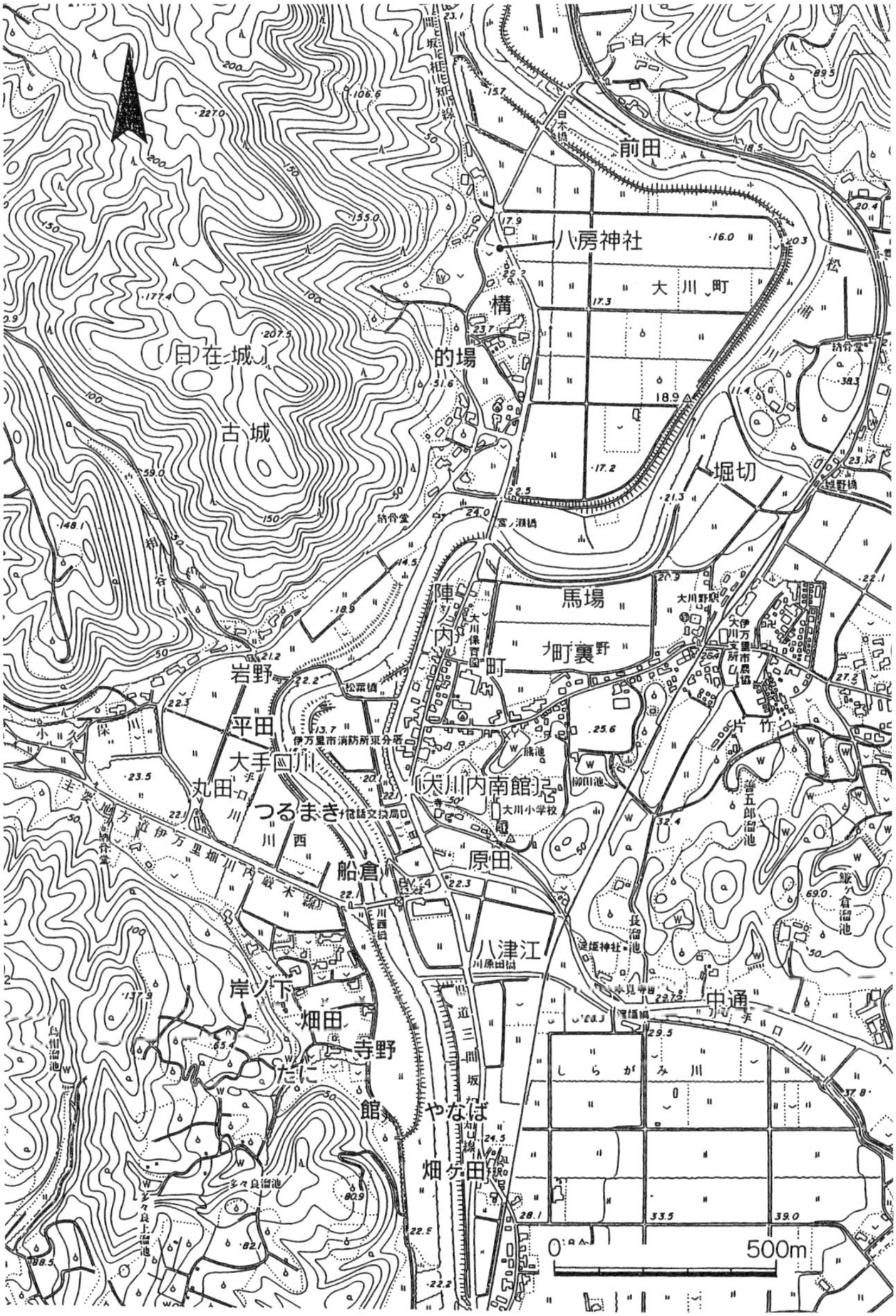

図１　日在城麓地形図（出典：『伊万里市史　原始・古代・中世編』）

高が勧請したという黒髪権現社であると思われる。

ところで向村の田地について、明徳二年（一三九一）十二月十五日付の「大河野向村田地等坪付」をみると、「伊万里方坪付、大川野内向村正本跡田地等事、地頭やしき、つらた八反…」などと記されている。このことから向村は過去に下地中分がなされて地頭方と領家方に分割され、伊万里氏が地頭分を大河野氏が領家分を各々に獲得したと考えられる。この坪付に記される小字の「ひらた」「まろた」「てらた」は、明治期の河西村の小字一覧に載る平田・丸田・寺田にそれぞれ該当する。(18)さらに十五世紀最末の明応六年（一四九七）二月二十九日付で伊万里右馬太輔に宛てた「源胤知行宛行状」には、「大河野之事、雖少所候、進置候」とあって、伊万里氏に宛行われた大河野の所領はわずかであったことがわかる。伊万里氏は、鶴田氏の支配拠点である日在城とその支配地域のなかに共存するようなかたちで少分の所領を有していたのだろうか。なおこの時期の大河野氏伊万里氏の動向は未詳である。先述のように『岩屋家譜』には十六世紀前半に鶴田氏が大河野氏を継承し、日在城を築くなどこの地域に進出して来たこととなっている。

ところで、日在城があった中世向村の様子を、前述の河西村小字一覧や明徳二年の「大河野向村田地等坪付」から復元することができる。(19)この地には先述の「構」・「館」・「古城」の小字の他に「船倉」の小字もあり、松浦川の舟運を利用して集散される物資を保管するための倉庫が建てられていたことが想定できよう。すなわち、この地が河川交通と陸上交通の交差する要衝の地であったと位置づけられる。さらに、語源的にも松浦川の西方が「川西」であろうし、川の向こう側が「向村」であったと考えられる。このように、日在城はこの地域の交通の要衝を押さえていたことがわかる。

日在城城主であった鶴田直は、天文十七年（一五四八）に死去している。その原因は鶴田氏の主家である波多氏の後継者をめぐる内紛にあった。すなわち、『岩屋家譜』によると、天文十二年（一説では同十六年）に当主波多壱岐守盛が死去するが、後継の人選をめぐって波多氏重臣の両鶴田・日高（甲斐守喜）氏らと盛の後室（真芳）とが対立し、直は後室らに襲撃された際の傷がもとで亡くなった、とされる。波多家はその後弘治三年（一五五七）、後室の甥（有馬正純の庶子）藤童丸を後継とした。[20]これが下野守鎮、後の波多三河守親である。それ以降、両鶴田氏と波多氏の確執が続く。

三　岩屋獅子ヶ城の鶴田氏

獅子ヶ城について『岩屋家譜』には「某年公（直）岩屋ノ故城勝地ナルヲ見テ、新ニ要害ヲ加テ大河野城ヨリ徒リ玉ヒヌ、（中略）龍造寺氏ノ松浦ヲ攻取ントシ玉フヤ、松浦ノ一族コレヲ憂ヘ、越前殿（前）ヲシテ岩屋ノ故城ニ徒リ、以テ厳木口ヲ固シメントトス（中略）遂に徒リテ城主トナリ玉フト云。龍造寺氏ノ松浦ヲ攻取ントシ玉ヒシハ、（天文）十年辛丑、十三年甲辰ノ事ナリ、松浦党ノ公（直）ニ勧メ、是城ニ徒ラシムベキモノハ先波多氏ナラン、当時波多氏ハ松浦一族ノ長者タリ、鶴田兄弟（直・前）又コレニ属セリ、且岩屋厳木ハモト其管内タル故ニ、公（直）ヲシテ徒ラシメタルハ疑ベカラズ」（括弧内は筆者注）とある。すなわち、鶴田直は岩屋の古城が勝地であるので新たな要害を加えて大河野城より移った。しかしその後龍造寺氏の松浦地域への攻撃が始まると、松浦党一族はこれを憂慮して、直は大河野城へ戻り、岩屋の古城へは鶴田越前守前が移って、厳木口を固めるように要請した。そこで、前が獅子ヶ城主となったという。獅子ヶ城は、龍造寺氏の松浦地方進攻に備える最前線に位置し、厳木口の押さえの城であったことがわかる。

四　日在城と獅子ヶ城の連絡ルート

両鶴田氏の行動は大友氏や龍造寺氏に対して同一行動をとっている。その両鶴田氏間には独自の連絡ルートが開か

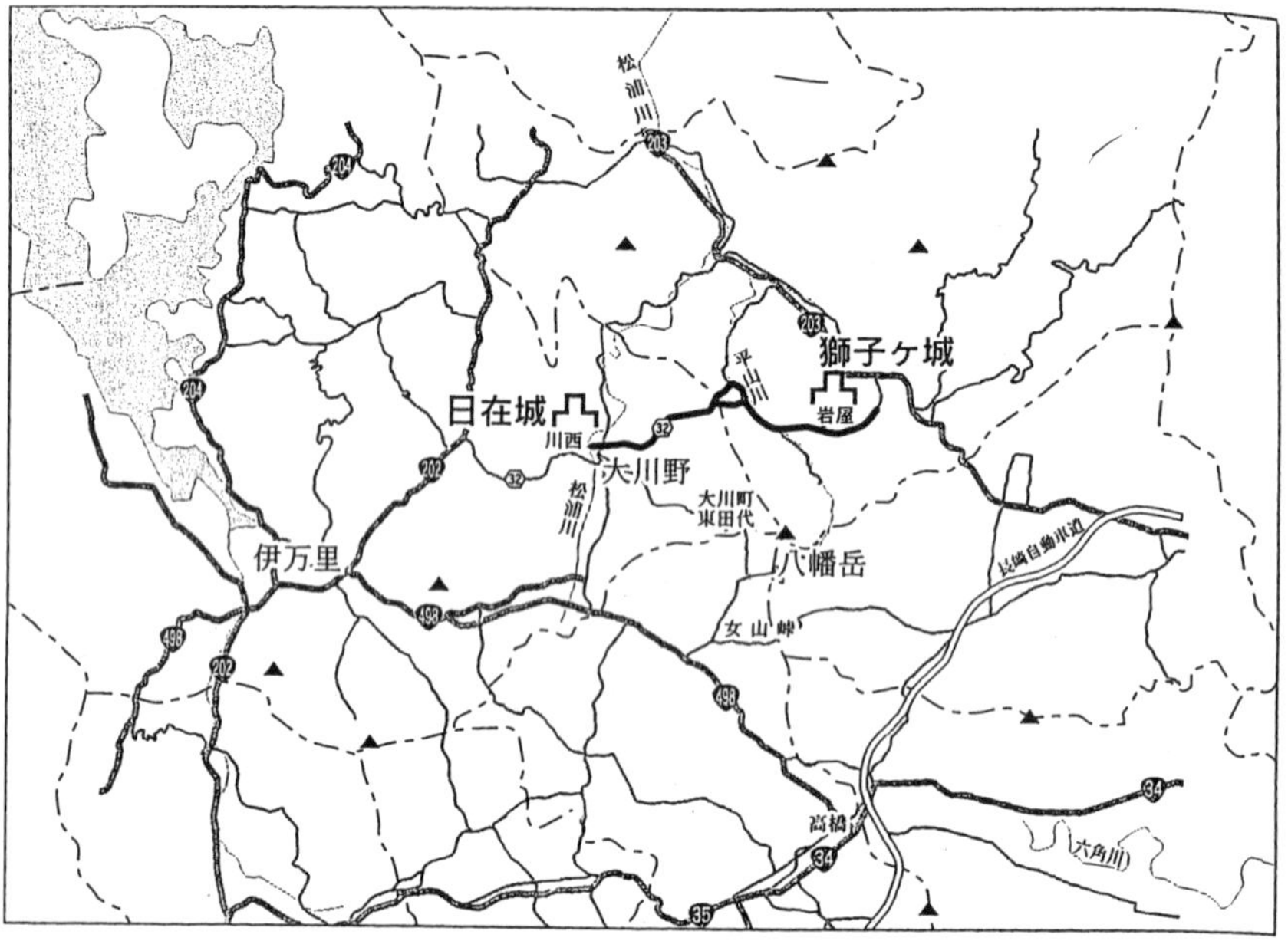

図２　日在城・獅子ヶ城周辺地図

れていたと考えられる。獅子ヶ城鶴田勝から日在城鶴田前に出された「鶴田勝書状」[21]には、「筑前ヨリ之到来、示給候、両使にて候哉、武雄へ之ハ、平山まて被差遣候へ、直道とおし可申候、（中略）とかく彼方帰もしニハ、平山辺にて可参会候」とあり、日在城から武雄（後藤氏）への連絡については平山まで遣わすならば「直道」を通しますと述べ、さらに鶴田前に対して帰りに平山辺で参会したい、とするなど、平山道と呼べる「直道」の存在がわかる。これは『岩屋家譜』にある「当時厳木ノ道ハ、東ノ川ニ副エリ、空穂木ヨリ町切ノ山ヲ越テ岩屋ヲ過ラス、或ハ岩屋ノ西山ヲ越テ上平山ニ至リ、大川野ノ龍川ヲ経て、火割の城に至ル」のことであろう。

この道を現在の地図上でたどると、以下のようになる。国道二〇三号の箞木から南に入る県道三二号線は、獅子ヶ城の南側を通り、浪瀬峠を越えて、平山川にそって北上する。その途中のバス停平山小前（駐在所前）から西に入る古道は県道三二号線に通じており、ここから大川町立川・大川野宿を経て県道三八号線と交わる。ここから北上して松浦川を渡ると日在城がみえてくる。両鶴田氏はこの「直道」を日常的に利用できたために、「両鶴田」と称される一体化した行動が可能となったのである。

第三節　東松浦地方の政治状況と鶴田氏

一　波多氏の後継問題と鶴田氏

上松浦地方は鎌倉期以前から松浦党と呼ばれる同族結合によって領域支配が行われている地域であるが、戦国期伊万里地域の松浦党をまとめていたのは、岸岳城を本拠とする波多氏であった。しかし前述のように、波多氏内部では、当主波多盛《さこう》の死去後の後継を巡って、後室（真芳）と重臣日高氏・鶴田氏・値賀氏らとの対立が生じた。これは弘治三年（一五五七）、後室が独断で藤童丸を後継として岸岳城に迎えたことから決定的となり、以降長い抗争の時代に入る。(22)

永禄七年（一五六四）暮れには、日高喜《このむ》は反乱を起こして岸岳城を奪い、真芳と鎮は草野鎮永の居城鬼ヶ城へ退去したという(23)。この事件は、喜が同年の父日高大和守資《もとし》の死亡理由を、後室に謀殺されたためと考えたことにあると言われているが、詳細は不明である。

『有浦文書』の年未詳（永禄八年＝一五六五カ）有馬義純・義貞連署書状(24)は、有浦四郎左衛門尉（馭《おさむ》）に宛てたものであり、次のように述べられている。

近年者依不慮之弓箭、連〻不申承候、心外之至候、仍後室同鎮于今他郷之御立柄、不及是非次第候、於彼御進退者、御寄合中可依御存分事候歟、各被仰談、早速可被遂御本意御調達、可目出候、殊日高甲斐守方・同靏田因

幡守方・同越前守方、無別儀由侯之条、幸之儀侯、可有御相談侯、（以下略）

ここには「後室同鎮、于今他郷之御立柄」とあり、波多氏の後室と鎮は岸岳城を退去していることがわかる。[25]さらに有馬氏は二人の進退については「寄合中」の考えに依るものであろうから、協議をして、早く帰還できるようにして欲しい旨を伝えている。またこの書状によると、日高甲斐守喜・両鶴田氏が波多氏の岸岳城への帰還について異論を唱えてはいないようであり、通説にあるように日高氏が後室と鎮を岸岳城から追放して、占拠している状況にもみえない。これらの詳細は不明であるが、鎮の実家である有馬氏は、有浦氏に鎮の帰還への取り成し、または圧力をかけていたのであろう。[26]

さらにこの時期、東西松浦地域の中心的支配勢力である平戸の松浦氏も、この地域の政治情勢に大きな関心を示している。永禄十三年（一五七〇）三月二十四日付での松浦道可・鎮信父子が鶴田因幡守勝に宛てた起請文をみておきたい。[27]

第一条では、後藤貴明に対し同心し、波多鎮については帰還なくば鶴田勝に今後無沙汰はしないと述べ、第二条では波多鎮とは今後入魂にはならないと約束している。波多氏家中の内紛が平戸松浦氏の関心事となっており、松浦道可父子は鶴田勝が反波多氏勢力であるということから同盟を結んだのである。松浦氏は東西松浦地域において波多氏と対抗しうる勢力であることから、反波多氏の鶴田氏と組むことによって東松浦地方への勢力拡大を狙ったのであろう。

さらに、元亀四年（一五七三）三月吉日に日高甲斐守源喜と日高監物介勝秀が連署して両鶴田氏に提出した起請文[28]（表1・D）を見たい。次のものである。

再拝〻〻天罰起請文

一、対鶴田因幡守殿勝・同越前守殿前、当末、無沙汰申間敷之事、

一、至波多鎮公、再来之心中、未無之事、付、世上依時宜、其許御両人、此方中談、方角於才覚等者、まち〳〵なき様ニ被召候者、可為御同前之事、若又、我ミニ於御隠之儀者、同心難中之事、

一、其許此方間ニ、従兼所、申妨儀候者、互其有無可申明之事、

右三ヶ条、若於相違者、（以下略）

元亀四年三月吉日

日高甲斐守　源喜（花押）

日高監物介　勝秀（血判）（花押）

鶴田因幡守殿

同　越前守殿

第一条で両鶴田・日高氏間で、友好関係を結ぶこと、第二条では両鶴田・日高氏共に波多氏とは与しないことを契約するものである。この起請文から、両鶴田・日高氏は当初から一致した行動を取っていたにもかかわらず、この時点で改めて起請文を交換することとしたのは、新局面に対応するためであったことがわかる。すなわち二条目の「付世上依時宜、其許御両人、此方中談、方角於才覚等者、まち〳〵なき様ニ被召候者、可為御同前之事」の部分こそが最も重要な箇所であったと考えられる。具体的には、元亀元年の「今山の戦い」以降の松浦地域への龍造寺氏の侵攻である。

龍造寺氏は同年（元亀四年・天正元年）十二月に東松浦地方に進攻した。『岩屋家譜』では、この時「波多氏敢テ敵セズ、其臣八並武蔵守・福井山城守ヲ出シテ、龍家ノ先駆タリ、龍家既ニ前公ノ大友氏ニ属セラルルヲ憤リ、仍兵ヲ遣テ獅子城ヲ攻ム」と記す。これに対して鶴田前は、龍造寺軍の圧倒的な数に持ちこたえることができずに和議を結び、下城したという。そこで、隆信は獅子ヶ城に馬渡主殿介と龍造寺河内守を城番としておいたと、『岩屋家譜』には記されている。しかし、「鶴田家文書」などで見る限りでは、獅子ヶ城の鶴田氏はこののち早い時期に獅子ヶ城

を回復したと考えられる。

二　大友氏の東松浦地域支配と両鶴田氏

一方、日在城鶴田氏の動きは、元亀四年十二月二十一日に交わされた草野鎮永起請文[30]（表1・E）によって知ることができる。龍造寺氏は獅子ヶ城攻略の後の目標を、唐津の草野氏（鬼ヶ城）攻めとしていたのである。この起請文には血判が押されており、緊迫した情勢下で強い意志を持って作られていることを示している[31]。

この起請文の冒頭に「至貴明、無二申談候之故、弥無御等閑之辻」とあり、両者間で一致して後藤貴明方につくことを確認している。その上で、第一条では両者「当末共、聊無表裏野心、可申承事」、第二条で「防戦等之儀、何篇、無緩示合、可申明之事」とある。日在城鶴田氏は反波多氏であり、かつ草野氏領域と近接していることから、草野氏は反龍造寺氏で共闘を組むべき国人領主として日在城鶴田氏を選んだのである。特に、第二条では「防戦」と表現されていることからも龍造寺氏の攻撃を意識していることが理解できる。

両鶴田氏に宛てた、天正二年と推定される二月三日付の松浦鎮信書状[32]には、「佐賀衆可被取出之由」とあり、鶴田氏から龍造寺軍進攻の情報が入ったので加勢を出すと連絡している。そしてさらに武雄の「貴・惟《（後藤貴明・惟明）》」へも連絡したと述べている。まだ松浦氏・後藤氏の連携が有効性を持っており、東松浦地域の有力国人領主間連合が、龍造寺氏勢力の侵攻に対する抵抗勢力としてまとまりをみせていた時期であった。

草野氏は先述のように、この年の一月に龍造寺氏の攻撃を受け、和議を結び、龍造寺隆信の猶子（家臣倉町左衛門太夫の子）を養子とすることとなったと、『歴代鎮西志』には記してある。その後の草野氏の動静は不明であるが、同年の五月には草野氏から両鶴田氏に宛てた起請文が残る（表1・FG）。次に示すのは日在城鶴田氏に出されたものである[33]。

起請文

以数通、雖申談候、此度、又預御神書之条、飜宝印、申結意趣者、世上如何躰ニ雖為変化、鶴田因幡守勝・鎮永間、無別儀、可申談之条、不残心底、申入ケ条之事、

一　奉対豊州、鶴田因幡守勝申談、遂馳走、可抽忠意之事、

一　対鶴田因幡守勝、為草野鎮永、盡未来際、無野心、可申談之事

一　世上雖為転変、互ニ差捨、不可有于他同心之事、若申談方角有者、無密談、遂熟談、以其上、可申通之事

（中略）

天正弐年五月廿日　　草野中務大夫
　　　　　　　　　　鎮永（花押）
　　　　　　　　　　　　（血判）

鶴田因幡守勝参

ここでは第一条で「豊州」すなわち大友氏に対して忠誠を尽くすこと、第二条で草野鎮永と鶴田勝は同盟を結ぶことを誓約し、反龍造寺氏の意志を確認している。昨年末のものは後藤氏に対して一致して忠誠を尽くすとしたものであったが、ここでは龍造寺氏と対抗できるより上位権力（大友氏方）の傘下にはいることで、自己の権力基盤を固めようとしている。またこれとほぼ同文の起請文が獅子ヶ城鶴田氏へも送られている。このことから、前年に龍造寺氏によって攻略された獅子ヶ城鶴田氏は、既に地盤を回復して再度両鶴田氏として同一行動をとったことがわかる。

さらに両鶴田氏の連携は、同年五月の原田可真起請文（表1・HI）、戸次道雪起請文（表1・JK）からも確認できる。この二名（原田可真は肥前国「検使」）、戸次道雪は筑後国「方分」）は大友氏の重臣であって、大友氏の肥・筑領国の支配にとっては不可欠な存在であったからである。彼らからの起請文が残っているのは、前述の草野氏と両鶴田氏間での起請文にあるように、三者間での関係強化が行われた結果であると考えられる。その点では、大友氏が

表1　鶴田氏関係起請文一覧表

	年月日	差出人	宛先人	内容	出典
A	永禄 10/6/9 (1567)	鶴田勝／明	龍造寺隆信	波多鎮に再来の心中無	(永野)
B	同年 /6/ 吉日	山代直	鶴田因幡守	其方を粗略にせず	(嫡 5)
C	永禄 13/3/24	松浦道可・鎮信	同上	貴明に同心・波多氏と絶縁	(嫡 16)
D	元亀 4/3/ 吉日 (1573)	日高源喜・勝秀	両鶴田氏	波多鎮との絶縁	(嫡 38)
E	同年 /12/21	草野鎮永	鶴田因幡守	貴明に同心	(嫡 39)
F	天正 2/5/20 (1574)	同上	同上	豊州に忠節	(嫡 40)
G	同上	同上	鶴田越前守	豊州に忠節	(庶 38)
H	同年 /5/22	原田可真	鶴田因幡守	波多鎮・原田親種・隆信の悪行	(嫡 43)
I	同上	同上	鶴田越前守	同上	(庶 13)
J	同上	戸次道雪	鶴田因幡守	同上	(嫡 44)
K	同上	同上	鶴田越前守	同上	(庶 37)
L	同年 /7/8	後藤貴明	鶴田因幡守・与三郎（明）	鶴田父子に命	(嫡 45)
M	未詳	同上	鶴田越前守	鶴田父子に命	(庶 14)
N	未詳〔同 2 ?〕	鶴田因幡守・兵部太輔	龍造寺隆信・鎮賢	龍造寺氏に忠節	(嫡 46)
O	天正 4/3/15 (1576)	後藤貴明	鶴田因幡守・兵部太輔	賢とは別儀	(嫡 48)
P	同年 /12/12	龍造寺下総守康房	河原豊前守	佐賀・武雄和談下総守兄弟中取合	(後 43)
Q	同年 /12/20	鶴田豊前守高	後藤貴明	千世丸大切・佐賀に不同心	(庶 124) (後 30)
R	天正 5/3/5 (1577)	鶴田因幡守・兵部太輔	後藤貴明	賢と手替・波多に不同心	(庶 123) (後 31)
S	同年 /3/14	鶴田賢秀(堯)	同上	賢と手替	(庶 125) (後 29)
T	同年 /7/2	鶴田因幡守・兵部太輔	後藤善次郎（家信）	賢と手替・波多に不同心	(永野)
U	同年 /8/22	後藤家信	鶴田因幡守・兵部太輔	両者間に偽り無	(嫡 54)
V	天正 6/4/14 (1578)	鶴田因幡守	後藤家信	波多鎮に不立帰	(永野)
W	?/10/27	後藤貴明	鶴田因幡守	龍造寺氏に不同心	(嫡 47)

両鶴田氏の期待にそった行動をしたといえよう。これらの起請文（表1・HIJK）は内容が類似しており、波多鎮・原田鎮種・龍造寺隆信が一致して悪行を行っているので退治すること。草野鎮永と原田了栄は一時手切れはあったが現在は「貞心顕然」であるので許す、としている。

この「検使」は、大友領国内で発生した重要課題を解決するために臨時に派遣されている。[37]大友義鎮は天文二十三年（一五五四）肥前守護職に補任されており、草野氏や鶴田氏の既得権益を擁護し龍造寺氏の侵攻を阻止することは、守護職に基づく支配権の行使であり、「検使」の派遣は必然であった。これは元亀三年～天正五年（一五七三～一五七七）の東肥前において龍造寺・筑紫・横岳氏との所領紛争に大友氏が「検使」派遣を行ったのと同様に、[38]当該地域においても調停機能を発揮することを目的としていたものといえよう。また、重臣戸次道雪の派遣は「検使」の活動を支援するためであり、これも大友氏がこの事件を重要視していたことの現れである。さらに、戸次氏や検使原田氏からの起請文が両鶴田氏へ送られたことから、大友氏の東松浦地域の経営上、両鶴田氏は不可欠な存在であると位置づけていたことがわかる。

以上のように、この時点においても東松浦地域では依然として波多氏・龍造寺氏対鶴田氏・大友氏という抗争の構図に変化はなかった。

三　後藤貴明と両鶴田氏

天正二年（一五七四）七月八日には後藤貴明と両鶴田氏との間で起請文の交換が行われた。その内容は、「鶴田越前守殿父子三人之儀、貴明身命之限、差捨申間敷侯[39]」というものであった。貴明方は両鶴田氏の離反を恐れていたのである。だがその二日後事態は急変し、後藤貴明は龍造寺隆信との間で起請文を取り交わし、和議を結んだ。しかし、これは翌年にいったん破綻し、同五年に至って再び和議が成立し養子交換となる。

このような複雑かつ流動的な政治情勢となった原因は、後藤貴明が後藤家内部には後継問題を外部からは龍造寺氏の進攻にさらされているという、二つの問題に直面していたためである。[40] その解決のためには、短期間のうちに周辺の国人領主や後藤氏領内在地領主を貴明支持基盤に取り込む必要性があったためである。貴明はこの苦境での対応について、両鶴田氏に宛てた書状で心情を吐露している。以下にあげておく。[41]

腹ヲ仕候てもくるしからすハ存候へ共、悪心之者共、あんのうちを存候へは、一度彼悪徒うち果候て、以後腹ヲ仕度との念願候、以神書如申候、盡未来際、両鶴田此方事ハ一具之外有ましく候、とてもの事ニ御見とゝけふかく〳〵頼存候、此たひ何とか渋江山城ニはらをきらせ候て、翌日ハ何に成候共、不苦存候間、まつ〳〵多久へハ人質可遣之由申事候、道中たのミ入候、平戸よりも、此上にてハ此方へ御疎意ハあらしと存候、弥御助言憑入候、恐ゝ謹言

七月十九日　　　　　　　　　　　貴明（花押）

従平戸一通、為披見給候、御心かけ畏入候、従是も、くろかミ院主鈴田越前ミくりやまて渡海候て、某惟明へ無疎意旨申開候、従道可も被聞召分候よし、以神文承候、龍造寺某純熟之儀ハいやかり之様聞へ候、乍去、波多殿須こ武雄ハ一味明白之条、何様鎮へハ貴明両鶴田、身命之限、一意不弃好之由、重畳平戸へ申遣候、もし此上にても不審候者、妻子成共差渡、平戸へ自是疎儀ハ有へからす候よし申て候、佐賀へ同心もせんはうにて候、さなく候へは、則詰腹切候、

鶴田因幡守殿　　　　　　　　　　貴明

鶴田越前守殿御返

文面は難解だが文意は以下のようであろう。「私の方でも院主鈴田越前を御厨へ渡海させ、私が惟明に疎意がない旨を伝えた。松浦道可からも承知した旨の起請文をもらった。道可は龍造寺氏と私との純熟の儀を嫌がっているとの

ことだが、波多殿・須古・武雄（惟明）は一味同心していることは明白であるので、波多鎮へは私（貴明）と両鶴田とが一致して対処していることを、重ねて平戸に伝えた。もしこの上不審に思うならば、妻子なりとも平戸に遣わして、疎意のないことを伝えるつもりである。佐賀への同心もせんほう（戦法）である。そうでなければ（うそであったならば）、詰め腹を切る」。

さらに追伸で、「私（貴明）は腹を切っても構わないと考えているが、悪心の者たちの計画を知っていれば、一度悪徒を討ちはたしてから腹を切りたいと念願している。また、起請文を以て申し入れた通り、永久に両鶴田氏と私は一体であるから、見届けていてほしい。今度なんとか渋江山城守には腹を切らせた。そして多久へは人質を出すこととする。道可（平戸）も私の方に疎意はないであろう」とも述べている。

後藤惟明の反乱を抑えるために龍造寺氏に援軍を頼んだことに対し、松浦道可から鶴田前に宛てた書状には、次のような批判的な反応があった(42)。

（前略）武雄面取乱躰、不及是非候、殊更、至佐賀表、従貴明、被仰通之由、承付候、於事実者、前後難計世上にて候、彼拵、河対（河原対馬守高）調之由、承候間、定而御存知之儀も可有之候哉、示預度候（中略）尚ゝ世上之躰、いか躰に候するも、貴所爰元之儀ハ、是非共、前ゝ首尾、不可有相違候（後略）

「武雄の取り乱した状況はけしからん。後藤貴明が佐賀表（龍造寺隆信）に通じた（連絡をとった）ことが事実であるならば、前後予想がつかない世の中であるものだ」と述べて戦国の世の混沌とした時代状況を嘆いている。

先の貴明の書状の中に、「佐賀への同心も戦法である」とあるのは、龍造寺氏へ援軍を頼んだことの批判をかわそうとするもので、貴明が松浦道可へ配慮している様子が感じられる。これには貴明が置かれた複雑な政治情勢が反映されている。また追而書きで貴所（獅子ヶ城主鶴田越前守前）と爰元（松浦道可）との関係は前々通りであることを望むとしており、後藤氏と松浦氏との関係修復を鶴田氏に託している様子がみてとれる。

さらに日在城の鶴田勝から宮野某にあてた書状写をみておきたい[43]。

道可様ヨリ書状被下候、為御披見進候、越此方ゟ返書案も進候、無正躰時分候条、たれ人ニ取替申候書札等も、若輩難計候、さて〳〵、道可も、武雄辺へ御才覚ハ被成候らんに候、惟明も、道可之儀者、被背候ハしにて候、貴明、さてハいか程も〳〵御つくし有へく候、（後略）

ここには「松浦道可より書状が届いているので、お見せいたします。鶴田越前守への返書の下書きも届けます。正体のない時代なので、誰ととりかわした書状も若輩者にとっては図りがたい。松浦道可も武雄（後藤惟明）への画策はしないでしょう。惟明も松浦道可に対しては叛かないであろう。貴明へは尽くしてくれるように」とあり、後藤氏と松浦氏との複雑な関係や戦国期の図りがたい政治情勢に対する心境を吐露している。

以上のように、後藤・松浦両者間を斡旋する役割を獅子ヶ城鶴田氏が担っていることが推測できる。鶴田氏と後藤貴明がこのような本音を吐露できたのは、両者が厚い信頼関係を結んでいたことによると考えられる。さらに付け加えるならば、両鶴田氏は松浦氏や有馬氏等と距離を置いた立場（松浦氏・有馬・後藤の三氏は養子の交換などによって、非常に複雑な政治情勢下にあった）にあったためと考えられる。このような両鶴田氏の中立的立場が、東松浦地域において政治上のキーパーソンとして存在した要因であろう。

四　獅子ヶ城鶴田前の死去

ところで、この間に獅子ヶ城鶴田氏にも新たな動きがあった。『歴代鎮西志』は当時の状況を次のように記している（括弧内筆者）。

上松浦獅子城鶴田越前守、応有馬逆龍造寺、父子一族卒尓、取掛厳木塁而襲龍造寺之番守馬渡主殿助、馬渡雖微勢也、守拒者一日其夜々駈而却攻鶴田、鶴田敗北、馬渡之従者僅三十人許、依之告急請救於佐賀、其援兵未至時鶴田重催多兵来攻甚急也、於是、馬渡主殿助及従者不残討死、十二月下旬也[44]。

獅子ヶ城鶴田氏は天正元年に龍造寺氏に攻められ和議を結んだものの、翌年五月には先の反龍造寺・波多氏の意志を示す三通の起請文がだされ、再び反龍造寺氏の動きを起こした。そしてここにあるように龍造寺氏は天正三年十二月に再度獅子ヶ城攻撃の軍を派遣したのである。しかし、『歴代鎮西志』の記述を裏付ける文書は存在して居らず、詳細不明である。ともかく、これによって獅子ヶ城を回復した獅子ヶ城鶴田氏であったが、その後の動向はめまぐるしい。『岩屋家譜』には次のような記述がみられる（括弧内筆者）。

（天正）四年春正月十三日ノ暁、公（鶴田越前守前）三男豪海ニ命シテ、兵ヲ師テ多久ノ境ニ入ラシム、近年公佐賀ニ叛キ多久ト讎ス、（中略）公ハ豪海ノ後援タリ、（中略）、小侍ノ北ニシテ多久衆ニ対セシム

とあり、前は同年六月二十八日に死去したとされる。

この前の逝去について同年八月十九日付の大友宗麟書状[45]には「父越前守死去之由、無是非候、連〻対此方、貞心深重候之所、如此候事、不便之至候」とあり、今後も兄弟で尽くしてくれるようにと結んでいる。鶴田前は鶴田家の庶流家ではあったが、嫡男家の直が早くに亡くなったため、前が一族の要となって統治してきた経緯があり、前の死去は大友氏の東松浦地域の計略上大きな損失であったと言えよう。

五　天正四〜六年の起請文と政治情勢

両「鶴田家文書」中の起請文は天正四〜六年（一五七六〜七八）のものが七通存在する。これらの多くは、鶴田氏と後藤氏の二者間で作成されたものである[46]。

この時期は先述のように後藤氏内部での家督争いが顕然化していた時期であり、これらの起請文は後藤氏の政治状況を踏まえて作成されている。以下ではこの時期の主な鶴田氏・後藤氏に関わる起請文を検討していきたい（表1参

照）。

天正四年（一五七六）は鶴田氏にとっても試練の年であった。前述のように一月には、獅子ヶ城の鶴田越前守と三男豪海の軍勢は龍造寺長信（隆信の弟）の多久の軍（南里隼人介・三郎左衛門・野田三介ら）と小侍での合戦を行っており、龍造寺氏との抗争が継続している。[47]

さて、この時期の起請文で最も早いものは、同年三月十五日付の後藤貴明から日在城鶴田氏に宛てたもの（表1・O）で、次のような内容である。第一条に貴明は獅子ヶ城の賢（堯・豪海の兄弟）とは別儀であると表明し、さらに第二条には「今度刑部太輔別儀之旨、因州無御存知之由候、御　神文之上者、少茂従是御心底疑心不申事」とある。ここに「鶴田因幡守は貴明が刑部太輔（賢）と絶った（「別儀」）ことをご存じないようだ」とあることから、獅子ヶ城鶴田氏の賢は日在城鶴田氏との相談なしに後藤氏との同盟関係を絶って、龍造寺氏方に入ったのである。これまで両鶴田氏は連携して種々の局面を乗り切ってきたのだが、ここに来て分裂することとなった。[48]

天正四年十二月十二日付、龍造寺康房（鍋島信昌＝直茂弟）起請文（表1・P）は河原豊前守（高：日在城主鶴田勝の弟）に宛てたものだが、以下のようなものである。

一　佐賀武雄於和談被申候者、対貴明晴明、為隆信親子、不被存略様ニ、下総守兄弟中取合、何様不可有無沙汰候事、

一　質人籠置、被顕御真実候上者、重而、従佐賀、難題等不被申入様ニ、下総守為兄弟、調儀可申事、

①佐賀・武雄間で和談が行われたなら、貴明・晴明に対し隆信親子は粗略にはしないように下総守兄弟（鍋島信昌・龍造寺康房）が尽力する。②貴明から質人を出したならば、佐賀からは難題を出さないように下総守兄弟は尽力するとして、河原豊前守（高）を龍造寺方にとりこむことで鶴田勝・後藤貴明への説得・降伏を試みようとしたのである。この段階においても、龍造寺氏は鶴田氏を後藤氏との和議交渉におけるキーパーソンと位置づけていたのである

河原氏は同年十二月二十日付で、後藤氏に宛てて「佐賀に随心しない」との起請文（表1・Q）を提出しているが、これは龍造寺康房の誘いには乗らないことを誓う意味で作成されたものと考えられる。その根拠は、龍造寺康房起請文が「後藤家文書」に残っていることで裏付けられよう。こうして、日在城鶴田氏はこの時期に至っても後藤氏方にあって、龍造寺勢力と敵対していたのである。

ではこの時期の獅子ヶ城鶴田氏の動向は、どのようであったのだろうか。天正五年三月十四日付の鶴田賢秀（堯）起請文写（表1・S）からみておきたい。この起請文の冒頭で、堯は後藤貴明・晴明父子に同心することをまず記している。その後「一　今度、兄ニ候刑部太輔手替之刻、庄山方池田方ニ、為鶴田兵庫助、何様、不致面談候事、一従刑部太輔所、於鶴田兵庫助、武略等之儀自然被申越候者、何様、貴明様、晴明公へ可申之之（ママ）事」[49]と述べている。堯は兄の刑部太輔賢とは同心せず、その重臣である庄山氏・池田氏とも連絡は取らないとしている。後藤氏との縁を切り波多・龍造寺氏方についた獅子ヶ城当主賢の行動は、重臣たちも巻き込んで二分することとなったのである。これは鶴田氏内部を長期にわたり強力な統率力でまとめてきた前が死去したことから生じた結果であり、鶴田氏内部の混乱をよく示している[50]。

この動きの九日前（三月五日）には日在城鶴田氏の勝・明父子起請文（表1・R）が貴明に提出されていた。そこには、勝と明は後藤貴明に同心する旨が伝えられている。この起請文には「今度、同名刑部大輔（賢）手を替、（波多）鎮申入段、聊因幡守親子無同心事[51]」とあって、因幡守父子は賢の行動に同意していないと表明している。この起請文が前提となって、前述の三月十四日付の鶴田賢秀（堯）起請文（表1・S）が提出されたといえよう。

しかし、その前月から龍造寺氏方からの後藤氏方に対する交渉は活発化している。二月三日付の龍造寺隆信・鎮賢起請文[52]には「今度、改先非、為質人、御祈人被懸御意上者、為隆信・鎮賢、対後藤弥二郎殿・同貴明、当末、邪儀表裏不可有之事、付領地之儀、無沙汰有間敷事、若於御相違者、御神文不可有其実事」とあり、後藤氏方が先非を改めて「為質人、御料人」を出すとのことなので、隆信・鎮賢は後藤父子を裏切らないとの起請文を出したのである。これには同日付での龍造寺氏の重臣である鍋島信昌（直茂）と納富信景からの起請文も添えられており[53]、彼らも後藤氏の地位が確保されるよう尽力する旨を約束している。

その後、同五年四月二十四日付の隆信・鎮賢起請文には[54]、隆信三男善次郎（家信）が後藤氏への、貴明の実子晴明が龍造寺氏への養子縁組が整ったことを記しており、この時に至って後藤氏は龍造寺氏の勢力下に完全に飲み込まれたのである。

それにともなって、日在城の鶴田勝・明親子は同年七月二日付で後藤善次郎（家信）へ起請文（表1・T）を提出し、「奉対　後藤善次郎殿家信様、為鶴田因幡守勝・同兵部大輔明、當時行末、悪心悪行無邪路表裏、可遂御奉公事」と述べて、後藤氏の家督を継いだ善次郎への忠誠を誓っている。これへの返書が同年八月二十二日付の後藤家信から鶴田因幡守（勝）・兵部大輔（明）宛ての起請文（表1・U）であり、この時点で日在城鶴田氏も、後藤氏すなわち龍造寺氏の傘下に入ったのである。

さらに、翌年四月十四日の鶴田明から後藤家信への起請文（表1・V）には、後藤家信への忠誠を誓うと共に、二条目「一　到波多鎮、向後立帰有間敷候之事[55]」とあって、波多氏との関係復活・波多氏傘下への復帰はないとの約束をしている。龍造寺氏傘下に入ったとはいえ、波多氏との関係回復とはならなかったといえよう。一方、獅子ケ城鶴田氏の堯は（年未詳）十二月二十四日付で波多親から「堯」の名乗を与えられ[56]、さらに天正十七年六月五日には、彦左衛門の官途を許されている[57]。前述のように、堯は一時期日在城鶴田氏と行動を共にしていたのだが、最終的には、賢と行動を共にするべく波多氏の被官となったことを示している[58]。

六　鶴田氏のその後

『後藤家戦功記』によると、朝鮮出兵終了の頃、後藤家信は病床にあり公務ができなかった。家臣等は嫡男茂綱が若年のため公務は無理であるとして、家督相続について論議した。その結果、家中の主だった者三〇人ほどが連判でもって鍋島和泉守殿（忠茂／直茂二男）を家督に申し出ようとした。その時鶴田善右衛門（明）は、茂綱が若年とはいえ朝鮮御陣をつとめ、諸国の大名とも知り合っているのに何が不足なのか、と茂綱を強く支持したという。「鶴田家文書（嫡）」には慶長三年十一月八日付で、鶴田善右衛門と久池井弥五左衛門尉に宛てた、「後藤氏衆中起請文前書案」[59]がある。これには「一　今度、加州様・信州様御分別を以、倅御家御連続之儀、我々已下迄、忝奉存候事」とあり、鍋島直茂と勝茂から後藤家の家督継承が承認されたことがわかり、『後藤家戦功記』の記事と一致する。このように後藤家の家督継承問題について家臣団をまとめることに成功した鶴田明は、その指導力をかわれ後藤家の家老として執政を補弼した。

鶴田氏は、肥前の中世社会において、松浦党に属する国人領主として、松浦地域の社会秩序のなかで自己の所領支配を実現すべく様々な領主間連携を模索してきた。しかし中世から近世への変革期の中で多くの中・小領主と同様、独立した領主としての地位を捨て、後藤氏の家臣として生きる道を選んだのであった。

おわりに

本章では、肥前国東松浦地域の戦国期社会において自己の勢力基盤を確立せんとして、活動した国人領主鶴田氏が周辺国人領主間での連携と離反をくりかえしながら、最終的には龍造寺氏領国に編成されていく過程を起請文を中心に考察してきた。特にこの期に作成された多数の起請文を編年順に並べて検討することで、当該地域の複雑な政治情勢を検証することができた。その結果、近世の編纂物である『歴代鎮西志』などで語られる肥前戦国史には、再考すべき内容が多いことも明らかになった。

ところで、鶴田氏関係の起請文は、①周辺領主との連合（草野氏などの例）②後藤・大友・龍造寺氏という上級権力への臣従・忠誠（主従関係形成の際）③主従関係の確認（龍造寺下総守が龍造寺隆信の起請文内容を保証する旨を誓約した例）の三類型に分類できる。これは平野明夫氏が徳川氏の起請文を分類して得た類型と基本的に一致する(60)。このことから、起請文が大量に作成される九州と東国の両地域に戦国期社会の同質性を見出すことができると言えるのかもしれない(61)。その点については、今後の検討課題である。

しかし、次のようなことは、ここで指摘できるであろう。すなわち、戦国期に起請文が大量に残存する九州と東国の両地域には、強大な戦国大名が出現し、畿内に比して種々の面で後進性が指摘されるという共通性が存在する。そこには強大な戦国大名の統治下に編入されようとする国人領主との軋轢が生じることとなり、「契約不履行の社会」が形成される。そこで、神へ誓約し、罰文をつけて誓約を反故にしないため・させないための抑止力とした起請文を作成することによって、契約の確認、契約内容の強制力・拘束力をつける必要が生じた。安定的な所領・政権運営・

主従関係が望めない戦国社会において、これらを達成する唯一の手段が、起請文の交換であったといえよう。ここに起請文が大量に作成された要因を見出すことができる。

注

（1）「鶴田家文書（嫡流家）」は現在武雄市立図書館・歴史資料館所蔵。「鶴田家文書（庶子家）」・『岩屋家譜』（『岩屋鶴田家譜』）及び主に近世文書である「鶴田家文書」は現在佐賀県立博物館所蔵。

（2）原田重和「岩屋鶴田家譜」（『松浦党研究　第二四号』『同第三〇号』）。

（3）「鶴田家文書（嫡流家）一」『佐賀県史料集成　第七巻』。以下「鶴田家文書（嫡流家）」本は「鶴田（嫡）」と記す。また所収本については以下同様。

（4）清・披・囲・知・重平を「松浦家世伝」「青方文書」「石志家文書」「山代家文書」「伊万里家文書」などから勘案すると、清は松浦氏・披は峰氏・囲は山代氏・知は大河野氏、重平は津吉氏に比定できる。

（5）「伊万里家文書一」『佐賀県史料集成　第二七巻』。以下「伊万里家文書」の所収本については以下同様。

（6）松浦党についての研究は、多くの業績がある。『松浦党研究　第三〇号』の「松浦党関係文献目録」（瀬尾精一郎氏作成）を参照。最近の研究としては宮島敬一「中世社会の展開」（伊万里市史編さん委員会編『伊万里市史　原始・古代・中世編』二〇〇六年）が詳しい。

（7）「鶴田（嫡）二」。

（8）「鶴田（嫡）三」。

（9）「伊万里家文書一五・一六・一七」。

（10）「伊万里家文書一五」。

（11）「伊万里家文書一七」。

（12）大河野氏が行動を共にしていた波多武は今川了俊に「降参御免」を願い出て、許されている。こうした場合には没収されていた所領は従来は半分ないし三分の一が安堵されたが、この頃には「不論理非、当知行地無相違之条、定法也」とされたので、大河野氏も本願地の返付を期待していたと考えられよう。宮島敬一「中世社会の展開」（『伊万里市史　原始・古代・中世編』伊万里市史編さん委員会編、二〇〇六年）参照。なお、現在地名としては大川野と表記されていることから、本書では人名は史料中の大河野、地名は大川野と表記する。

(13) この文書の端裏書きには「伊万里方」とあり、下地中分が行われたことが推定される。とすると、大川野では伊万里氏と鶴田氏の双方の支配が継続していたのであろうか（前掲注（11）参照）。

(14) 「伊万里家文書一九」。

(15) 「伊万里家文書一八」。

(16) 宮武正登「伊万里市域の中世城館」（伊万里市史編さん委員会編『伊万里市史　原始・古代・中世編』二〇〇八年）。

(17) 前掲注（16）参照。

(18) 山口房一「『伊万里文書にある大川野内向村争いのこと」（『鳥ん枕』二〇）。

(19) 前掲注（16）宮武氏論考参照。

(20) 藤童丸が波多家へ入った時期、及びその父親（有馬義貞との説もある）については諸説がある。

(21) 「鶴田家文書（庶流家）一六」『佐賀県史料集成　第六巻』、以下「鶴田（庶）」と略す。また所収本については以下同様。

(22) 『岩屋家譜』には、「永禄三年（一五六〇）庚申十一月二十三日、宮殿再建、大願主孝岩善首座、当地頭波多大方、同藤童丸、鶴田兵庫助源前」と記してあり、天満宮再建に波多・獅子ヶ城鶴田氏が共同で臨んでおり、当時どのような政治状況になっていたのかは、未詳である。

(23) 『松浦拾風土記』など。

(24) 一六七号。

(25) この岸岳城からの退出及び帰還の時期に関する文書類はすべて無年号であり、詳細は不明である。

(26) 『岩屋家譜』には、有浦氏はかつてある事件をおこして波多氏から追放されていたときに、鶴田前のとりなしで、波多氏に仕えることが許されたにもかかわらず、「波多・鶴田相忤リ、後室草野ニ奔ルニ及テハ有浦氏公ニ従ハスシテ後室ヲ援ケタリ」とある。有浦氏は波多・鶴田の対立時には鶴田氏の側につかなかったことがわかる。

(27)「鶴田（嫡）五」。

(28)「鶴田（嫡）三八」。

(29)龍造寺長信宛隆信書状「草野方の儀、今日下城相定候、親種・鎮各令同陣候」とあり、波多鎮と原田親種が参陣している。

(30)「鶴田（嫡）三九」。

(31)実際草野城攻めは翌年一月二日に鍋島信生を総指揮官とする軍勢によって行われ、同月四日には和議を結んだとされる。

(32)「鶴田（庶）八」。

(33)「鶴田（嫡）四〇」「鶴田（庶）三八」。

(34)「鶴田（嫡）四三」「鶴田（庶）一三」。

(35)「鶴田（嫡）四四」「鶴田（庶）三七」。

(36)草野鎮永と原田了永は兄弟。原田親種は原田了栄の子。

(37)大友氏の検使に関する研究は蓄積が多いが、最近年のものでは、八木直樹「戦国大名大友氏の検使の活動と領国支配」（『古文書研究』六六、二〇〇八年）がある。

(38)堀本一繁「龍造寺氏の戦国大名化と大友氏肥前支配の消長」（『日本歴史』第五九八号、一九九八年）参照。

(39)「鶴田（嫡）四五」「鶴田（庶）一四」。

(40)後藤貴明は大村純前の嫡男であったが、大村氏は高来（長崎県島原市）の有馬晴純の実子と養子縁組を行った結果、貴明は後藤氏の養子となった経緯がある。そのため貴明は、しばしば大村領への攻撃を行っており、それに協力していたのが松浦氏であった。惟明（松浦道可の二男）を後藤家の養子としたのも、松浦氏との関係を強化するためであった。しかし実子晴明の誕生以後、後藤家の家督をめぐって惟明との確執が生じ、天正二年以降その対立が顕然化して、惟明の反乱がおきた。すなわち、貴明は龍造寺氏に援軍を求めるために、実子晴明を人質として龍造寺氏に送り、両者間の和議を成立させた。しかし、天正三年には和議がいったん破綻し晴明は武雄に戻されたが、天正五年には和議が再成立した。龍造寺隆信の三男家信と晴明との養子交換が成立したのは、この和議の結果である。
(41)「鶴田（庶）四四」。
(42)「鶴田（庶）一〇」。
(43)「鶴田（庶）一一〇」。
(44)『松浦家世伝』や『岩屋家譜』では、波多氏らによって獅子ヶ城が攻略され、加番の龍造寺氏家臣馬渡主殿と前が討ち死にしたとある。
(45)「鶴田（庶）九〇」。
(46)「後藤家文書二九・三〇・三二」『佐賀県史料集成　第六巻』、以下「後藤家文書」の所収本は同様。後藤家の内紛の過程で天正三～五年にかけて後藤氏へ提出され起請文五七通が、『後藤家文書』に収められている。その中の三通が鶴田氏からのものである。また、表1にあるように、七通以外にもう一通鶴田因幡守から後藤家信に宛てた起請文が「永野御書キ物抜書」（武雄市立図書館・歴史資料館所蔵、以下同様）のなかに収められている。
(47)『歴代鎮西志』青潮社、一九九三年、以下同様。
(48)「鶴田（嫡）四八」。
(49)「後藤家文書二九」。
(50)『歴代鎮西志』では、前の生存中に賢が龍造寺氏の傘下に入ったように書かれているが、事実は前の死後の混乱中に起きたことであろう。
(51)「鶴田（庶）一二三」。
(52)「後藤家文書四〇」。
(53)「後藤家文書三九」。前掲注（52）と本起請文とは、同年月日で、ほぼ同文である。
(54)「後藤家文書四一」。この起請文には、敬語が使用されず、後藤氏が配下となったことが文面から明瞭である。

(55)「永野御書キ物抜書」。

(56)「鶴田（庶）一八」。

(57)「鶴田（庶）一九」。

(58)鶴田尭がこの名乗りを何時から使用するのかは、未詳である。ただし波多親から与えられており、波多鎮が親の名乗りに改名する時期は、天正九年八月二十八日「波多鎮起請文」（「後藤事跡」三・『永野御書キ物抜書』）から同年霜月吉日「波多親官途書出」（「久家家文書五」『佐賀県史料集成　第三〇巻』）の間である。これによって尭と名乗るのは天正九年十一月以降とすることができる。

(59)「鶴田（嫡）六四」。

(60)平野氏はその他に④個人的契機（兵法相伝・身体保証）をあげている（平野明夫「徳川氏の起請文」同氏『徳川政権の形成と発展』岩田書院、二〇〇七年）。起請文の研究は、多くの業績がある。ここでは、論との関係から以下の数点に限ってあげておく。宮島敬一「戦国期権力の形成と地方寺社」（本多隆成編『戦国・織豊期の権力と社会』吉川弘文館、一九九九年）、堀本一繁「戦国期における肥前河上社と地域権力」（一宮研究会編『中世一宮制の歴史的展開』岩田書院、二〇〇四年）、栗原修「起請文にみる『地域神』と地域社会」（広瀬良弘編『禅と地域社会』吉川弘文館、二〇〇九年）など。

(61)武田信玄が家臣から集めた起請文は八八通にのぼる。

第二章　戦国期有明海の交通体系と国人領主

はじめに

近年、太平洋側を中心とした中世海上交通の研究が盛んであり、物資輸送、船や港の問の活動の様子など、流通組織の解明を中心に研究が進んでいる。[1] 物資輸送を媒介として地方と地方、地方と中央が結びつけられることから、このテーマは、地域社会の経済構造を考察するうえで重要なものである。すなわち、この物資輸送のあり方から、地域の経済構造や流通構造の特質を抽出することが可能であり、ひいては中世社会全体の経済的特質を考察することが可能となろう。

本章では、戦国期の有明海周辺部における戦時の兵船動員のあり方と、それがどのような人々によって担われていたのか、また有明海周辺部をつなぐ様々なルートの存在などを検討することとしたい。戦時の海上ルートは、通常の物資流通を前提として開かれていたであろうと推定されるが、戦略の一つとして開拓される場合も存在したと考えられる。さらに輸送手段としての船舶調達と海上ルートの確保には、海賊や国人領主の活躍が期待されていた。それは地域間交流にとっては戦時であるという特異な形態ではあっても、これを背景として物資流通の新たな展開の可能性を秘めていたといえよう。このような点から、戦時での兵船の動員状況を検討することは、地域の流通構造の特質を考察するうえで、有効な手段となると考える。

第一節　宣教師がみた有明海の海上交通

永禄十二年（一五六九）十一月初め、肥前国口之津（現長崎県南島原市）に滞在していた宣教師イルマン・ルイス・ダルメイダは豊後国で冬を過ごすために、口之津から有明海を横断する海上ルートを経て、肥後国高瀬（現熊本県玉名市）へ渡ることにした。そのときの有明海での様子を記録でみると、「船はよく武装し、多数の銃器を携へたる口ノ津の人を載せゐたり。蓋しこの十四レグワの間は海賊常に横行せるがゆえなり(2)」とあって、有明海に海賊が出没することと、そのために船には重装備がなされている様子が窺える。

翌年、彼らの一行が高瀬から肥前国大村（現長崎県大村市）へ向かうにあたり、再び有明海を渡ることとなる。そのときの様子は次のようである。

岸に沿いて進みし時、海賊の船数十艘我等を襲い、わが船小なりしをもって二艘のみ我等に迫りたり。船には何等防御なかりしをもって、彼等が我等の携えし物、すなわち冬の衣服を悉く奪うことを防ぐ能うざりき。（中略）船の道具、すなわち櫂碇、綱碇、その他綱具および筵にいたるまで悉く奪い、少しの水をも残すことなかりき。(3)

今回はダルメイダの一行は海賊に襲われており、身ぐるみ剥がれる事態に遭遇しているのである。『イエズス会士日本通信』には、このほかにも有明海で海賊に襲撃されたことが記録されており、当時の有明海には頻繁に海賊が横行していたことがわかる。

また『フロイス日本史』には、その一方では海賊行為を行う人々についての記述もある。

長崎の港から二里ほど離れ、港の入口にあたるところに深堀殿という殿が城と封禄を有している。（中略）海上で船舶を捕獲することによって、公然たる海賊であり、しかも大海賊となっている。そしてただに同国人の船ばかりでなく、貧しいシナの商人たちの船までも捕獲するのである（4）。

肥前国戸町浦（現長崎県長崎市深堀町）の国人領主である深堀氏が海賊行為を行っていること、それが中国船にも及んでいることを記している。倭寇を禁ずるために明は海禁政策をとったことから、室町期の日中貿易は公貿易である勘合貿易が行われていたが、天文二十年（一五五一）、大内氏の滅亡によって勘合貿易は途絶した。これ以降再び倭寇の活動が活発化した。この後期倭寇は構成員の大半が中国人であったといわれるが、肥前の五島や松浦を本拠地とした人々も参加していた。深堀氏の本拠地が戸町浦であることや先述のダルメイダの記述から考えると、深堀氏は後期倭寇の一員として参加していたのであろう。

深堀氏の海賊行為については、次の豊臣秀吉朱印状（5）からも裏付けることができる。

急度申遣候、如被仰聞、筑前・筑後・肥前立置城〻外、少〻屋敷構成共不残可破却候、然者、於国〻海賊・盗族無之様被仰付候処、肥前国高来郡内深堀事、海端在之、不限大唐・南蛮幷諸商買船、妨成徒者之由聞召候条、彼者人質を取置、屋敷早〻可引崩候、知行事者主ニ可被下候、乍去、自今以後、無道仕候者可被加御成敗候間、右趣、龍造寺ニ能〻申聞、可請取候也、

六月十五日

浅野弾正少弼殿

戸田民部少輔殿

これによると、秀吉が「国〻海賊・盗族」を一掃するように仰せ付けた（天正十八年に出された海賊禁止令を指すか）

にもかかわらず、肥前国彼杵郡内の深堀は海端に位置していることから、「大唐・南蛮并諸商売船」の妨げをしているとあり、ダルメイダの記述のように深堀氏の海賊行為が事実であったことを裏付けている。

瀬戸内海を中心とする「海賊」研究では、村上氏のように、水軍を編成して警固料を徴収するなど、彼らの活動は海上交通秩序の維持をねらったもので「海の領主」と言うにふさわしい、とする見解がある。(6)しかしここでみてきた深堀氏の行動が、このような範疇で理解できるものであるのかは検討が必要であろう。(7)

このようななかで、その欠を補うのが「福田文書」(8)である。福田氏は肥前国彼杵郡老手・手隈両村（現長崎県長崎市福田本町・手熊町）を本貫としており、深堀氏の戸町浦と至近距離にある。戦国期には有馬氏や大村氏のもとに属した。「福田文書」には戦国期の文書が豊富であり、特に地理的条件から交通手段として船の使用が不可欠であったために、そうした関係の文書が多く含まれている。

永禄十二年（一五六九）、福田左京亮は有馬義貞・義純から「郡中諸関前〻之儀免許之者也」とする関所の自由通行権を与えられている。(9)福田氏は有馬氏から「郡中内（彼杵郡を指すか）」での海上交通の秩序維持を担わされていたと理解できよう。同様に南蛮船の寄港地について大村純忠は「将又此比《(マヽ)》南蛮船必可罷渡候、然者彼舟横瀬浦・平戸之間ニ着岸候者、豊州至伊佐早・後藤、別而可被仰談事可為一定候、殊手火箭・石火矢等敵方ニ過分ニ可罷成候、其分ニ候てハ高来此方為ニなるましく候間、何とか以才覚、彼舟福田・戸町・口之津辺ニ着岸候様ニ調法為可申、彼寄合指遣候間、長与ゟ外浦・津元迄、道之事被仰付候て可給候」(10)と、南蛮船に搭載されている手火箭・石火矢が大友方に渡らないように、船の寄港地を肥前国福田・戸町（ともに現長崎県長崎市）・口之津（現長崎県南島原市）の間となるように南蛮船に働きかけることを命じている。これも福田氏の海上交通における統制力に期待しているものであろう。これらの点から考えると、福田氏の場合は先述の村上氏のような「海の領主」的な行動形態を展開していたといえるのであって、深堀氏にもこうした側面があったのではなかろうか。

以上、領主クラスの「海賊」行為について見てきたが、『フロイス日本史』には水軍を編成する国人領主クラスのもとに集まる人々の記録もある。彼らは強固な家臣団編成のもとにはなく、その時々に応じて動員される人々である。すなわち、島原半島の突端、加津佐（現長崎県南島原市）の漁民たちについてである。

そこの海辺のちょっとした漁村の人々に対して説得が始められた。だがそこの住民たちは海賊であり、略奪で身を立てているので、次のように答えた。「（中略）身共は貧しく、盗みを働かずには食べてはいけない。とりわけ（今は）戦が（行われており）、このどさくさに便乗すれば、そのための絶好の機会が与えられることだから」と。(11)

耕地の少ない彼杵郡や高来郡の人々にとって、有明海や橘湾を航行する船に対する略奪行為は、生活維持のためには不可欠な行為であったといえよう。すなわち、有明海を囲む周辺地域のどの階層の人々も、何らかの海賊行為に参加していたと言ってよいのではなかろうか。(12)

有明海での海賊については、『北肥戦誌』(13)のなかに次のような記述もある（括弧内は筆者の注）。

田雑大隅守といふ者あり、元来肥後の者なりしが、さる仔細あつて壮年より紀伊国へ赴き田雑に居住し、年久しく星霜を送り、海賊の大将となりて其本名を隠さむ為め、則ち在所を以て田雑と改めけり、元は相良の一族なり。然るに此の田雑、近年又旧里へ帰り、九州の海辺を徘徊し、頃日は肥前の内高来・藤津の津々へ船を寄せ、龍造寺へ奉公を相望み、去々年筑後の田尻が籠城の時も、佐嘉へ加勢として船手の番船にありし者なり。されば此度、島原の軍にも合戦の勝負を窺ひ、多比良（現長崎県平戸市）・三會（現長崎県島原市）・神代羅（現長崎県雲仙市）の渚に手船を著け置き居たりし処に、鍋島信生三月廿四日の夜島原より帰陣の期に及び、折節船場にありて、早速手船に乗せ申し築河へ送り届けぬ。時に船中にて中野式部が取成を以て、彼の田雑、竟に鍋島の家人となりけり。(14)

また田雑大隅守について『歴代鎮西志』[15]には、「田雑大隅之舩或曰田雑有馬海賊[16]」とあって、田雑氏が肥前有馬を本拠地とする「有馬海賊」であることがわかる。

ところで先述の深堀氏は、鎌倉期相模国の豪族三浦氏の一族といわれ、上総国伊隅庄深堀を本貫とする鎌倉御家人であり、承久の変後、肥前国戸町浦に地頭職を得て移住した「西遷御家人」であった。深堀氏はこのように鎌倉御家人としての由緒をもつ武士であり、地頭職を梃子として耕地と農民、さらには漁民をも支配の対象として在地支配を展開したのであって、海上と在地との両方を支配領域に持つ国人領主であった。

また海賊衆として著名な松浦党の一族である鴨打氏が、龍造寺氏の家臣となっていることも注目される[17]。龍造寺氏が有明海の水運を担わせるために、鴨打氏を招聘したと考えられる。なかでも鴨打陸奥守胤忠は芦刈城主となり、兵船を率いて戦陣に赴き、数々の活躍をしている様子が『歴代鎮西志』に記されている。芦刈城は有明海の海辺に面しており、水軍を統率する鴨打氏にとって最適な城地・所領を与えられていた。

耕地を主とする所領と農民を支配対象とする在地領主に対し、海岸部に所領を有して海上にまで支配対象を拡大し、さらには水軍を組織するに至った在地領主が「海賊衆」であったといえよう。

これに対して田雑氏の場合は、『北肥戦誌』に書かれている由緒には疑問があり、出自が不明であるが、少なくとも深堀氏のように在地に拠点を置く武士ではなく、先述のような加津佐の漁民を組織して略奪行為を行ったり、船団を率いて戦陣に加わり、勲功をたて報奨を得るなど、海上のみに活躍の場を持つ海賊集団であったと考えられる。彼らは、倭寇的な活動を行うことで、日常的な糧を得ているのであって、その意味ではまさに海賊であったのである。

ここには海賊の存在形態として二つのあり方があったと考えられる。

次では大友氏の筑後・肥後両国における兵船動員の動きと国人領主の動向をみてみたい。

第二節　大友氏の筑後・肥後両国における兵船動員と国人領主の動向

一　国人領主田尻氏の場合

田尻氏は、寿永頃に活躍した大宰大監原田種成の第三子である種実が、筑後国三池庄田尻（現福岡県高田町）に住して田尻姓を名乗ることに始まった、といわれる。応仁・文明期以降、豊後国の大友氏の配下にあり、天文年間の伯耆守親種のときに田尻から山門郡鷹尾（現福岡県大和町）に居城を移し、山門・三池両郡にわたる所領を支配下に入れた。その後、子の鑑種の代の天正六年頃、大友氏から離反して龍造寺氏に近づき、同氏の筑後攻略に多大な功績をあげた。天正十年から十一年にかけて一時薩摩の島津氏に通じ、龍造寺氏に攻められて鷹尾での籠城戦となるが、その年の十一月についに屈して鷹尾城を明け渡し、肥前国佐賀に居を移した。

田尻氏の居城である鷹尾は、当時の有明海から矢部川を約一・五キロほど遡った右岸に位置していた。鷹尾にある鷹尾神社はこの周辺を庄域とする瀬高下庄の鎮守である。この神社の宝殿造営や祭礼等の所役を負担していたのが、鷹尾別符の各名であった。寛喜三年（一二三一）には、この鷹尾別符内に津があり、鷹尾別符の地頭が津料を徴収していること、さらにそこには政所敷や倉敷があることがわかる(18)。また鷹尾社の祭礼記録からは、当時ここに「舟三太夫・勝陳房・梶取紀大夫」が居住しており、この勝陳房は商人であった。このように鷹尾津は、当初瀬高荘の荘園年貢物の積出港（倉敷地）として設置され、やがては矢部川の河港として発展していったものと考えられる(19)。

戦国期の鷹尾津の詳細は不明である。『北肥戦誌』によると、天正九年（一五八一）龍造寺軍が柳川城の蒲池氏を攻略後、討たれた蒲池氏家臣の首が船二艘で肥前国須古（現佐賀県白石町）の龍造寺隆信の元に送られた。さらに田尻氏の鷹尾城に連れてこられた蒲池鎮並の子は、「鷹尾津」から船で対岸の肥前高来（現長崎県高来町）へ向かう途中殺害されたという。またこの時期に、宣教師ルイス・フロイスがこの地域を訪れているが、その際に利用した交通手段が船であった。すなわち、筑後国久留米（現福岡県久留米市）から鷹尾の上流二キロの地点にある瀬高へ向かった際に船を利用している。さらに瀬高から天草（現熊本県天草市）に向かうのだが、そこでも矢部川を下って河口の「ゴウノウラ」（江ノ浦カ、現福岡県高田町）に行き、そこで潮待ちをして有明海に船出している。[20]

このように戦国期の鷹尾をはじめとする矢部川沿いの地域は、交通手段として船の利用が日常的に行われていたのである。

戦国大名にとっては大量の兵や軍事物資の輸送手段を確保することが不可欠である。特にこの地域の戦国大名の場合は、有明海沿岸部の田尻氏らの国人領主を家臣として抱えることで、多くの船の確保が可能となることから、戦争を遂行するために彼らを家臣化することは、重要な課題であったといえよう。大友氏は、本拠地の豊後国が瀬戸内海に面することから水軍を編成していたことはよく知られている。[21]ここでは大友氏が征服地の筑後国においてどのような方法で兵船の調達を行ったのかを検討していく。

大友氏は元亀元年（一五七〇）肥前佐賀の龍造寺氏を攻めるが、このとき田尻氏に宛てた書状が次のものである。

水貝表之行、兵船第一之儀候条、早〻有帰宅、船数以馳走、至榎津、瑡在陣専一候、聊不可有緩之儀候、猶戸次伯耆守可申候、恐〻謹言、

五月廿五日　　　宗麟（花押）

田尻中務太輔殿[22]

龍造寺氏の居城のある水貝（現佐賀県佐賀市水ケ江）での合戦のために、兵船を準備して榎津（現福岡県大川市）に在陣するように命じている。これと同日付で大友氏は蒲池鑑広に対しても、榎津へ参陣するようにとの、ほぼ同内

容の書状を送っている。蒲池鑑広は柳川の蒲池氏とは異なり、矢部川の上流筑後国上妻郡（現福岡県立花町）の山下城を本拠とする一族である。山下城は矢部川沿いに位置しており、地理的には有明海に面しているわけではない。しかし物資調達などのためには、矢部川を経て有明海へ出るルートを流通路として活用していたと推察できる。その点で兵船の動員は期待できたと考えられる。さらに、元亀元年に大友宗麟が蒲池鑑広に宛てた書状には蒲田（現佐賀県蓮池町）要害へ「急度以乗船被差籠、弥可被励馳走事肝要候[23]」とあって、ここでも蒲池鑑広に対しても船の調達を命じている。以上のことから筑後国の国人領主経営にとっては、河川交通および有明海交通のための船の利用・確保が必須の条件であったことが理解できよう[24]。

またその前年、永禄十三年（一五七〇）の大友氏の龍造寺攻めに対して田尻氏に送られた書状からは、大友氏が有明海の海上交通を戦時にどのように管理しようとしたのかを窺うことができる。

龍造寺山城守退治之儀、堅固加下知候之処、至水貝、従海上通用、無止事由候、不及言語候之条、諸浦船留、為奉行、夏足三河入道・斎藤民部少輔差遣候、領内之儀、能〻可被加制止事、肝要候、万一、未断之族於有之者、則時、成敗之儀申付候、為存知候、委細、彼両人申含候、恐〻謹言、

卯月廿日　　　　　　　　宗麟（花押）

田尻伯耆守殿[25]

すなわち水貝へ行く有明海航路の「諸浦船留」（海上封鎖）を行うために、奉行として夏足三河入道・斎藤民部少輔の二人を派遣するとしている。両氏は大友氏の直臣であり、斎藤民部少輔は永禄九年豊前国の検使として、夏足の同族の者は天文二十一年頃肥後国検使として、大友氏の領国経営に活躍している。戦国大名の多くは、交通政策の一つとして船奉行や関の設置、さらには船留などを実施する。例えば近江国六角氏の場合でも琵琶湖水運を管理するために船奉行を設置しており、湖上水運に必要な船や船頭の調達を行っている[26]。大友氏の豊前・豊後国の領国は、瀬戸

内海に面しており、村上水軍との関係を窺わせる文書もあることから、[27] 水軍を傘下に治めていたことがわかる。このような状況下の大友氏が海上交通に対して多大な関心を持っていたのは当然であり、それは天正少年遣欧使節の派遣や南蛮との貿易などに結実したと考えられる。

二　国人領主小代氏・三池氏の場合

小代氏は肥後国の国人領主であるが、鎌倉期に肥後国野原庄の地頭職を得て、武蔵国から移住した西遷御家人である。戦国期には大友氏の家臣として活躍した。この小代氏の領地が有明海沿岸地域にあるという地理的条件からして、小代氏にとって船の管理・支配は重要な意味をもっていたといえよう。南北朝期九州探題今川貞世の子で肥後守護であった今川貞臣の書下[28]では、小代堀内刑部丞親平が「肥後国野原西郷内知行海夫船」のことについて一族の輔平との間で訴訟となっていることがわかる。この訴訟での焦点は「海礒」のことである。すなわち、「狸（猫）宮平氏入道屋敷礒畔新堀内、於彼通者、親平知行海夫船等可被繋者歟」とあって、親平が支配する海夫船を係留する場所が問題となっているようである。その内容の詳細は不明であるが、海夫船の所有とその係留地とが「先祖譲状」の対象となっていることは、この地域における船の所有が彼らの領主制の展開にとって不可欠な要素となっていたことを物語っている。

これと同じような状況は、肥前国の深堀氏の内部において、正和元年（一三一二）に惣領時明と庶子である叔父時家との間で生じた事件からも窺える。それは時家が惣領進止の浦浜に乱入し、年々若干の「海中得分物」を押さえ取ったというものである。これに対して時家は時明こそ亡父の譲りに反して十余艘の船を時家の領海に入れ、「日夜令押領海得分物」めたと反論した[29]。ここにみるように、深堀氏の一族の間では各所領のなかに浦浜の進止権が付随しており、そこからの「海中得分物」も支配の対象となっていた。

このように海岸部の領主たちにとっては、耕地の支配権は当然ながら、「浦浜」の支配権とそれに付随する領海内での漁業権が、所領支配・財源確保のうえで重要な位置にあったのである。
海をめぐる有明海の船の所有や諸権利については、前述のような小代氏内部の相続問題だけではなく、この地域の国人領主間での問題も生じている。

御一札披閲候、仍糸波多良之衆、至小天船狼藉之由、宮崎伯耆守所迄承候条、即彼衆へ雖申達候、証跡次第可致分別之旨申候条、其謂一部但馬守・宮崎伯耆守所ヨリ尋為可申、使僧進之候起、翌日愚領舟一艘同人四人従其方被引取候、於于今者是非無申事候、爰元覚悟之旨、従宮伯所可令申之条、不能書載候、恐々謹言、

七月十七日　　宗禅（花押影）

田尻駿河守殿

御返報(30)

この文書は年未詳であるが、元亀・天文頃のものと考えられる。小代氏の所領である肥後国野原庄の南、同国飽田郡には肥後の田尻氏（山上三名字衆）が本拠を置いている。小天は現在の熊本県天水町に比定され、田尻氏の領内にあたることから田尻氏が「小天船」を支配下に置いていることがわかる。これに対して小代氏は「糸波多良之衆」を支配下に置いている。「糸波多良之衆」が実際にどこの者であったのかは不明であるが、彼らが「小天船」に対して「狼藉」を働いたとして、田尻氏側によって小代氏側（「糸波多良之衆」）の船一艘と四名の者が押収された。八月十日付で小代氏が田尻氏に宛てた書状(31)によると、これらの船と人員は返却されて、事件は落着する。このことに対して小代氏は「津法之儀、後日御失念有間敷候」と述べて、今後このようなトラブルについては「津法」によって処理されるように申し入れている。

ここでみるような船同士のトラブルは頻繁に起きていたと考えられ、トラブル解決のために、「津法」の成立に至ったのである。中世において、海上交通のルールが法文化されたものとして著名なのは「大船廻法」（「廻船式目」）であっ

て、室町期中期には成立していたと考えられる。これは種々の写本が成立しており、全国的に流布していたことが知られている。この「大船廻法」の奥書の典型的なパターンは、「右弐十八ケ条之儀、貞応二壬未年三月十六日、兵庫辻村新兵衛・土佐浦戸篠原孫左衛門・薩摩房野津飯田備前、天下江被召出船法御尋之時、則御批判被成候」(32)のような文言である。すなわち、「大船廻法」は当時の日本の三大港（津）の代表者によって制定された、という由緒を持っている。九州では薩摩国房野津《坊津》（現鹿児島県南さつま市）の飯田備前が代表となっており、九州地域においても「大船廻法」が海難法として広く普及していたことを示している。そのようにしてみると、ここでいう「津法」もこの「大船廻法」を指すと考えてよいであろう(33)。

ところで、戦国期に入ると、船を動員できる小代氏の存在は、前述の筑後の田尻氏と同様に、大友氏の領国経営上から重要なものとなってくる。

その第一は有明海を渡海する際の船の動員である。この点については、先に田尻氏のところでも述べたが、次の文書は天正六年（一五七八）頃に大友三非斎（義鎮）から小代氏に出された書状(34)である。

至高来并天草、用所之儀候之条、生善寺差遣候、渡海船之事被申付、海上聊無𡍼儀様、別而被添心肝要候、可被得其意候、恐々謹言、

五月三日　　三非斎（朱印）

小代殿

有明海の対岸である肥前国高来や肥後国天草へ、使者の派遣のための渡海船の準備を小代氏に申し付けている。これは小代氏が海夫船を所有するなど、船・船頭・水主の調達が可能であることを前提として出された命令である。単に戦時の動員だけではなく、このような日常の交通手段についても、動員されている。戦国大名が独自の水軍を持たない地域において兵船を動員するには、海岸部に所領を持ち船の調達が可能である国人領主に、その任務を担わせる

ことで、需要を満たそうとするのであった。

さらに三池氏の場合は、大友氏の家臣豊饒氏からの次のような要求も受けている。

就渡唐船、重々荷所之儀、以　御書奉書被仰出候、然者此等之趣、依我等所、至各可申達之由、蒙仰候条令啓候、必近日渡辺宗佐可参之間、其内御分別専要存候、可得御意候、恐々謹言

九月廿日　　鑑述（花押）

三池殿
参御宿所[35]

『蔭涼軒日録』文明十九年五月十九日条によると、宝徳三年（一四五一）に派遣された遣明船では大友氏が六号船を派遣している。天文十八年（一五四九）以後、日・明間の国交は断絶し、その後は倭寇が再び跳梁する時代となったが、大友宗麟は数回にわたって遣明船の派遣を計画し、実行もしている。また明からは倭寇対策のための使節が宗麟のもとに派遣されるなど、大友氏と明との関係は公式のルートではないが、常に存在していたといえよう。そうした状況のなかで出されたのが、この三池氏への書状である。三池氏の所領は筑後国三池庄南郷を拠所として、戦国期には北郷の亀崎・隈村・楠田・濃施・今福（大牟田市から高田町にかけての地域）にも進出し、天文十九年の「二階崩れの変」直後の菊池義武の乱以降、親員は一貫して大友方として行動しており、戦国期に拡大した三池氏の所領は、有明海に面した浦々を含んでいた。その三池氏に所領内の港を、明に派遣する船の出港地（荷所）として準備するように、との命令を伝えたのである。ここでは外洋を航海できる船や船頭・水主、さらには積荷などの準備をすることとなると考えられ、港としての機能を十分に備えていることが「荷所」の選定の前提となったであろう。その意味では、三池氏の所領内にはそのような港が存在していたのである[36]。そして大友氏は単に戦時の兵員や物資の動員だけではなく、貿易船の出航地の準備をも支配化の国人領主に期待していたのである。

中国、明の時代十六世紀中期に作られた『籌海図編』には、有明海沿岸部肥前・筑後・肥後国の港が記されている。(37) 肥前国では偽鉄来（寺井）、法司奴一計（蓮池）、客舎（嘉瀬）であり、筑後国では言奴気子（榎津）、什達加（瀬高）である。すなわち、これらの港は明の人々によって明船の入港可能な港として認識されていたのであり、有明海沿岸地域へ明船（唐船）が頻繁に入港していたと考えられる。

また、この『籌海図編』に載る肥後国高瀬（達加什）には、天正四年（一五七六）頃に「石火矢」を積んだ船が到着している。(38) これは大友宗麟がポルトガルから輸入した「石火矢」（大砲）であったと言われている。このように、有明海沿岸の港には明以外の外国船の入港も珍しくはなかったのである。

おわりに

有明海の海賊衆は、ダルメイダの記述にあるように、略奪行為を行うことによって「海賊」と呼ばれた側面を持っているが、それは一面的な捉え方であって、海岸部に所領を持つ国人領主の存在形態の一つである。「海賊」的な側面を持つ国人領主は、軍事面で水軍機能を担うことが可能であることから、戦国大名にとっては戦略上から不可欠な存在とされた。

以上の考察を踏まえて、水軍機能を持つ国人領主の例として、田尻氏や小代氏を考察した。戦国期の有明海地域は戦国大名の大友氏や龍造寺氏・大村氏などの支配化にあった。この地域の国人領主たちは、各大名の船の動員命令に応じて、自己の支配下にある船を準備して合戦に参加した。そのためこの船の動員の如何によって戦況は種々に変化したと考えられる。有明海沿岸地域の国人領主らには、船は彼らの海上交通手段として必要なものであるだけではなく、内陸部に所領を有する場合にも河川交通とそれに続く有明海の交通手段としても不可欠であった。その上船は有明海沿岸部の湿地帯における交通手段としても、また城攻めのためにも利用された。

国人領主田尻氏は、たびたびの龍造寺氏との確執にもかかわらず、とりたてられて佐賀に所領を与えられて移った。さらに近世鍋島氏のもとでは、肥前国山代地域（現佐賀県伊万里市）の代官として伊万里湾の防備につき、近世社会を生き抜いたのである。このような田尻氏に対する鍋島氏の高い評価は、有明海で培われた海防能力を有する点にあったと考えられる。

注

（1）永原慶二『戦国期の政治経済構造』（岩波書店、一九九七年）第Ⅱ部「大名領国制下の物流・商人・都市」が代表的なものである。

（2）「一五七〇年一〇月一五日付イルマン・ルイス・ダルメイダが平戸より耶蘇会のパードレおよびイルマンに送りし書簡」（村上直次郎訳『イエズス会士日本通信　下』雄松堂書店、一九六九年）。

（3）注（2）参照。

（4）松田毅一他訳『フロイス　日本史9』平凡社、一九八二年。

（5）「深堀文書」三八一（三好不二雄編『佐賀県史料集成　第四巻』佐賀県立図書館、一九五九年）。以下「深堀文書」はすべて同書。

（6）金谷匡人『海賊たちの中世』（吉川弘文館、一九九九年）など参照。

（7）「深堀文書」には戦国期の文書が十余通しかなく、当時の活動状況を詳しく知ることはできない。

（8）「福田文書」は外山幹夫『中世九州社会史の研究』（吉川弘文館、一九八六年）に所収されているが、すべて写である。「福田文書」の詳細は外山氏著書を参照されたい。

（9）「福田文書」一二八、注（8）、以下同様。
（10）「福田文書」一四七。
（11）松田毅一他著『フロイス　日本史10』平凡社、一九八二年。
（12）応永二十七年（一四二〇）、朝鮮からの使節として来日した宋希景は、瀬戸内海航行中に周防国室積に停泊している。そのときの記録『老松堂日本行録』（村井章介校注、岩波文庫、一九八七年）によると「海辺居人皆海賊」と記してある。
（13）馬渡俊継著、青潮社、一九九五年。
（14）『北肥戦誌』七〇〇頁。
（15）犬塚盛純著、鍋島家文庫所蔵、青潮社、一九九二年。
（16）『歴代鎮西志』下巻、三一六頁。
（17）『歴代鎮西志』上・下巻参照。『隆信公五箇国御知行之節幕下着到』には「三百町鴨打陸奥守胤忠」とある。
（18）六波羅裁許状写（『筑後鷹尾文書』熊本中世史研究会編、青潮社、一九七四年）。
（19）「鷹尾社祭礼記録」（同右注）。
（20）松田毅一監訳『十六・七世紀イエズス会日本報告集』第一期第一巻（同朋舎出版、一九八七年）。
（21）福川一徳「豊後水軍についての一考察」（『九州中世史研究』三、一九八二年）、宇田川武久「戦国大名大友氏の水軍編成」（国学院大学文学部史学科編『日本史学論集』下巻、一九八三年）など。
（22）「田尻家文書」一三三（三好不二雄編『佐賀県史料集成　第七巻』佐賀県立図書館、一九六三年）。以下「田尻家文書」はすべて同書。
（23）「大友宗麟資料集」一四〇二（『大分県先哲叢書　大友宗麟』第四巻、大分県教育委員会、一九九三年）。
（24）この文書と内容の類似したものが、やはり田尻中務太輔殿に宛てて同月日付で出されている（「田尻家文書」一四四）。
（25）「田尻家文書」一三一。
（26）拙稿「戦国期における湖上交通の特質―長命寺文書算用状から―」（『徳川将軍権力の生成と展開の研究』昭和六十三年度

科学研究費補助金報告書）。
(27)「大友宗麟資料集」一四五一から一四五九の一連の文書。
(28)「小代文書」四一（『玉名市史　資料編5　古文書』玉名市史編集委員会、一九九三年）。
(29)「深堀文書」一一一・一一二。
(30)「田尻文書」五（『新熊本市史　史料編』第二巻、新熊本市史編纂委員会、一九九四年）。
(31)「田尻文書」六（同右注）。
(32)長沼賢海著『日本海事史研究』（九州大学出版会、一九七六年）第二編「大船廻法奥書集成」参照。
(33)注(28)参照。
(34)「小代文書」六八。
(35)「三池文書」一三（『三池氏の古文書』大牟田市歴史資料館、一九九三年）。
(36)現在福岡県大牟田市には唐船《とうせん》の地名が存在する。ここは堂面川の河口で有明海に臨む地であり、港としての立地条件に恵まれた場所であることから、中国船の寄港地であったと推測される。
(37)服部英雄「久安四年、有明海にきた孔雀」（『文明のクロスロード』五二、一九九六年）。
(38)「南蛮美術館所蔵文書」（『玉名市史　資料編5　古文書』編年史料二六六）。

第Ⅱ部　龍造寺氏の物資調達システム

第三章　龍造寺氏の鉄砲受容について――焔硝の調達をめぐって――

はじめに

戦国期の龍造寺研究の先駆は一九六七年刊行の川副博氏による『龍造寺隆信』[1]があげられる。その後、研究書としては、一九八一年刊行の藤野保編著『佐賀藩の総合研究』[2]が最もまとまったものである。本書に収められた論考は、龍造寺領国の形成から発展、そして鍋島藩へと引き継がれていく政権委譲の問題など、龍造寺領国に関わる問題を総括的に扱ったものである。その点から現在においても、本書は龍造寺領国研究にとっては、不可欠のものである。その他、龍造寺領国研究の専論として、管見の限りでは、次のような研究をあげることができる。

①北島万次「天正期における領主的結集の動向と大名権力―肥前・筑後の場合―」(『歴史学研究』四〇〇号、一九七三年)。
②佐藤鉄太郎「戦国大名龍造寺氏について―国人領主後藤氏の家臣団構成―」(『筑紫女学園短期大学紀要』九号、一九七四年)。
③加藤章「龍造寺体制の展開と知行構造の変質」(『九州文化研究所紀要』一六、一九八一年)。

④太田順三「北部九州の戦国大名領下の村落とその支配―大内・龍造寺氏の権力構造論序説―」（『佐賀大学教養部研究紀要』十五、一九八三年）。
⑤堀本一繁「龍造寺氏の二頭政治」（『九州史学』一〇九号、一九九四年）。
⑥堀本一繁「龍造寺氏の戦国大名化と大友氏肥前支配の消長」（『日本歴史』五九八、一九九八年）。
⑦宮島敬一「戦国期権力の形成と地方寺社―肥前龍造寺氏と河上社」（本多隆盛編『戦国・織豊期の権力と社会』吉川弘文館、一九九九年）。
⑧松田博光「戦国末期の起請文に関する一考察」（『黎明館調査研究報告』一五、二〇〇二年）。
⑨堀本一繁「戦国期における肥前河上社と地域権力」（井上寛司編『中世一宮制の歴史的展開』岩田書院、二〇〇四年）。

以上が今日までの龍造寺氏に関する主な研究であるが、他の戦国大名研究に比較して非常に少ないことがわかる。また、これらの研究は、龍造寺領国の支配体制・政治構造、大友支配下からの自立化（「今山の戦い」の評価）の問題、龍造寺氏の領国支配と寺社政策、起請文の検討等を研究対象としたものである。本章では、これまでの研究では取り上げてこなかった、龍造寺領国における戦略的物資調達の実態を明らかにし、それによって、龍造寺領国体制下の物資調達システムを考察せんとするものである。

ところで、従来戦国期の流通を考察する際に必ず論じられてきたのが、御用商人の存在である。御用商人は、領国内商業や商人を統括する権利を得て、戦国大名の必要物資を供給する役割を担っていたと評価され、戦国大名にとって不可欠の存在と考えられている。龍造寺領国の御用商人に関する専論は、武野要子氏のものが唯一であるといえよう(3)。それは、中近世移行期の御用商人（初期豪商）平吉氏を分析したものであり、海外貿易や、朝鮮出兵時の物資調達を通じて政権との関わりを考察したものである。

さてこのような御用商人研究を踏まえつつも、本章では、戦国期の流通・物資調達を御用商人の視点から検討する方法はとらない。戦国期特有の戦略的物資（鉄砲・玉・火薬など）に焦点をあて、その調達に際しての命令系統を検討することで、龍造寺領国内の物資調達の特質を捉えられるのではないかと、考えるからである。

戦国期における鉄砲の重要性は、長篠の合戦で織田軍が鉄砲隊を導入した例を用いて説明されるように、自明のこととされている。当時、鉄砲こそが最も戦いを有利に展開し、勝利をもたらす兵器であった。それゆえに、戦国大名にとっては、鉄砲や玉・火薬を調達することが一大関心事であった。そこで本章では、龍造寺領国において、戦略的物資である、鉄砲・玉・火薬などを安定的に供給できるシステムを、いかにして作り上げたようとしたのかを検討する。

第一節　毛利・大友氏の鉄砲使用状況

通説では、鉄砲は天文十二年（一五四三）に種子島に漂着したポルトガル人によって伝えられたといわれている。これに関する研究は、近年宇田川武久氏らを中心として、精力的に進められている。(4) そこでは、種子島に伝来したという通説的な伝来ルート以外の解明、戦闘での鉄砲使用の初見、国内生産についての諸問題、技術者（砲術師・石火矢師など）の育成、技術の伝播などが問題とされ、鉄砲について多くの事実が明らかにされてきた。

本章ではこれらの研究に依拠しつつ、まずはじめに九州地域での合戦における鉄砲使用状況をみておきたい。それはとりもなおさず、九州地域における鉄砲の普及を示すめやすとなるからである。

合戦での鉄砲使用の初見は、天文十八年（一五四九）に薩摩国島津貴久の家臣伊集院忠明と大隅国加治木城主の肝属越中守軍とが戦った黒川崎の合戦であるという[5]。これは、長篠の合戦の二六年も前のことである。このことは、九州の戦国大名が天文年間の末には鉄砲の存在を知っており、かつ兵器として使用しはじめていたことを示している。

合戦での鉄砲使用を裏付ける具体的な事例は、軍忠状から知ることができる。大友氏の事例をみると、永禄八年（一五六五）六月二十二日の「大友宗麟袖判軍忠状[6]」には、毛利方であった長野筑後守の里城（豊前国企救郡）での攻防戦において、田原親宏の被官が疵を負ったとの報告がある。それによると、手負人数一二人のうち、「矢疵六人・手火矢疵一人・石疵五人」（傍点著者、以下同）である。また同所での同年八月十三日の合戦での、「佐田隆居手負注文[7]」では、手負人数一一人のうち、「矢疵三人・手火矢疵八人」が記録されている。さらに、同十二年（一五六九）五月、吉川・小早川勢と筑前国立花表で戦った戸次鑑連が作成した「一族手負注文[8]」では、手負人数五一人のうち、「矢疵一五人・手火矢疵一六人・石疵一二人、鑓疵三人、刀傷五人」となっている。ここでは、手負人全体の三一％が手火矢疵、すなわち鉄砲による疵を負ったのであり、矢疵（二九％）をわずかながらも抜いて一位となっている。すなわち、これらの合戦において毛利氏やその一翼を担った吉川・小早川勢は、積極的に鉄砲を使用していた事実がわかる。

一　毛利氏の鉄砲使用状況

では毛利氏の鉄砲使用の具体的な状況はどのようであったのだろうか。次に、鉄砲使用状況を示す史料を三例あげてみよう。

一つめは、永禄五年（一五六二）二月、毛利元就が石見の尼子氏と戦っていた祖式部少輔友兼へ宛てた書状[9]である。ここには、「鉄炮放之事承候、自元就所、今朝三人申付遣候、猶以可遣候〳〵」とみえ、「鉄砲放」の兵員を元就のところから祖式部氏のもとに三人派遣することを伝えている。

二つめは、同十二年（一五六九）頃の三月に毛利元就から児玉元良に宛てた書状[10]であり、「富田籠城之鉄炮はなしの中間衆事、長〻辛労仕、於于今は隙明事候へ共、今度一動之儀者可罷居候」とあり、富田城の籠城に「鉄炮はなしの中間衆」すなわち、鉄砲衆が活躍している様子がわかる。

三つめは、同十二年（一五六九）頃の四月に毛利元就から児玉元良へ宛てた書状[11]であり、「鉄炮放之儀、（中略）其方陣所呼候て、涯はなさせ候へく候、五十人余有るへく候」と述べられ、「鉄炮放」を兒玉氏の陣所に五〇人余派遣すると伝えている。これら三つの書状から、毛利氏は永禄五年段階に、「鉄炮はなしの中間衆」と呼ぶ中間を鉄砲隊に編成して戦闘に参加させており、その鉄砲隊の人数が五〇余人にのぼること、戦いでの鉄砲使用が常態化していることがわかる。

このように毛利氏の合戦における鉄砲使用は、永禄年間には既に訓練され組織化されたものとなっており、鉄砲隊を編成できるほどに充実したものとなっていた。ただし、毛利氏の鉄砲の入手経路や自領内での製造については、管見の限りでは未詳である。

二　大友氏の鉄砲使用状況

次に大友氏における鉄砲使用状況をみておきたい。大友氏との合戦での手負い注文（軍忠状）は、管見の限りでは未詳である。しかし、大友氏の鉄砲受容が非常に早い時期から行われていたことは、種々の文書から知ることができる。

天文二十三年（一五五四）、将軍足利義輝の御教書写によると大友義鎮（宗麟）は、「南蛮鉄放」を将軍に献上したことが記されている[12]。この鉄砲は、「南蛮鉄放」とあることから、ポルトガルからの輸入品であったと考えられる。

その後、永禄元年（一五五八）から翌年にかけて将軍義輝の申次大館晴光と大友義鎮との書状のやりとりをみると、永禄元年には将軍義輝は大友義鎮に鉄砲を貸与して、その模倣品を造るよう命じたことがわかる[13]。その翌年正月には、大友義鎮の元で製造された鉄砲が献上されている[14]。しかし、同年九月には将軍から「御本相違之儀有之間、重而被差下御本候、少も無相違様被仰付[15]」との返事が来ており、大友氏が納めた鉄砲は、将軍が与えた見本のものとは異なっているとして、再度鉄砲の製造を命じたことがわかる。

これらのことから、大友氏は、十六世紀の中頃には鉄砲を製造する技術を既に獲得していたといえる[16]。福川氏は、大友氏の鉄砲製造技術は「種子島」系統の鉄砲とは幾分違った系統の技術であったのではないか、と推測している[17]。

ところで時代は下るが、天正三年に大友氏の重臣である戸次鑑連が記した娘誾千代への譲り状[18]には、所領以外の様々な動産が記されている。そのなかに「一、大鉄炮一五張、小筒　壱張　依拝領、多年令秘蔵候、則御判有之」とあり、「大鉄炮一五張、小筒　壱張」は、大友氏からの拝領品であった。さらに、「一、塩砂千斤、壷二十、一、鉛　千斤一四包」も含まれていた。塩砂とは焔硝のことであり、火薬の原料として不可欠のものである。鉛は鉄砲玉を造る原料である。これらを戸次氏自身が蓄えていたのである。後にみるが、毛利氏が家臣の乃美氏から鉛を調達したように、焔硝や鉛は戦国大名クラスだけが独占的に入手していたのではなく、戦国大名の重臣クラスも何らかの方法で入手し、蓄蔵していたものであったといえよう[19]。

では、大友・毛利両氏との合戦が不可避となってきた龍造寺氏の鉄砲への関心はどのようなものであったのであろうか。次に見ていきたい。

第二節　龍造寺氏の鉄砲使用状況

龍造寺氏の合戦における鉄砲使用を伝える史料は、年未詳六月八日付の吉川元春から堀立壱岐守に宛てた書状[20]であり、次のように述べられている。

一豊後衆事、去四月廿三日至龍造寺取懸候哉、当日及合戦龍造寺得勝利、豊州衆大手負仕成手前堅固之由承知候、同廿八日豊州衆寄近陣侯之処、龍造寺衆鉄砲数百丁にて射伏、近陣をも不居候而本之陣所へ引退候由候哉、誠心地能趣候

一去月四日龍造寺へ豊州衆相動、河を隔候而互ニ鉄砲軍候つる、龍造寺以行豊衆河を引渡之及一戦宗徒之者二百余人討捕之由ニ候哉、龍造寺衆無比類行候、宗像・麻生従両人茂豊州衆為加勢人数被（罷）出候哉、彼衆罷帰候而取沙汰之趣可為実左右候、弥聞合可申越候

ここには、四月二十三日の大友軍と龍造寺軍との合戦で龍造寺軍が大勝利を収めたこと、同二十八日には大友軍が龍造寺軍の陣に近寄ったところ、龍造寺軍が鉄砲数百丁で討ち伏せたために、大友軍は本陣に引き退いた、とある。さらに、去月四日龍造寺と大友軍との合戦では、河を隔てて「鉄砲軍《いくさ》」を行い二百余人を討ち取ったと伝えている。

この書状は年未詳のものであるが、書状の後半部分の内容から元亀元年（一五七〇）の肥前巨勢原（現佐賀市巨勢町）における、戸次鑑連との合戦であると考えられる[21]。以上のことから、龍造寺軍が十六世紀後半には合戦に鉄砲を使用していたこと、大友軍との戦いでは「鉄砲軍」と呼ばれる、鉄砲を主力とした戦闘が行われていることがわかる。

次に、佐賀藩大配分の多久家[22]に伝来し、その家臣の由緒を記した『水江臣記』[23]をみていくと、天正四年（一五七六）以前のことと推定される鉄砲使用の事例が散見される。その一つが次の記述である。

一鶴田越前家老分之者ニ被申付候ハヽ、（中略）八月時分、しげ村ニ苅田仕由承、多分権左衛門ニ而候半と存、八月廿日夜家頼六、七人召連、つきおとしに伏兵仕罷在候、然処ニ権左衛門しげとうの弓を張弓ニ〆、鉄炮・抜鑓なと持候而七、八人、また楞（枌）ニ縄を巻候而参候者六、七人、都合拾四、五人参候を、真先ニ参候権左衛門を、善太

郎鉄炮ニ而打倒申候、其後内之者共取合仕、敵二、三人打取、首四ッ天理様江懸御目申候

ここに記される「靏田越前」とは、肥前東松浦郡の獅子ヶ城主（現佐賀県唐津市厳木町）の鶴田越前守前であり、彼は天正四年に死去している。この彼の下で戦闘に参加した善太郎が、苅田をした権左衛門を鉄砲で倒している。この時権左衛門方も鉄砲を所持した一団を率いている。鉄砲が小競り合いの場面でも使用されており、その普及が個々の家臣にも及んでいるのである。

さらに、天正十二年（一五八四）の島原の戦いにおいて鉄砲が使用されたことが、ルイス・フロイスの著書『日本史』[24]から知ることができる。

その隊列は見事に配分されていて、まるで彼はヨーロッパの戦術図、ないし（戦術）計画を入手しているかのようであった。彼は一万二千の戦闘員を率いていたが、彼らは豪華（に装い）、また清潔で気品があり、戦場で錬磨された兵士たちであった。（隆信は）三人の息子たちをも伴った。（一人は）政家と称する嫡男で、二人目はドン・バルトロメウの（娘）婿、城原殿、三人目は後藤の領主、家信である。さらに戦（功）の誉れ高い（隆信の）兄弟の一人が伴っていた。総大将は鍋島殿と呼ばれた。ドン・バルトロメウの息子ドン・サンチョ（喜前）も（従軍しており）、（隆信は）自分に従うその他大勢の身分の高い殿たちを率いていた。前衛、すなわち軍勢の正面に、（隆信は）千挺近い鉄砲（隊）を伴ったが、それら（の鉄砲）は火縄銃、あるいはマラバルの小型銃ではなく、大筒《モスケット》に似た大型の銃砲であり、一人の男が肩に担いで運搬するには苦労するほどであった。すぐその後に、千五百の塗金の槍が続き、その後を長刀と、大筒の火縄銃の別の隊列、および弓矢（を携えた）列が進んだ。さらに小型ではあったが二門の大砲を携えていた。というのも、それを発射できる者がいなかったからである。すぐそれに続いて、最初の隊列のように他の鉄砲隊が進んだ。それらは全部で三千ないし四千に達するであろうと言われた。（中略）敵将たちは、攻撃および防禦の武器で必要以上に身を固め、大量の食糧はいうに及ばず、

火薬その他、（戦いのための）あらゆる必需品を携えて来た。（後略）

フロイスの島原の戦いでの記述は、かなり詳細に龍造寺軍の編成を語っている。この記述が真実を語っているものか否かについては、検討を要するが、ある程度の状況を推量することは可能であろう。[25]

龍造寺軍の鉄砲隊は「モスケット銃」に似た「大型の銃砲」一千挺からなり、その後に鍍金を施したといわれる槍が千五百、さらに長刀の一隊と弓矢の隊が続き、二門の「大砲」も伴っており、この一隊で総勢三、四千にのぼるというのである。「モスケット銃」とされているものは、毛利氏や後北条氏で天正年間に使われはじめていたという「大鉄砲」であったと思われる。

この島原の戦いでの鉄砲使用については、日本側の史料からも確認できる。すなわち前述の『水江臣記』に記載されている次の記述である。

一、某先祖徳久新左衛門と申者、隆信様嶋原御陣之砌鉄炮大将ニ而戦死仕候

一、某先祖徳久新左衛門儀、鉄炮与七拾人被仰付、於島原戦死候

これは多久家の家臣徳久新左衛門について、それぞれの分家が語っているものであるが、隆信の弟である長信の家臣が、島原の戦いの際に鉄砲隊に編成されていること、その編成は一与（組）が七〇人前後であり、「鉄砲大将」が統括していたことがわかる。

以上から、龍造寺氏は既に元亀年間には、鉄砲・鑓・長刀・大筒・弓矢を配備した隊列を編成して、合戦に臨んでいたことがわかる。さらに、その隊列は、戦いに必要な兵粮や火薬等も携行していたと、フロイスは述べている。

このように龍造寺氏は大友・毛利氏など北部九州地域の戦国大名と同様に、戦闘に際して鉄砲を導入していたのである。これは天正十二年の島原の合戦時には、鉄砲隊を編成するまでに進化しており、非常に充実し、かつ整ったものになっていた。

第三節　戦国大名（大友・毛利・龍造寺氏）の鉄砲・焔硝の調達

戦国大名は、「鉄砲軍」を行うために、どのような方法で鉄砲を調達していたのであろうか。その点について考察していきたい。

一　鉄砲の輸入

大友氏が、鉄砲の鋳造技術者を自国内で抱えていたことについては先に触れたが、毛利・龍造寺氏が鉄砲の鋳造を自領内で行っていたという事実を確認できる史料は、管見の限りではない。そこで、ここでは鉄砲の輸入について検討しておきたい。

先述のように、ルイス・フロイスの『日本史』によると、島原の陣での龍造寺軍の軍列には二門の大砲があったと記されている。大砲の輸入については、年未詳であるが、大友宗麟が肥後高瀬津（現在の熊本県玉名市）の城氏に宛てた書状[26]の中に、「至高瀬津石火矢着岸之条、急度可召越覚悟候、方角之儀候間、乍辛労夫丸之儀被申付、運送可為祝着候」とあり、「石火矢」すなわち大砲が高瀬津に到着したので、急ぎ豊前の府内へ運送するように求めている。大友氏においても大砲の鋳造技術を完全には習得していなかったと、思われる。では、戦国大名が、鉄砲や大砲の調達を輸入に頼ることが多かったとすると、どのような方法によっていたのであろうか。

自領の港にポルトガル船の入港を渇望する戦国大名の姿は、次の大村純忠書状写[27]から窺える。

態令啓候、仍城番御辛労之儀、不及申候、弥入魂頼存候、将又此比南蛮船必可罷渡候、然者彼舟横瀬浦・平戸

之間ニ着岸候者、豊州至伊佐早・後藤、別而可被仰談事可為一定候、殊手火箭・石火矢等敵方ニ過分ニ可罷成候、其分ニ候てハ高来此方為ニなるましく候間、何とか以才覚、彼舟福田・戸町・口之津辺ニ着岸候様ニ調法為可申、彼寄合指遣候間、長与ゟ外浦元津迄、道之事被仰付候て可給候、彼宗躰噂も難申事候へ共、右如申、就彼一ヶ条、一段機（気カ）遣候間、此趣高来へも申事候、巨細口上ニ申候間、不能重筆候、恐々謹言、

五月二日　　　　　　　　　純忠

この文書は、年未詳であり、宛先も欠けているが、「福田家文書写」に含まれていることから、十六世紀後半、大村純忠から肥前長崎の国人領主福田氏に宛てられたものと考えられる。これによると、大村氏は福田氏に対して「南蛮船が横瀬浦（現長崎県西海市）・平戸（長崎県平戸市）の間に着岸することとなれば、豊州（大友氏）が伊佐早氏や後藤氏と相談・連携することは必定である。そうすれば、手火箭（鉄砲）・石火矢（大砲）等を敵方が過分に所有することになり、高木氏や我々のためにならない。だから何とか才覚をはたらかせて、彼舟が福田・戸町（以上現長崎県長崎市）・口之津（現長崎県南島原市）あたりに着岸するよう方法を考えて欲しい」との依頼をしたのである。

当時の肥前国周辺の海上には、多くの南蛮船が航行していたのであろう。それらの船が自領内の港に入港することで、舶載品の独占的購入が可能となる。それは、ここに記されるように、自領の維持・拡大にとってその命運を決定する重大問題であった。

龍造寺氏の場合には、この南蛮船の入港地問題について、次のような事実が知られる。次にあげる史料は、一五八二年二月十五日付、長崎発信、ガスパール・コエリュ師のイエスズ会総長宛の書簡の一部である。(28)

最近、龍造寺が熱心に（訪問を）請うので、断り難く、巡察師の意見に従ってガスパール・コエリュ師が自ら彼を訪問した。司祭は彼に温く迎えられ、（中略）諸事についてことごとく解決を見た後、彼（隆信）はシナから日本へ来るポルトガル船を己の港に入らせるようしきりに懇願し、その領内に教会を建て布教を（住民を）キ

リシタンにする許可を与えると約束した。

隆信は宣教師たちから、「残虐な暴君」「キリシタン宗門の大敵」[29]と言われていたにもかかわらず、司祭を隆信の館に呼んで手厚くもてなし、シナから日本へ来る「定航船」を自領内の港に入港させるように懇願し、かつ自領内に教会を建て[30]キリスト教の布教を許可する、とまで言っている。この隆信の言動は、前掲の大村氏の南蛮船入港地に対する考えと同様のものであり、当時の戦国大名が、鉄砲などの火器類の供給源として南蛮貿易を重視・渇望していた実情をよく現している。龍造寺氏が鉄砲を購入していた事実を直接的に語る史料は、管見の限りでは存在しない。しかしここまでに述べてきたように、鉄砲は輸入に依存していたとすることについては、異論はないであろう。そこで問題となるのは、鉄砲玉（鉛）と火薬（焔硝）類の消耗品の調達についてである。次にこの点を検討していきたい。

二　焔硝の輸入

鉄砲に使用する鉄砲玉は、主に鉛玉であった。この鉛と火薬の調達が、当時の戦国大名には大きな課題であった。ここではまずはじめに、火薬の調合工程について見ておきたい。『種子島家譜　巻三』に、天文年間に書かれたと思われる、種子島時堯宛の近衛稙家御内緒がある。ここには「南蛮人直被相伝調合無比類之由、被触御耳、武家御内書如之候」とあり、南蛮人から直接火薬の調合を学んだとの情報が、室町将軍足利義輝のもとに届いたと述べられており、鉄砲伝来と同時に玉薬の調合法も伝来したと、考えられる。

また、永禄二年（一五五九）六月二十九日に病気療養で近江坂本に滞在していた上杉景虎は、将軍足利義輝から見舞の品として鉄砲と「鉄放薬之方并調合次第」[31]を贈られた。これは、当時の火薬の調合の方法を伝える貴重な物である。本来この書は豊後の大友新太郎から将軍に贈られたものと言われている。先の鉄砲鋳造のことなどと考え合わせると、当時大友氏は鉄砲などの技術・情報をいち早く入手できる存在であったと考えられる。

ところで、この「鉄放薬之方并調合次第」には、二通りの火薬の成分配合とその製法の詳細が記載され、原料にはえんしょう（焔硝）・すみ（木炭）・いわう（硫黄）が記されている。原料のなかで硫黄は国内各地で産出されていたことから、必要量は十分に自給可能であった。

しかし、焔硝については、多くが輸入に依存していたようである。例えば豊後国の大友宗麟は、宣教師を通じて硝石の入手を試みている。さらに薩摩の島津家久は、天正十四年（一五八六）に平戸についた南蛮船から手火矢・玉薬を購入しようしたのに対し、上井覚兼は、「連々鉄放玉薬、大方用意申置候由申候也」と答えている。すなわち、上井覚兼は既に「鉄放玉薬」（焔硝）を十分用意しているとして、南蛮船からの購入は必要ない旨を伝えたのである。覚兼がどのようなルートで焔硝を用意したのかはわからないが、島津家久は南蛮船からの購入を考えていたのであり、輸入に頼る方法が一般的であったといえよう。

また、次にあげる一五八〇年十月二十日付のロレンソ・メシアのイエズス会総長宛の書簡[32]によると、宣教師が鉛や焔硝の輸入に深く関わっていることがわかる。

結局、有馬の城そのものが焼け落ちた。そこで、巡察師は有馬殿も他の者も、彼ら自身が逼迫しているために対応できない、この尋常ならざる窮状を見て、彼らが絶望せぬように、また、自ら滅ぶことのないようにするため、なしうる限り救援することを決意した。司祭は、かくも多数の貧者を救い、今や甚大なる潰滅の危機に瀕した同地のキリシタン宗団を救うことほど有意義な施しはないと考えた。（中略）また、この目的のために定航船を利用して十分に蓄えておいた鉛と硝石を彼らに提供したが、以上のことに約六百クルザードを費やした。

これによると、龍造寺氏による有馬攻めの際に、窮地に追い込まれた有馬軍に対して、宣教師は彼らが定航船（貿易船）を利用して蓄えておいた鉛と硝石を提供したのである。これによって有馬軍は鉄砲玉の製造が可能となり、その窮地を脱することができたのである。

さて、次の文書は、毛利氏が御用商人である渋谷氏に焔硝の調達を命じたものである。[33]

合薬之儀、日本目壱斤を弐文め四分五分ニこゝもと千斤も弐千斤も付候ハゝ、かい可申候、代之儀者急ニ申候て、其元にても可被相調候、いかにも急ニ候ハてハ無曲候、遅々候ハゝ不入候、恐々謹言、

十一月廿日　　二太　就辰（花押）
　　　　　　　佐世　元嘉（花押）

渋谷与衛門尉殿
　　まいる

右の文書は、毛利氏の奉行人が「合薬」、すなわち焔硝の調達を渋谷氏に命じたものであり、日本の目方で一斤を銀二匁四・五分で千乃至二千斤購入したいとしている。「日本目」とあることから、渋谷氏は南蛮貿易にも携わっていたのであり、毛利氏の火器類調達にも協力していたのである。

三　焔硝の製造

鉄砲類の調達を輸入（南蛮貿易）に依存しているということは、宣教師との友好関係が前提であり、恒常的な供給には不安定な要素を含んでいた。そのために、戦国大名は自給可能な方法を模索しはじめていた。その第一が、火薬の製造に不可欠な、焔硝の自前での調達・製造である。

それは土硝法と呼ばれるもので、家畜の排泄物が浸透した土を集めて硝化バクテリアを作用させ、これに石灰や木炭を加えて沸騰させてから濃縮し、冷却して硝石を造る方法である。[34]

毛利氏が火薬の原料となる硝石の製造を行っていた事実を示す史料は、『萩藩閥閲録』のなかに散見できる。毛利氏は、自領内の「馬屋の土」を利用して、土硝法による焔硝の生産を行っていた。年未詳だが次の書状である。[35]

塩硝熱させ候、然者其方、馬屋之土可然之由候間、可所望候、尚此者可申候、謹言

卯月十五日　　　元就（花押）

兒玉木工允殿

毛利元就は兒玉木工允に対して、焔硝を作るために「馬屋之土」が必要であるとして兒玉氏に馬屋の土を所望している。また、同じ頃と考えられるが、毛利輝元は内藤少輔九郎元泰に対して、「塩硝熱させ仁」(36)、すなわち焔硝を製造する職人が来たので、古馬屋の土が入用であると伝えている。このように、毛利氏においては、合戦における鉄砲の使用が常態化してくるに従い、自領内での焔硝の製造が不可欠となっていたことがわかる。

さらに鉄砲玉の製造についていては、鉛の調達が必要であるが、これについては、弘治三年（一五五七）小早川隆景が万寿（乃美元信）に次のような書状(37)を送っている。

今程なまり所持之由候間、給候は可為祝着候、鉄炮之ために候間、須々磨せめの御合力たるへく候、かしく

二月十九日　　　隆景　御判

「万寿殿まいる　　　隆景」

万寿（乃美元信）の所持している鉛を鉄砲のために使うので提供して欲しいこと、さらにこれは須々磨攻め(38)に使うものであることを伝えている。

ここでは、毛利氏が玉と焔硝の自領内生産を行っていたことが確認できた。すなわち、十六世紀後半には鉄砲の玉薬を自前で生産することが各地で可能となっていたと考えられよう。

以上みてきたように、戦国大名が、戦略的物資、なかでも鉄砲や玉・火薬の獲得のために、領国内外に情報網をめぐらし、さらに宣教師と友好関係を結ぶなど、あらゆる手段を使って奔走している様子がみてとれる。これは、多くの戦いを経験した中で、勝ち抜くための必需品として、鉄砲の価値を熟知していたからに他ならない。

では、大友・毛利氏同様に戦いに鉄砲を使用していた龍造寺氏は、どのようにして焔硝を調達をしていたのか、検討していきたい。

第四節　龍造寺領国における焔硝の調達と龍造寺長信の役割

龍造寺領国において、鉄砲の玉薬に必要な焔硝の調達に関連した史料は、次に示す六点である。これらは龍造寺隆信から実弟の長信に宛てた書状である。すべてが年欠文書であるが、隆信が戦死する天正十二年以前のものであり、龍造寺領国における焔硝の調達、玉薬の製造を検討するには、十分価値のある史料といえよう。

①　返々銀つゐ之儀、用口上候、

就塩硝用所、此方へ請取申候銀子、五百六十九文め一分ニ而候、こまかね此ニ而ふき候而遣候へハ、殊外つゐ申候、成松刑部請取申候間、若又南蛮衆へ頼申候而も、重〻銀つへ候て（ママ）ハニ而候、乍去、我等も先〻当用ニて候間、つゐ之儀ハ不入由存候而、殊外きうきうと申付候而ハ遣候、為心得候、細碎、江備可申候、かしく

信判

長信まいる　申給へ[39]

この書状から、焔硝の購入先が「南蛮衆」であることがわかる。また、塩硝の購入のために銀子（五六九匁一分）を用いており、「こまがね（細金〔銀〕・小粒銀）」を銀に吹いたら、予想外に「つゐ」（費用がかかった）たことが問題となっている。それについて、「今後も南蛮衆へ塩硝購入を依頼するであろうし、我等も今現在焔硝が必要なので、

『つゐ』については気にせずに、しっかりと（交渉を）行うようにせよ」と伝えており、銀の支出よりも、焔硝の調達が最重要課題であることが、示されている。

また、塩硝の購入値段に関しては、次の書状から値段交渉の状況がわかる。

②（追而書省略）

分手切手之儀申候処、可被遣候由候、目出度候、又鎧之儀、是又口上申候、又塩硝用所之由候、此十八日ニ人遣候、銀被遣候者、買候て可進之候、ねのぎハさきの仕合たるへく候、かしく

八ノ十五　　　　隆信判

長信まいる
申給へ(40)

この書状では、「塩硝」（焔硝）が必要となったので、購入代として銀を遣わすこと、その「値段については以前と同様とせよ」と伝えている。ここでも、焔硝の調達が早急に必要となっている様子を窺わせる。

さらに、①の文書と同様に塩硝の購入には銀が支払われていることがわかる。当時日本国内では石見銀山の開発・灰吹法の導入によって、銀が大量に流通するようになった。特に海外との取引では、銀での支払いが一般化していた。龍造寺氏の銀の入手経路を知ることはできないが、龍造寺氏も他の戦国大名と同様に海外との取引には銀での決済を行っていたのである。

また前掲の二つの書状から、龍造寺氏は火薬の原料となる焔硝を海外（「南蛮衆」）から購入していたこと、さらにその購入は、長信が隆信からの命を受けて具体化し、実行していたことがわかる。

ところで、龍造寺氏は毛利氏のように、自領内での焔硝の生産の事実は確認できない。しかし、焔硝を原料として火薬を生産していたことは、次にあげる史料から推測できる。

次の史料③④⑤⑥は、玉薬の原料の焔硝を煎るために必要とされた薪の調達に関する書状である。

③二三日は無音ニ居候、境目無何事候歟、節々可示預候、然は、先日如申候、今程塩硝煎申候薪、過分ニ入候間、小城之清水山江夫丸申付、薪取度候、彼山々口之儀、案内申候、為御存知候、随而当時任現来ニ、水鳥一番進之候、可有賞翫候、恐々謹言、

霜月九日　　隆信判

和泉守殿まいる申給へ(41)

ここでは、焔硝煎のための薪が大量に必要となっているので、小城の清水山（現佐賀県小城市）へ夫丸をだして薪を取りたいと、隆信からと長信に伝えている。

④　返々無失意、そと可被申付候、かしく

至清水山塩焇薪之儀、切せ可申之由、先刻申入候条、夫丸雖申付候、山留無分別由申候而、人足無躰ニ罷帰候、如比之少篇之儀さへ、不任存分候事、外実不可然候、其方存分、細砕、彼返事ニ可蒙仰候、恐々謹言、

霜ノ廿六　　隆信判

長信まいる申給へ(42)

この書状によると、清水山からの塩硝薪の切り出しに夫丸を出したところ、「山留」を行っていて、人足が戻って来てしまった、このような些細なことも、思うに任せないのは、けしからん、と長信に伝えている。③の書状によって清水山の薪の切り出しの件を伝えてあったにもかかわらず、「山留」により切り出しが行えなかったのである。長信の清水山への連絡の不備が問題になっているのであるが、長信による山の管理、すなわち焔硝用薪材にあてる木の

管理が徹底していたと考えられる。

⑤返〻無由断、可被仰付候、

此二三日、至三根郡、相動候、聊無何事、帰陣候、可御心安候、仍今程塩硝煎申候薪百荷、大望候、被申付、可送給候、縫殿助へも此由申度候、恐〻謹言、

九月十七日　隆信判

和泉守殿まいる
申給へ（43）

焔硝煎のための薪百荷必要であるので送るように、長信に伝えたもの。三根郡での合戦のことが前段で述べられていることから、横岳氏らとの合戦が行われていた、元亀～天正五年頃のことと思われる。

⑥従先日申候、塩硝煎候薪之事、猶〻被仰付候而可給候、及月迫候へハ、別条障而已仕候間、近日中頼存候、恐〻謹言

十月廿五日　隆信判

和泉守殿まいる
申給へ（44）

これも焔硝煎の薪を近日中に送って欲しい旨を長信に伝えており、緊急に焔硝が必要となっていることを想像させる。

ところで、玉薬の製造過程における塩硝を煎る作業については、先述の「鉄炮薬之方并調合次第」に詳しい。その工程をみると次のようである。

（前略）
一はい乃木、河原秋又者勝木可然候、あまりに枯過たるハ悪、四十日五十日程ハ可然候それより久なり候へバ、抜をとり申候也
一老木ハ悪候、但若立にて候へバ、老木のも不苦候
一灰の木を一尺計にきり、皮をよくけづり、中のすお能取候て、日に干候、（中略）其後焼様之事（中略）
一ゑんせう煎様之事、一斤に水常の天目九はい入、其水のおほさの分木を取候て、三分一を煎へらし候て、円さ一尺の桶に入、いれ候て置候、其日は中を一切見候まじく候、翌日に見候て、下しるを別の桶へあけ候て、下にゐつき候ゑんせう、一日ほど日によく干、さてへたにておとし、又日に能干候也、又其下しるを半分に煎へらし、煎へり候時、天目に水一ぱい入候て、湯玉のたつほど又煎候て、如右桶にひやし申候、三番目右同前
（後略）

玉薬を製造するために必要な「はい乃木」、すなわち灰をつくるには、木の選定が重要であること、また焔硝を煎るために細かな注意が払われるべきことがわかる。

先にあげた四通の文書には、「今程塩硝《焔硝》煎申候薪、過分ニ入候間、小城之清水山江夫丸申付、薪取度候」、「至清水山塩硝薪之儀」、「仍今程塩硝煎申候薪百荷、大望候」「塩硝煎候薪之事」とあるように、どの書状も塩硝（焔硝）を煎るための薪の調達を指示する内容となっている。また先述のように、薪とする木は、小城の清水山のものが適当であることから「山留」による山木管理を行っていたと考えられる。前掲の「鉄炮薬之方并調合次第」にあるように、焔硝煎には最新の注意を払って行う必要があるのだが、燃料となる良質な薪にも細心の注意が払われていたのである。

この一連の書状は、三根郡周辺での横岳氏との所領をめぐる合戦が行われた元亀年中～天正五年頃のことと考えられ、それに伴う大友氏の軍事行動も行われたので、大量の鉄砲玉と火薬を必要としていた状況に対応するために出された

書状であったと考えられる。

このように、龍造寺氏は、焔硝そのものは輸入に依存していたとしても、焔硝煎によって火薬の製造を行う技術は習得していたのである。フロイスの『日本史』に記されている、島原の合戦での龍造寺軍の完璧な編成を支えたのは、既述のような焔硝煎によって製造された火薬の存在であった。

おわりに

従来、龍造寺領国の支配体制についての研究では、多久に配置された長信の政治的立場を研究対象としたものは存在しない。しかし、長信が配置された多久の地は、龍造寺領国にとって肥前西部（伊万里・松浦）地域の抑えとなる要地と位置づけられることから、隆信は信頼が置ける人物として実弟を配置したといわれてきた。その点で長信は領国経営のブレーンの一人とされてきたのである。本節では、この長信について、その具体的な活動をみることで、龍造寺氏の領国経営の中で長信の果した役割を解明することができるのではないかと考え、「多久家文書」の分析・検討を行った。

その結果、本章では、戦略的物資の調達は、隆信からの命を受けた長信によって具体的な計画が作成され、運営されていたことがわかった。具体的には長信が焔硝の輸入・焔硝煎の薪の調達・薪生産の山木の管理など、火薬類の調達に関するすべてを管理・運営していたのである。ただし長信の活動はこれだけには留まらない。その他の活動については次章で論じたい。

注

(1) 人物往来社刊、その後、川副義敦考訂により、佐賀新聞社、二〇〇六年再刊。
(2) 吉川弘文館、一九八一年。本書の中には龍造寺領国関係のものとして以下の既発表論文が収められている。①藤野保「竜造寺領国の形成過程と国人領主の動向」(『九州文化史研究所紀要』〈以下『紀要』と略記〉二二号、一九七七年)。②藤野保「竜造寺家臣団の構成とその特質―天正八年の着到帳の分析を中心として―(一)」(『紀要』二三号、一九七八年)。③藤野保「竜造寺家臣団の構成とその特質―天正八年の着到帳の分析を中心として―(二)」(『史淵』一二五輯、一九八八年)。
(3) 「龍造寺・鍋島両氏と初期豪商平吉家」武野要子『藩貿易史の研究』(吉川弘文館、一九七九年)。
(4) 主なものは以下である。宇田川武久『鉄炮伝来』(中央公論社、一九九〇年)、同氏『東アジア兵器交流誌の研究』(吉川弘文館、一九九三年)、同氏『江戸の砲術』(東洋書林、二〇〇〇年)、同氏『鉄炮と戦国合戦』(吉川弘文館、二〇〇二年)、同氏『真説鉄炮伝来』(平凡社、二〇〇六年)、洞富雄『鉄炮　伝来とその影響』(思文閣出版、一九九一年)、佐々木稔編『火縄銃の伝来と技術』(吉川弘文館、二〇〇三年)、福川一徳「豊後大友氏と鉄炮について」(『日本歴史』三五三号、一九七六年)、同氏「『国崩』伝来考」(『古文書研究』一〇号、一九七六年)。
(5) 『貴久公御譜』、『前編旧記雑録　巻四八』。
(6) 「入江文書」(『大分県先哲叢書　大友宗麟　資料集　第三巻』八八六号)。
(7) 田北学編『大友編年史料』。
(8) 「立花文書」(『大分県先哲叢書　大友宗麟　資料集　第四巻』一一六四号)。
(9) 『萩藩閥閲録　第二巻』。
(10) 『萩藩閥閲録　第一巻』。
(11) 『萩藩閥閲録　第一巻』。
(12) 「大友家文書録」(『大分県先哲叢書　大友宗麟　資料集　第二巻』三一六号)。
(13) 「大友家文書録」(『大分県先哲叢書　大友宗麟　資料集　第二巻』五四九号)。

(14)「大友家文書録」(『大分県先哲叢書　大友宗麟　資料集　第二巻』五七一号)。
(15)「大友家文書録」(『大分県先哲叢書　大友宗麟　資料集　第二巻』六二七号)。
(16)福川一徳「豊後大友氏と鉄炮について」(『日本歴史』三五三号、一九七六年)。
(17)注(16)参照。
(18)「立花文書」(『玉名市史　資料編五』)。
(19)戸次鑑連は天正六年、大友氏に味方をすると申し出てきた肥前勝尾城の筑紫氏家臣嶋鎮慶に大鉄炮拾丁、薬甕拾を与えている(『豊前覚書』)。このように、火器類を味方の陣営に供給することが、戦国大名の重臣クラスには求められていた。
(20)秋山伸隆「『堀立家証文写』について」(『内海文化研究紀要』第一六号、一九八八年)。
(21)川副博『龍造寺隆信』参照。
(22)龍造寺隆信の実弟長信が祖である。
(23)多久市立図書館所蔵、文献出版、一九八六年。
(24)『フロイス日本史一〇』中央公論社、三〇七～三〇八頁。
(25)『水江臣記』には、島原の陣に出陣した者の記録の中に「御具足之金物・金のはりざや光り候」などの記述があり、フロイスの記述と一致する。
(26)「南蛮文化館所蔵文書」(『玉名市史　資料編五』)。
(27)「福田家文書」(外山幹夫『中世九州社会史の研究』吉川弘文館、一九八六年)。
(28)「一五八一年度日本年報」(『一六・一七世紀イエズス会日本年報集　第Ⅳ期第六巻』同朋舎出版)。
(29)龍造寺隆信について『フロイス日本史一〇』には、このように表現されている。
(30)江戸初期に作成された、佐賀城内絵図には、「南蛮寺」が描かれている。
(31)『上杉家文書二』大日本古文書。
(32)「一五八〇年度日本年報」(『一六・一七世紀イエズス会日本年報集　第Ⅳ期第六巻』同朋舎出版、二三一～二三二頁)。

(33)「渋谷文書」二〇（『広島県史　古代中世資料編Ⅳ』）。
(34) 洞富雄『鉄砲』思文閣出版、一九九一年。
(35)『萩藩閥閲録』。
(36)『萩藩閥閲録』。
(37)『萩藩閥閲録』。
(38) 弘治三年に起こった陶晴賢方の残党との攻防戦。
(39)「多久家有之候御書物写一」二七（「多久家文書」『佐賀県史料集成　第一〇巻』）。以下「多久家有之候御書物写一」はすべて同書所収。
(40)「多久家有之候御書物写一」一〇五。
(41)「多久家書物一」一〇（「多久家文書」『佐賀県史料集成　第一〇巻』）。以下「多久家書物一」はすべて同書所収。
(42)「多久家書物一」一三。
(43)「多久家書物一」一〇六。
(44)「多久家書物一」四一。

第四章　龍造寺領国における物資調達と長信の役割

はじめに

龍造寺長信は隆信の実弟であり、龍造寺氏の領国経営上重要な役割を担っていたと考えられるが、その具体的な活動は考察されていない。前章において、長信が鉄砲の玉薬の原料となる焔硝の調達に関わり、龍造寺領国における兵站部を担っていたことを明らかにした。本章では、それに続く問題として建設資材の調達・軍事上の建設に長信がどのように関与したのかについて、考察したい。

第一節　材木の調達

次にあげる四点の史料は、隆信から長信に出された材木調達関係のものである。①②③の史料は、「多久家文書」に収められているが、その写が「鶴田家文書」にも収められていることは注目される。

①

於大河野材木取置候、近来雖無心之至候、夫丸二百人被仰付、高橋村迄、来十八日、被持候而可給候、頼存候、
恐〻謹言、

卯月十五日　　隆信判

長述まいる
申給へ(1)

②

返〻、材木ハ田代村え御座候、為御存知候、

就爰許造作之儀、至大河野、材木取候而召置候、夫丸八十人被申付候而、永嶋高橋町迄、来廿八、もたせられ
候て可給候、奉行先自是、可申付候、恐〻謹言、

卯月廿四日　　隆信判

長述まいる
申給へ(2)

③

又、瓜籠弐まいらせ候、寸志計候、又、夫丸二百人可被仰付候、日限之儀は、岸河右衛門助可申候、

至大河野、材木取仕候、切手之儀五六人、四五日可被仰付候、委細彼者可申候、恐〻謹言、

七月三日　　隆信判

長述まいる
申給へ(3)

④

近日者無音之様候、（中略）隆信材木之儀被申候之処、則被相調候、是又、御心懸之由被申候、為御存知候、
恐〻謹言、

八月廿九日　　家信（花押）

鶴田因幡守殿御報(4)

史料①から③は、龍造寺隆信から隆信の弟であり多久の領主である長述（長信）に宛てた書状である。三点ともに「大河野」（現佐賀県伊万里市）からの材木についてのものであり、年欠ではあるが一連のものであると考えられる。(5)史料①では、大河野に材木が置いてあるので、夫丸二〇〇人を動員して高橋村（現佐賀県武雄市）へ十八日までに運ばせるように命じている。史料②では、隆信の普請のために使用する大河野で伐採した材木が田代村（現佐賀県伊万里市）に置いてあるので、夫丸八〇人を動員して、永嶋・高橋（武雄市）へ、二十八日までに運送するように、と命じた。史料③では、大河野での材木伐採のために切手（伐採人）五・六人を四・五日間徴発するように。さらに夫丸は二〇〇人必要とする、というものである。

これらの書状から隆信が須古城修築普請のために必要とした材木を、大河野の山（田代付近の山）で伐採しており、切出しや運送のための人夫の徴発を長述（長信）に命じている。この材木は大河野の出代に集められ、そこから永嶋・高橋まで運びだされた。その際の人夫は「夫丸二〇〇人」、又は「八〇人」など多人数を必要としていることから、かなり大量の材木が切り出されたと、想像される。この材木の運搬ルートは、夫丸を大量に動員していることから高橋まで山越え(6)をしたと考えられ、その後、高橋から須古（現佐賀県白石町）までは六角川を利用して運搬したのであろう。

ところで、材木が伐採される場所である大河野は、日在城主（現佐賀県伊万里市）鶴田氏の支配地である。史料④の書状は、武雄（永嶋・高橋は支配領域内）の領主後藤家信（龍造寺隆信の三男）から日在城主鶴田勝に宛てたものである。その内容は、隆信が材木の調達を申し入れたことに対して、鶴田氏が承諾したことに感謝する旨を伝えている。天正五年（一五七七）以降、鶴田勝は後藤家信の配下にあったことから、長信から家信を通じて鶴田氏へ要望が伝えられたと考えられる。家信はその際に、隆信から長信宛ての書状写を鶴田氏に示したのであろう。このような手順を経て、隆信が要求した材木の伐採は、大河野において実行された。その際の夫丸や切手の調達は、史料①から史料③の文書写が「鶴田家文書」にあることから推察すると、鶴田氏が采配を振るったと考えられる。

ここで龍造寺領国における材物調達の手順をまとめると、以下のようになろう。まず隆信が必要な用材の調達地・人足の数を決定し、それを長信に伝える。長信は調達方法など具体的な計画を策定する。その後に、伐採地の領主に伝え、具体的に実行される。

この物資調達手順は、先に焔硝の調達でみたところの（本書第三章参照）、長信が介在する物資調達方式と類似している。これが、龍造寺領国における一般的な物資調達方式であったといえよう。ここに長信の領国経営上に占める役割を認めることができよう。

第二節　板の調達

長信は、材木の伐採だけではなく、製材された板（用途別のもの）の調達についても隆信からの要請を受けている。次の文書である。

一、しきの木一丈三尺、ひろは九寸、あつさ六寸、
一、木二本一丈三尺、ひろは四寸四方、
一、一丈一尺の木三本、ひろは四寸四方
一、かん貫の木一本、なかさ五尺、ひろは三寸五分四方、かしの木也、
以上

右之材木、尖請取候、

七ノ廿一　　判[7]

右の書状のように、隆信は調達すべき各種用材に詳細な寸法を記している。その他の書状からも「ぬきあひの板[8]」、「三間わたしのけた　七本[9]」などの記述があり、様々な寸法・材質の建築用材を要求している様子がわかる。これら各種用材の調達を可能とするためには、龍造寺領国内に材木を様々な寸法に整える技術、そして技術者（加工者）を確保していることが前提となる。

古代・中世の板材の製法は、杉・檜などの原木に楔を打ち込み、薄く割ったものを、手斧で表面を削ってなめらかにしていく方法であり、これは杉や檜の弾力性を利用したものであった。しかし、十四～十五世紀になるとこれらの原木が枯渇してきたことから、松・欅も用材とされるようになった。また、十六世紀は城郭や砦などの建設も盛んになり、用材の需要が高まった。このような中で、新建材を加工する技術として導入されたのが大鋸挽と台鉋による製板・製材技術である。大鋸の史料上での初見は、文安二年（一四四五）の「春日社造替記録」中の「作事始之、大牙引之」とあるもので、「大牙引」は日明貿易によって日本にもたらされたと言われている。台鉋も同じ頃に日本に伝えられたと考えられる。

さらに、もう一つ当時の建築技術にとって欠かすことができない新技術が「木割」と呼ぶ設計・施工方法の成立である。木割の成立によって、建築における設計・部材の寸法を規格化し、建築生産の能率化がなされるとともに、技術の継承・普及が容易になった。

戦国期には以上のような技術を導入することで、軍事・防衛上の建築物や物資輸送のための道路・橋などの整備が、短時間で可能となった。それゆえに、これら技術者（大工・大鋸挽）の獲得は、戦国大名の軍事・戦略上で不可欠なものであった[10]。

すなわち、先にあげた隆信の用材注文をみると、これらの技術が、龍造寺領国にも導入されていたことが確実であることがわかる。さらに、隆信が長信に宛てて「此程爰許造作仕懸候、大工事欠候、其元へ罷居候する分、五人も六人も、有次第被仰付候而可給侯」と書き送った(11)ように、長信が大工（大鋸挽など）を配下に置いて統括・管理していたと考えられよう。関東の後北条領国では、この「大鋸引」を被官化し、技術者集団として統括し、築城などの際に徴用していたことが知られるが、龍造寺領国においても同様の大工徴用システムが作られていたことを窺わせる。

第三節　軍事と土木工事

次に、「多久家文書」から各種土木工事関係の記事を集め、長信がどのように土木工事に関与したのかを検証してみたい。

「多久家文書」には、龍造寺隆信の書状が多く残る。なかでも「多久家書物一」と「多久家有之候御書物写一」に含まれる文書の大部分は、隆信から実弟長信宛ての書状で占められる。これらは残念ながらほとんどが年欠文書であるのだが、そのなかから物資調達関係の文書を抜き出したものが表2である。

この表によると、隆信が長信に要請する主な調達物資は、普請・築造（城・堀・船・橋）に伴う建築資材（主に用材）・人足・大工に関わるものであることがわかる。

次に表に載る文書のなかから、書状の幾つかを取り上げてみたい。

従其元□嶋寄之領内、人馬之道、可被作候、又志久八戸米地下人、早〻□被召直候て、可□彼村続路次、是又人馬輙往返候様、道之儀可被仰付侯、不可有油断候、随而貴□へ書状遣候、従□飛脚可被差遣候、返事到来

表２　龍造寺長信宛て龍造寺隆信物資調達関係書状一覧

内　　容	出　典 （各文書はすべて『佐賀県史料集成』第一〇巻所収）
城普請関係	「多久家所蔵文書全」11 「多久家書物一」28・73・89 「多久家有之候御書物写一」16・30・37・53　（8件）
材木調達関係	「多久家所蔵文書全」12 「多久家書物一」6・25・47・66・67・80・81・88 「多久家有之候御書物写一」19・24・39・55　（13件）
焔硝薪	「多久家書物一」10・13・41・105・106　（5件）
焔硝	「多久家有之候御書物写一」27　（1件）
堀普請	「多久家書物一」11・73 「多久家有之候御書物写一」10・14・15・31・40　（7件）
苧調達	「多久家書物一」20　（1件）
板調達	「多久家書物一」21・33　（2件）
船新造	「多久家書物一」32　（1件）
普請	「多久家書物一」36・72　（3件） 「多久家有之候御書物写一」10
切手（材木切出し）	「多久家書物一」40・75・94・96・100・105　（6件）
若木の調達	「多久家書物一」52　（1件）
橋・道普請	「多久家文書」604 「多久家書物一」61 「多久家有之候御書物写一」14　（3件）
荷止	「多久家書物一」62　（1件）
炭	「多久家書物一」67・96　（2件）
縄	「多久家書物一」68　（1件）
障子張替	「多久家書物　」69　（1件）
薪	「多久家書物一」84　（1件）
藍染め	「多久家書物一」85　（1件）
大工調達	「多久家書物一」87　（1件）
茶・からすみ調達	「多久家書物一」93　（1件）
夫丸（人足）調達	「多久家書物一」6・9・25・29・47 「多久家有之候御書物写一」10・16・17・24・36・39・48・64（13件）
普請奉行	「多久家有之候御書物写一」40　（1件）
縄	「多久家書物一」19　（1件）

候者、可持セ給候、恐〻謹言、

八月廿九日　隆信（花押）

山城守
隆信

和泉守殿

申給へ[12]

これによると、「人馬之道、可被作候」、「可□（焼米）彼村続路次、是又人馬輙往返様、道之儀可被仰付候」とあり、道の造作を長信に命じ、志久（現佐賀県武雄市）・八戸米（現佐賀県武雄市）地下人を動員して道路工事を行うように命じている。道路工事の箇所は志久・八戸米の周辺と考えられる。志久は、長崎街道から唐津方面へ向かう道の分岐点であり、かつ志久峠を経て多久へ通じる交通の要衝である。すなわち肥前北部・西部へ通ずる軍事用道路の整備がこの道路工事の目的であったといえよう。

その他の正月五日付隆信書状には、「来十一日、至須古普請申付候、志久・焼米・山口・多久之人夫鍬鎌被申付、馳走肝要候」[13]とあり、隆信の須古城建築工事に志久・焼米に加えて、山口（佐賀県江北町）・多久（佐賀県多久市）からの人夫が徴用されている。また七月十四日付隆信書状では、潮見城（佐賀県武雄市）築造の普請の人夫の徴用を横辺田（杵島郡の江北・大町一帯）地域に申し付けている[14]。

さらに他の隆信書状では、「大崎村堀普請之儀、不成就候、近日中、然〻可被申付候、（中略）志久村小道之橋、是又不致成就候、二三日中成就候様、肝要候、今程弓箭半候条、何篇無緩被申付候而肝要候」[15]と長信に伝え、特に「大崎村堀普請」や「志久村小道之橋」の土木工事は、戦いの最中（「今程弓箭半候条」）であるので、滞りなく早急に行うように命じている。このように、土木工事が戦いの遂行上大きな意味を持っていることが、書状からみてとれよう。

以上みてきたように、長信には築城・道路整備（橋・堀）などの軍事等に関わる土木工事と、それに関わる建設資材の調達、人足・大工の供給等についての権限が与えられていたと、考えられる。

おわりに

本書第三章において焔硝の調達など、龍造寺領国において長信が軍事物資調達に関わる任務にあたっていたことを明らかにしたが、ここでの検討の結果、長信の龍造寺領国内での役割は、軍事上の兵站部を担うことであったと、理解することができる。

従来の龍造寺領国の支配構造に関する研究では、隆信と政家の二頭政治体制や鍋島直茂との政治的関係など、領国政治との関わりからのみ検討されてきている。そして隆信が龍造寺領国の防衛・経営のために各地に親族を中心とした配置を行った(16)ことについての具体的な意義付けの検討は、行われていなかった。ここでは長信が単に、松浦地方の押さえとして多久城を預かるだけでなく、彼が龍造寺領国体制内で果した役割を確認することができた。龍造寺領国の支配構造上での長信の位置付けなど追求すべき問題が残るが、それは今後の課題としたい。

注

（1）「多久家書物一」二五（『佐賀県史料集成　第一〇巻　多久家文書』）、「鶴田家文書（嫡）」二四（『佐賀県史料集成　第七巻』）。「多久家書物一」及び「鶴田家文書（嫡）」の所収本は以下同様。
（2）「多久家書物一」六、「鶴田家文書（嫡）」三五。
（3）「多久家書物一」四七、「鶴田家文書（嫡）」三三。
（4）「鶴田家文書（嫡）」五五。

(5)『直茂公譜』及び『直茂公譜考補』(共に『佐賀県近世史料　一編一巻』)によると、天正二年須古城攻めを行い、翌年三月須古城の普請・修築を行っている。ここであげた年未詳正月五日付の隆信書状では、正月十一日から須古での普請を命じている。また年未詳十月二十三日付隆信書状では須古城普請成就の旨を長信に伝えている。以上から須古城完成は天正四年十月頃と推定されよう。

(6) 現在は県道三二三号・三一五号を経て国道四九八号で高橋に出る。

(7)「多久家書物一」八一。

(8)「多久家書物一」二一・三三。

(9)「多久家書物一」六六。

(10) 村松貞次郎『大工道具の歴史』岩波書店、一九七三年。

(11)「多久家書物一」八七。

(12)「多久家文書」六〇四。

(13)「多久家有之候御書物写一」一七。

(14)「多久家有之候御書物写一」一六。

(15)「多久家有之候御書物写一」一四。

(16) 肥前東部地域の押さえには城原に江上家種(隆信二男)を、松浦地方には多久に実弟長信を、杵島地方には小田(後に須古)に実弟信周をそれぞれ配置した。隆信は、領国体制を固めるにあたって、実弟や実子など一族の者を重要拠点に配置した。鍋島直茂も隆信の義弟として筑後柳河に配置され、重用された。また領国運営上には宿老などの執政体制も整備されていった。

第五章　肥前国における印判状について

はじめに

本章では肥前国内（特に現在の佐賀県内）の事例から印章使用の特徴を検討する。時代的には、龍造寺隆信・政家親子と龍造寺氏の政権を継承する鍋島直茂（近世の鍋島藩祖）が活躍した、十六世紀半ばから十七世紀初頭までの約五〇年間である。調査した文書類の基本史料となるものは、『佐賀県史料集成』（全三〇巻、以後『史料集成』と略す）である。『史料集成』は佐賀県内の中世文書を網羅的に収録しており、佐賀県内の中世史研究にとっては不可欠の史料集である。ただし、この『史料集成』には印章の形状などについての記載はされておらず、原文書にあたって確認する必要があった。しかも『史料集成』に収録された多くの文書は、佐賀県立図書館等においても写真の保存が行われていない。

今回の印判状調査に際して写真撮影を行ったが、文書所有者の所在が確認できないものや、保管者が散逸させたものなど、種々の理由によって原文書を確認できないものがあった。第一巻刊行は一九五五年であり、最終巻の刊行後一〇年ほどが経過していることから、現時点での文書所在の確認作業が急務であると思われる。このことは、一度刊行すると、事業が終了となり、その後の文書の所在動向を把握しないままになってしまう、地方での古文書管理のあり方の難しさを再認識させるものであった。

本章では調査によって確認した肥前国内の印判状発給者のうち、龍造寺隆信・政家・鍋島直茂のものについてとりあげる。(1) 各々の印章は次のようである。

〔1〕龍造寺隆信――印章二種
扇型（朱印・黒印両用　図3①）四角型（黒印　図3②）
印判状は一一通

〔2〕龍造寺政家――印章三種
団扇Ⅰ型（朱印　図3③）団扇Ⅱ型（黒印　図3④）銀杏型（黒印　図3⑤）
印判状は九通

〔3〕鍋島直茂――印章三種
丸型Ⅰ（信生時代・黒印　図3⑥）丸型Ⅱ（直茂時代・朱印・黒印両用　図3⑦）
三角型（直茂時代・黒印　図3⑧）
印判状は二一通

以上から肥前国における印判状の使用例は量的には非常に少ないことが窺える。まずここでは、一般的に「印判状を用いない地域」での印判状の使用理由にはどのようなことが考えられるのか、旧来の見解との異同についても検討していきたい。

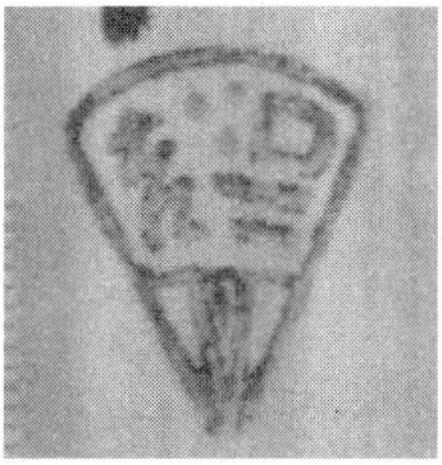

①　龍造寺隆信扇型印

②　龍造寺隆信
四角型印

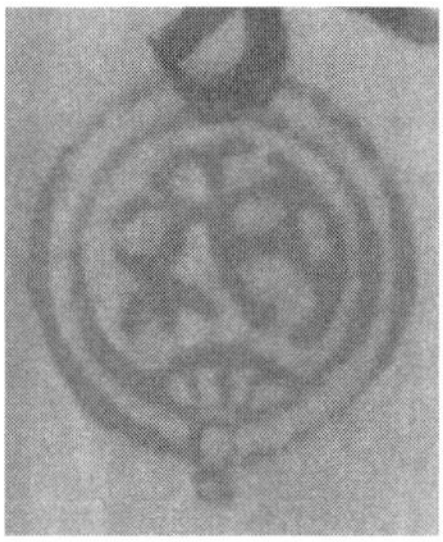

③　龍造寺政家
団扇Ⅰ型印

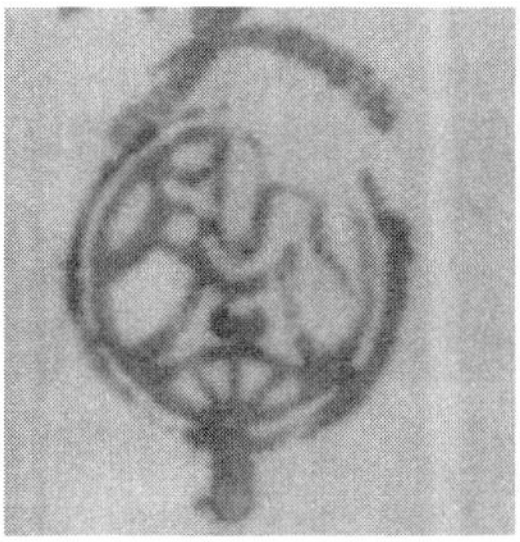

④　龍造寺政家
団扇Ⅱ型印

⑤　龍造寺政家
銀杏型印

⑥　鍋島直茂丸型Ⅰ印

⑦　鍋島直茂丸型Ⅱ印

⑧　鍋島直茂
三角型印

図３　龍造寺隆信・龍造寺政家・鍋島直茂印章

表３　隆信印判状一覧表（11 通）

	年月日	西暦	印種	宛先	内容	出典
①	永禄 12/8/22	1569	扇型黒印	堤大蔵丞	所領宛行状	堤１（佐･16）
②	元亀 2/ 霜 / 吉	1571	扇型黒印	堤弥八郎	所領宛行状	堤２（佐･16）
③	天正 3/2/20	1575	扇型黒印	中嶋刑部年少	所領宛行状	『西日本文献目録 56』
④	天正 5/ 閏 7/21	1577	朱印	龍造寺長信	母･貴明の件	多久書 97（佐･10）
⑤	天正 7/4/21	1579	扇型朱印	天満宮御供屋別当	天満宮神領の件	福岡市博青柳資料（太 15）
⑥	天正 7/4/21	1579	扇型朱印	（秋月）種実	同上	満盛院文書　（太 15）
⑦	年欠 2/18		角印黒	鹿子木親俊	肥後での勤番の件	鹿子木文書
⑧	年欠 8/6		扇型朱印	後藤貴明	弥次郎殿御祝儀	後藤 21（佐･6）
⑨	年欠 3/13		朱印	龍造寺長信	普請の件	多久書 36（佐･10）
⑩	年欠 5/5		朱印	龍造寺長信	家の材木	多久書 33（佐･10）
⑪	年欠		黒印	龍造寺長信	的矢場の件	多久有 38（佐･10）

多久有:「多久家有之候御書物」　多久書:「多久家書物一」　後藤:「後藤家文書」
福岡市博青柳資料:「福岡市立博物館所蔵青柳資料」
（太 15）:『太宰府･太宰府天満宮史料　第一五巻』
（玉資 5）:『玉名市史　資料編第五巻』
（佐･16）:『佐賀県史料集成　第 16 巻』所収を意味する（以下同）

表４　政家（鎮賢）印判状一覧表（9 通）

	年月日	西暦	印種	宛先	内容	出典･署名
①	天正 3/7/29	1575	団扇型黒印ヵ	不明	元亀 3/2/8 隆信安堵状を追認	真砂亭文書　鎮賢
②	同 3/2/27	1575	団扇型黒印	堤内蔵助	所領宛行状	堤４（佐･16）鎮賢
③	同 7/4/21	1579	団扇型朱印	中嶋刑部	所領宛行状	『西日本文献目録 56』鎮賢
④	同 10/1/11	1582	団扇型朱印	堤内蔵助	所領宛行状	堤５（佐･16）政家
⑤	同 10/3/17	1582	団扇型黒印	犬塚惣兵衛	清水杉所望	犬塚１（佐･20）政家
⑥	同 10/3/17	1582	団扇型朱印	清水寺	清水杉所望	清水寺文書　政家
⑦	同 12/11/12	1584	銀杏型黒印	太俣老中	定書	西持院８（佐･20）政家
⑧	慶長 3/10/11	1598	印（未確認）	保福寺	諸公役等免除	保福寺１（佐･16）政家
⑨	慶長 3/10/11	1598	印（　〃　）	保福寺	諸公役等免除	保福寺２（佐･16）政家

堤：「堤家文書」
犬塚：「犬塚家文書」
西持院：「西持院文書」
保福寺：「保福寺文書」（現在所在不明）
真砂亭文書：現在所在不明

表5　直茂印判状一覧表（21通）

	年月日	西暦	印　種	宛先	内容	出典
①	天正 16/9/23	1588	丸型黒印Ⅰ型	村岡右衛門尉	上納覚書	村岡 10（佐・21）
②	年欠 /9/23		同上	不明	夫丸課役	同上 11
③	天正 16/10/23	1588	同上	平吉刑部丞	下地上納免除	平吉 3（佐・17）
④	天正 17/11/25	1589	同上	堤雅楽助	知行宛行	堤 8（佐・16）
⑤	慶長 10/2/3	1605	三角型黒印	野村右馬充他2名	定書	坊所鍋島 40（佐・11）
⑥	年欠 /8/22		同上	生三・主水	国元への書状	同上 42
⑦	年月欠 /8		同上	鍋島生三	揚桜一盆到来返礼	同上 39
⑧	年欠 /4/1		同上	同上	ウナギ等到来	同上 41
⑨	慶長 16/6/27	1611	丸型黒印Ⅱ型	同上	龍造寺剛忠二七回忌	同上 75
⑩	年欠 /2/6		同上	同上	船の新造の件	同上 73
⑪	年欠 / 5/25		同上	同上	はりいほ到来返礼	同上 74
⑫	年欠 / 7/4		同上	同上	泉州養生	同上 76
⑬	年月欠 /24		同上	同上	湯治養生	同上 77
⑭	年欠 /10/29		同上	同上	湯治養生	同上 78
⑮	年欠 /12/10		同上	同上	嘉礼御礼	同上 79
⑯	年欠 / 12/13		同上	同上	嘉礼御礼	同上 80
⑰	年欠 / 2/5		同上	同上	銀子借用・島津御成敗	同上 416
⑱	年欠 /3/2		同上	同上	銀子借用	同上 419
⑲	年欠 /10/7		同上	石井清五郎	生鯛返礼	石井十郎所蔵文書
⑳	年欠 / 3/18		同上	犬塚惣兵衛	高房病気	犬塚 31（佐・20）
㉑	年欠 / 1/8		同上	同上	年頭儀等御礼	同上 33

丸型黒印Ⅰ型は飛騨守時代　丸型黒印Ⅱ型は加賀守時代
村岡：「村岡家文書」　平吉：「平吉家文書」　坊所鍋島：「坊所鍋島家文書」

第一節　龍造寺隆信の印判状

『佐賀県史料集成』全三〇巻の中から印判状類を抜き出すと、その初見は永禄十二年（一五六九）八月二十二日付の龍造寺隆信の印判状である。[2]これは扇型黒印を使用したものである。隆信にはこの他にこの扇型黒印を朱印で使用した例[3]と四角型黒印を使用した例[4]（一点）もある。すなわち、隆信は生涯にわたって三種の印章を使用したこととなる。

また龍造寺隆信の印判状は写を含めても、一一点にすぎない。これらの印判状の内容を大別すると、①所領宛行状（三点）、②礼状等（二点）、③普請関係の連絡（三点）、④軍役催促（一点）、⑤神領返付について（二点）である。そのうち最も多いのは隆信の弟である長述（長信）に宛てた普請関係の書状である。

ところで、隆信の書状の多くは、「多久家文書」[5]に収められている。その中で「多久家書物一」には一一三点、「多久家有之候御書物写一」には八一点の書状類があるが、そのうち龍造寺隆信が長述（長信）に宛てた書状は、前者に一〇六通、後者には五九通と圧倒的な割合を占めている。しかしながら、印判状は先述のようにわずか四点であって、印判状使用が日常化・一般化してはいないことを示している。

次に、通説では印判状は所領宛行状として使用されることが多いとされるが、[6]この点を隆信発給の知行宛行状や坪付け・安堵状において検討してみる。隆信が発給した知行宛行状（発給の年月日がわかるもののみ）は三二通（ほかに政家との連署のもの七通）、安堵状は七通（ほかに同じく連署のもの一通）であり、合計三九通のうち印判状によるものは「堤家文書」等の三通のみである。[7]この点からも隆信の印判状使用が、文書の内容にかかわらず、一般化していないことがみてとれる。

ところで、印判状は本来花押を使用すべきところを印章で済ませるという点で簡略化されたものであり、相手に対して粗略であるとの認識が存在したとされる。その点について龍造寺隆信の印判状から考えてみたい。次に示す追而書きの文面は、隆信から長述（長信）に宛てた書状[8]の追而書きである。

追而、先書如申候、石伊用所候、急度待申候、又老体故、判形六ヶ敷候間、印形ニて申候、為御存知候

すなわち、「老体のために花押を書くことが難しいので、判形（印章）にしたことを、承知おき下さい」と記している。隆信にとって最も親しい間柄である実弟に対してさえも、印章を用いることについては、使用する理由を記し、本意でないことを述べる必要があると考えていたことがわかる。

このような印判状に対する認識は、江戸期に入ってからも変わらなかったことは、次に示す多久茂文の書状[9]からも明らかである。

尚以、明晩之儀ハ、多久へ御越前ニ而、御仕舞方御ふた〱と可被成御座奉存候、某儀もはしなと取候儀、殊外不自由御座候間、明晩御料理被下候儀者被相延、重而ニも可被遊哉、其段ハ御勝手次第、可然奉存候、次ニ、私爪根之腫、無御心許被思召上候由、少分別條御座有物ニ而ハ無之候條、御心易可被思食上候、（以下略）

尊書拝見仕候、弥明後日より、多久御越可被遊と被思召上候、左候へハ、此程差上申候、鷹鳥、御料理可被仰付候、明日ハ御越前ニ而、押詰り候条、今晩罷出候様と被仰下候、何様参上可仕候へ共、今日御城参会之儀申分候段、御方罷出候儀、遠慮致存候、（以下略）

爪根痛候故、用印判候

霜月七日　　　　茂文　〇

この書状は鍋島藩の中で「親類同格」[10]といわれた、多久邑第四代領主のものである。茂文の署名の直下に印章が押されて、その左脇には「爪根痛候故、用印判候」と書かれている。すなわち、印章を使用するのは爪根が腫れて筆が使えないためであるとの理由を書き添えているのである。さらに、追而書きのなかには、「私爪根之腫、無御心許被思召上候由、少分別條御座有物ニ而ハ無之候條」とあって、ここでも爪根の腫れについて心配はいらないことを重ねて述べている。またこの書状の内容は、今晩の招待には応じられないことや、爪の不調から箸が持てず食事への招待も遠慮するなど、いたって私的なものであることがわかる。宛所を欠いているが、文面からすると鍋島本藩の藩主か、その周辺の人物に宛てたものと思われるが[11]、江戸期においても個人的な書状であっても、印章を使用することは、礼を失することであるとの意識が大きいことがみてとれよう。

第二節　龍造寺政家の印判状

政家の印章は父の隆信が扇型を使用したのに対し、団扇型のものを使用している。この団扇型のものには朱印と黒印があるが、各々団扇の紋様は異なっており、朱印と黒印を明確に使い分けていたことがわかる。

政家の発給した印判状は管見の限りでは九通である。その内訳は、家臣の堤氏に宛てた所領宛行状（二通）、家臣の庄氏・賢情斎への坪付け（各一通）[12]、筑後国清水寺（福岡県みやま市）への杉の調達依頼に関する書状二通[13]、及び肥前国大俣（佐賀県佐賀市）耆中に宛てた定書等二通[14]、中嶋氏への所領宛行状一通[15]である。このうち太俣耆中宛の書状は銀杏型黒印を使用しているが、この点については後述する。

さて、次に示す二通の印判状は、清水寺の杉調達に関するものである。

［A］龍造寺政家黒印状(16)

清水之杉六本、先〻申請畢、猶〻所用有之、其心得可為肝要者也、

天正十年

三月十七日　　家◯（黒印）

犬塚惣兵衛尉殿

［B］龍造寺政家朱印状(17)

爰元依作事之用、貴山之杉両度ニ六本申請候、追日可遂御礼候、猶犬塚惣兵衛尉可申候、恐惶謹言、

天正十年

三月十七日　　龍造寺

政家◯（朱印）

清水山成圓房

進覧

［A］の龍造寺政家黒印状は、家臣の犬塚惣兵衛尉に宛てたもので、清水寺へ杉の木六本を所望したい旨を申請したので、心得ておくように（受取りに遺漏がないようにせよ）と伝えている。犬塚惣兵衛尉家続は龍造寺政家の嫡男高房に近従し、龍造寺高房の死去後は鍋島直茂に仕えた人物である。

［B］龍造寺政家朱印状は、清水山成圓房に宛てたもので、政家の作事用に二度にわたり清水寺の山の杉六本ずつを所望したいこと、その詳細は犬塚惣兵衛尉から申し上げる、というものである。

この二通の書状から、寺院への物資調達依頼に対する手続方法と印判状の使用方法がわかる。すなわち、家臣に対する書状形式の印章には黒印が使用され、署名も簡略化されている。それに対して清水寺に宛てた書状には、政家が

清水寺へ材木調達を依頼する立場であることや、依頼先が尊崇の念を示すべき寺院であることの二点から、朱印を用い、かつ龍造寺政家との署名をしている。ここに黒印と朱印の使い分けがなされていることが確認できる。従来から黒印・朱印の使い分けについては、黒印は格下の相手に使用され、朱印は格の高い相手に使用されるという原則の存在が言われているが、ここでもその原則はつらぬかれていることが確認できる。

なお、この点については、隆信の書状でも確認できる。それは隆信から天満宮御供屋別当に宛てた書状[18]であり、ここでも朱印が使用されている。この書状は、「御神領之儀、預御札候、殊巻数并徳地十帖被懸御意候、祝着之至候、筑前表聢一着刻可承合候、恐〻謹言」というもので、隆信は前月に天満宮から社領還付に関する要請を受けており、その返書の一つである。ここでも太宰府天満宮への礼儀を重んじて、朱印が使用されたと考えられる。

第三節　鍋島直茂の印判状

一　鍋島直茂（信生）の印判状の初出

鍋島直茂は天文七年（一五三八）に生まれる。名乗りを信安、信真、信昌、信生、直茂と変えるが、発給文書の初見は永禄十二年で、署名は信昌であるが[19]、その頃の印判状は存在しない。また、信昌から信生への改名は天正九・十年頃であり[20]、信生時代の末期である天正十六年九月二十三日の印判状（丸型Ⅰ黒印）が直茂のものとしては初出となる[21]。さらに直茂を名乗るのは、天正十八年（一五九〇）正月七日に豊臣秀吉に謁見して従五位下、加賀守に任じられた時からである。

次に直茂印判状の初出時期における龍造寺領国の政治状況を見ておく。天正十二年（一五八四）三月、隆信が島原の沖田畷で戦死した。それにともない、同四月には直茂宛起請文が龍造寺一門ら十一名から、それとは別に政家単独で提出されており、各々が龍造寺領国の国政を委任している。(22)(23)(24) だがこの時期には、政家の支配関係文書が存在することから、直茂による支配の一元化には至っていなかったと考えられる。(25) その後、天正十五年、豊臣秀吉の島津氏攻めの後、博多での九州仕置きが行われた。この時龍造寺政家には肥前七郡が与えられ、直茂には養父郡二分の一と高来郡神代が、龍造寺家晴には養父郡二分の一と高来郡諫早が与えられた。(26) これによって龍造寺氏は豊臣体制下に編入され、同時に龍造寺支配体制の中での直茂の地位も確定したのである。

さらに天正十七年末には直茂は龍造寺高房（当時五歳）をともなって上京し、翌年の正月に豊臣秀吉から所領安堵状を与えられる。(27) この時に与えられた知行高は、龍造寺氏一門の総計は四万六千二百石であったのに対し、鍋島直茂・勝茂父子の知行高は五万三千五百石であった。これによって豊臣秀吉が龍造寺氏による支配体制から、鍋島氏による支配体制（近世的領国体制）への変換を意図していたと理解できる。

同年二月には政家の隠居分の支給と軍役を免除する旨が伝えられた。(28) 翌月には直茂の「藩政総覧」と龍造寺高房の家督相続が承認された。ここに家督と支配の分離がなされ、直茂の領国支配権が確立されたのである。(29)

では以上のような政治状況下で、鍋島直茂の印章使用がどのように変遷したのかを見ていきたい。

直茂の印章使用の初見は、前述のように、信生時代にあたる天正十六年九月二十三日のもので、鍋島信生（直茂）定書である。(30) この印判状に使用された印章は丸型Ⅰ黒印であって、同じ印章を用いた文書がこの他に三通存在することから、丸型Ⅰ黒印の印判状は全部で四通である。以下にこれらの文書をあげる。

［C］鍋島直茂覚書

御上納　百□付之事

とかきにてうけとるへきの事、

籾のよしあし□　籾の□と□たるへきの事、
一、祢之書付ハ一人分〳〵　はらいとらすへき事、
一、始一番ニはかり候ものニ、はかりみての祢之書付とらすへきの事、
一、上下ニよらす、自然、遂御佗言のよし候て、日限申迷人雖有之、飛騨守・越前守・安房守三人の連判の切かみなく候ハ、片時も差述申間敷の事、
右於委細者、刑部少殿・三浦四郎右衛門尉・納富彦衛門尉・田中上総介可請下知之事、

天十六
九月廿三日　　飛騨守◯（黒印）

鹿子
村岡右衛門尉とのへ

［D］龍造寺氏老臣連署覚書(31)

□夫丸百人□覚悟候て、庄屋・散使夫召連、可罷下事、
一、往来日数、北風時分候之間、不定候、其覚悟可申事、
一、夫丸一人ニなわ三かた宛、可用意事、
一、くわ・ほつくい・のこ・よき・なた・もつこ、可持下事、
一、廿七船可渡候間、散使罷登、可承事、已上、

九月廿三日　　安房守□（黒印）
飛騨守◯（黒印）
越前守◎（黒印）

［E］龍造寺家就外二名連署状(32)

其方下地八町五反、三ケ一上納之儀、御赦免候、為存知、已上、

天ノ十六

十月廿三日

信周□（黒印）

信生◯（黒印）

家就◎（黒印）

平吉刑部丞殿

［F］鍋島直茂判物(33)

知行　籾六十石足　当年御扶方　籾二十石

坪付在別紙

右被　仰出候畢

天正十七年十一月廿五日◯（黒印）

堤雅楽助とのへ

これら四通の印判状を発給した当時の直茂は、官途名は飛騨守、実名は信生を名乗っていた。史料［C］は年貢の上納（納入）に際しての注意が三点にわたって記される。信生（直茂）の署名と印章があり、単独で出されている。特に史料［D］は、年貢上納の免除、納入時期の延期については須古信周（安房守）、鍋島信生（飛騨守）、龍造寺家就（越前守）三名連署の切紙がない場合には許可しないとしている。この三名は史料「D」に署名する「三老臣」と一致し、また史料［E］の署名者とも一致する。「三老臣」とは隆信の弟である須古信周（安房守）、鍋島信生（飛騨

守）、村中龍造寺系の長老龍造寺家就（越前守）であり、龍造寺氏の行政を主導した人物達である[34]。直茂は当初はこの老臣ではなかったが、天正十二年の隆信の死後この組織に加わったと考えられる。直茂は老臣としての地位と、龍造寺家臣団から承認を得た領国支配権との両者を掌握することで、龍造寺領国全体の実質的支配者として、政務にたずさわったのである。この年貢徴収に関する史料「C」の発給者が直茂であることは、そのことを示すものといえる。

ところで、天正十二年十一月十二日付で佐賀郡太俣老中にだされた「定書」が残るが[35]、これは他の文書から政家が発給者であることがわかる[36]。またこの「定書」と類似のものが同年月日付で「小城郡中郷耆中」にも出されている[37]。この二通の「定書」が出された時期は、龍造寺隆信が島原で戦死した八ヶ月後である。これは隆信の死後、その支配権が政家に継承されたことを領国内に示すために出されたものと考えられる。殊に前者の太俣老中にだされた「定書」は十箇条にわたる詳細なもので、枡や用作、陣夫の荷物、小公事、寺社免田、庄屋給など村政全般にわたる取り決めが定められており、「定書」の出された意図がここからも推察できる。

さて、ここでこの「定書」と前述の信生（直茂）が発給した史料「C」の内容を比較すると、類似したものであることがわかる。すなわち、この時期に直茂が「覚書」（内容的には「定書」）の発給が可能となった要因は、政家の場合同様に、領国支配権の実質的掌握者となったことを背景としているのである。

次に史料［E］であるが、これは天正十六年十月二十三日付の信生（直茂）ら三老臣への印判状である。この文書は、平吉氏に対して三分一上地の免除を行ったもので、藤野保氏は検地を前提としたものであるとする[38]。そうであるならば、直茂が検地の実施に老臣として関わったことを示している。この文書と先の史料［D］の二通の宿老連署状から、龍造寺領国における老臣の活動の一端を知ることができる。年貢徴収と領地掌握という、領国支配にとって最も基本的な権限について、「老臣」という地位を利用しつつ直茂（信生）が支配権を掌握していく過程を示していると考えられる。

またこの時期は直茂が龍造寺領国内において、その地位を確固たるものとした時期でもある。すなわち、天正十六年は、天正十四年に龍造寺氏一門・重臣によって直茂への「御家裁判」の委任がなされ、その後に豊臣秀吉の九州国分けが済んだ時期である。直茂はここに龍造寺領国内における卓越した支配権を誇示するかのように、印判の使用を開始したのではなかろうか。

では、その印判使用は公権力を掌握したことを示すような公印として使われたのであろうか。次にこの点を考えてみたい。

二　直茂時代の印判状の用法

直茂の龍造寺領国における地位の変化は、印章の変化としても現れている。すなわち、丸型Ⅰ黒印の使用の下限は史料［F］の天正十七年十一月二十五日の印判状である。翌年正月の豊臣秀吉との謁見以後に、新しい官途名（加賀守）・実名（直茂）を名乗ることを契機として（これは自己の地位の確立をしめす）、丸型Ⅰ黒印から丸型Ⅱ黒印へと印章を変換させたと考えられる。

直茂の印判状を検討していくと、もう一点の特徴が見出せる。それは印判状の使用スタイルである。天正十八年正月に「加賀守」を与えられて以降、使用する印章には二種類のものが存在する。一つは丸型Ⅱ黒印であり、もう一つは三角型黒印である。両印判の使い分けについての法則性を見出すことは出来なかったが、押印形式には、以下のような二類型がみられる。

（1）「加◯（印）」または「加△（印）」として加賀守の加と印判を押す形式のもの。竪紙と折紙の両様式を使用。

（2）単に印判のみを押す形式のもの。竪紙のみを使用。

さらに印判状の内容、押印の形式などについて詳しくみていくと、丸型Ⅱ黒印の使用例は一一例あり、そのうち七例には署名「加」と印章が押されている。それらの書状の内容は、①島津討伐のこと、②銀子借用のこと、③船の新造のこと、④龍造寺剛忠二七回忌のこと（以上各一通）、⑤養生のこと（三通）であり、この三通はすべて鍋島生三宛である。[39]また印章のみの書状は四通あり、魚到来の礼状（二例）、嘉例の返礼（二例）である。宛先は鍋島生三へ三通、石井清五郎へ一通であって、[40]両様式ともにすべて家臣への書状である。

また三角印使用の印判状は四通あるが、うち一通は署名がなく、印章のみが押された書状である。これは鍋島生三宛のもので、「揚桜盆到来の御礼」[41]を述べたものである。

これら直茂の印判状をみると、竪紙を使用し印章のみを押す様式の書状は、自分より目下のものに対して、礼状のような軽い内容のものに使用されたことがわかる。[42]既に丸型Ⅱ黒印の使用例でみたように、直茂時代の印判状は専ら私信に類するような内容の書面であることから、直茂自身が当時印判状は粗略なものであるという観念に従っていたことがわかる。

以上のことから、直茂の印判使用は、自己の権力の確立後から使用されはじめたことがわかる。それは自己の地位の絶対化・尊大化を示すものであったが、もっぱら個人的な私信に類するような書状に使用され、かつ花押の代替的な位置付けがなされていた。直茂時代の印判状には行政関係の文書が存在していないことから、公式（行政）文書への印章の使用（公印としての使用）はまったく定着していなかったといえる。

おわりに

これまでに述べてきたことから、肥前国内に残存する龍造寺隆信・政家、鍋島直茂の印判状を分析した結果、その特徴として次の点が指摘できる。

①印判状使用そのものが一般化していない。

②印章は、やむをえない事情がある場合に使用する（それも特に親しい間柄において）。

③公的文書（所領宛行など）についても印章の使用は例外的であり、定着しなかった。

④黒印と朱印の使い分けがなされている。

・朱印は寺社関係など、宛先に対して尊敬の念を表す場合。

・黒印は家臣など目下の者に対する場合

⑤印判状でも竪紙に印章のみを押す形式は、目下のものへの礼状に用いる（自己の権威の絶対化・尊大化を示す）。

ここでは文書の様式論からのアプローチは、印判状の点数が少ないためにできなかった。従来から西日本においては印判状の使用例が非常に少ないことはいわれていたが、その背景にはどのような事情があるのか、今後の研究の進展を期待したい。

注

（1）調査した限りでは、肥前龍造寺領国内で使用された印章として、この他に龍造寺隆信の二男家信（武雄の後藤氏を継承）が、朝鮮出兵に出陣した際に現地から書き送った書状に印章が使用されている（「武雄鍋島家文書」に一通現存）。また、鍋島直茂が信生を称していた時代に出された「龍造寺氏年寄連署書状」（A天正十六年九月二十三日「平吉家文書」・B天正十六年十月二十三日「村岡家文書」）には、直茂・龍造寺家就・龍造寺信就の各々が黒印を使用している（各一通現存）。

（2）「堤家文書」一（『佐賀県史料集成　第一六巻』）。

（3）年号の確認できるものは、天正五年（一五七七）閏七月二十一日付のもの一通のみで、そのほかの四通は無年号文書である。

（4）「鹿子木文書」二月十八日付、龍造寺隆信黒印状。

（5）『佐賀県史料集成　第一〇巻』。
（6）相田二郎著『日本の古文書　上』岩波書店。
（7）堤家文書のほかに、『西日本文献目録　No.56』（葦書房古書目、二〇〇九年一月）に「中嶋刑部年少」宛の龍造寺隆信の所領宛行状（天正三年二月廿日）が掲載されているが、これには扇形黒印が押されている。
（8）「多久家書物一」三八号。
（9）「多久家文書」六八二号。多久茂文は貞享三年（一六八六）に家督を継ぎ、正徳元年（一七一一）に没した。
（10）本藩から領地支配に自治権を認められていた家筋の一つ。佐賀藩では自治権を認められていた家柄を「大配分」と称し、御三家・親類・親類同格の三種類に分けられる。
（11）多久茂文は佐賀本藩の三代藩主鍋島光茂の四男にあたる。
（12）朱印、黒印各々一通（「堤家文書」四号・五号『佐賀県史料集成　第一六巻』）。
（13）朱印、黒印各々一通（「犬塚家文書」一号『佐賀県史料集成』第二〇巻、「清水寺文書」）。
（14）角型黒印二通（「保福寺文書」一・二号『佐賀県史料集成　第二一巻』）。
（15）『西日本文献目録　No.56』（葦書房古書目、二〇〇九年一月）に「中嶋刑部」宛ての龍造寺鎮賢の所領宛行状（天正八年卯月十六日）が掲載されているが、これには団扇型朱印が押されている。
（16）「犬塚家文書」一号（『佐賀県史料集成　第二〇巻』）。
（17）「清水寺文書」。
（18）この書状は天正七年と推定される卯月二十一日のものであるが、同年三月二十八日付の「天満宮御供屋御坊」宛ての隆信書状（福岡市博物館所蔵青柳資料）には、花押が使用されている。両者の相違については今後の課題である。これとは別に、「満盛院文書」には秋月種実宛ての同年同月日推定の書状があり、それにも朱印が押されている。文面は以下のようである。「従宰府社家中、就御神領之儀被申越候、直銘之遂御報候条不及口能候、恐々謹言」。
（19）「鶴田家（庶家）文書」七六号（『佐賀県史料集成　第八巻』）。

(20)　直茂の発給文書を整理すると、信昌から信生への改名の時期はこの頃と考えられる。両印章がどのように使い分けられたのかは、未詳である。
(21)　「村岡家文書」一〇号（『佐賀県史料集成　第二一巻』）。
(22)　「直茂公譜」第五、「直茂公譜考補」五乾。
(23)　「直茂公譜」第五、「大日本史料」一一編六、四九八～四九九頁。
(24)　藤野保編『佐賀藩の総合研究』二〇九頁。
(25)　例えば、堀本一繁「龍造寺氏の二頭政治と代替り」（『九州史学』一〇九号）には、天正十二年二月以降に政家が発給した安堵状が一三通みられ、軍事関係文書は二一通あるとする。
(26)　「直茂公譜考補」五乾。家晴の父は、隆信の父の従兄弟。隆信生存時から諫早に領地を有していた。
(27)　「肥前国竜造寺藤八郎知行割之事」（『長崎県史　史料編』第二巻、七三七～七三八頁）。
(28)　「直茂公譜」第五。
(29)　藤野保編『佐賀藩の総合研究』第一章第一節「龍造寺・鍋島両氏と公儀権力」。
(30)　「村岡家文書」一〇号（『佐賀県史料集成　第二一巻』）。
(31)　「村岡家文書」一一号（『佐賀県史料集成　第二一巻』）。
(32)　「平吉家文書」三号（『佐賀県史料集成　第一七巻』）。この三宿老の印判状は再検討も必要かと考えられるが、ここでは指摘だけにとどめる。
(33)　「堤家文書」八号（『佐賀県史料集成　第一六巻』）。直茂自身が単独で知行安堵状または知行宛行状を発給した例は、天正十三年筑後国における田尻氏へのもの（「田尻家文書」二二五号（『佐賀県史料集成　第七巻』）であるが、知行安堵状（宛行状）に印章を使用したものは、天正七年の史料［F］が初見である。この文面には宛行地が特定されていない。しかし、堤氏の所領の所在地から考えると、肥前国内といえる。龍造寺領国全体に直茂の支配権が及んでいたことがわかる。
(34)　藤野保編『佐賀藩の総合研究』一八七～一九〇頁。

(35)「西持院文書」八号（『佐賀県史料集成　第二〇巻』）。この文書には署名はなく、印判のみが押されている。この印判は「眞砂亭文書」（三好不二雄『花押印判集影』、ただし、この文書は、現在所在不明である）の龍造寺隆信・政家判物（天正十二年七月二十九日）の政家の印判と同じである。従ってこの文書名は「政家定書」とすることができる。また「西持院文書」七号の包紙とされているものは、「同文書」八号の包紙である可能性が高い（包紙には「政家公御印」と記されている）。

(36)「西持院文書」七号は同八号文書と同年月日の日付を持つ政家判物である。本文は「今度一揆可馳走之段相触之処、可抽粉骨之由、各申出候、神妙之至、感悦候、就夫、相定之趣、別帋有之、然者、為地頭、至百姓等、無理非道之儀、於有申懸之仁者、可致直訴、但、土貢諸公役等於不相調者、各之可為越度者也」とある。ここの「相定之趣、別帋有之」に当たる部分が、「同文書」八号「某定書」であると考えられる。この「定書」は、枡・用作・陣夫の荷物・小公事・寺社免田公役・屋造・質券地の年貢等・肴銭・庄屋給の十箇条からなるもので、「同文書」七号の政家判物の内容にみあうものである。

(37)「小城藩士佐嘉差出古文書写」一一号（『佐賀県史料集成　第二六巻』）。

(38) 藤野保編『佐賀藩の総合研究』六〇五頁。

(39) 鍋島生三は坊所鍋島氏の祖であり、直茂とは従兄弟にあたる。佐賀県上峰町坊所を所領とした。

(40)「石井十郎所蔵文書」。

(41)「坊所鍋島家文書」。

(42) 堀本一繁「龍造寺氏の二頭政治と代替り」（『九州史学』一〇九号）によると、天正九年隠居後の龍造寺隆信の花押は二種が存在するが、その一つは「引退後、内々に近親や近臣に対する伝達に、しかも、右筆を介さずに直筆で認める時に用いられた」と述べる。花押についてこのような使い分けがなされていたとするならば、逆に印判状では、本人の手をまったく介さずに作成される簡略な書状形式として、礼状などに多用されたと考えられる。

第Ⅲ部　龍造寺領国下の「町」の成立と貨幣流通

第六章　戦国期肥前国における「町」の研究
――伊勢御師関係文書の検討――

はじめに

『天正十七年御祓賦帳』（以下『御祓賦帳』と略す）や『御参宮人帳』[1]は、旧来からその存在は知られており、個々の県市町村史[2]や新城常三著『社寺参詣の社会経済史的研究』[3]などには部分的には使用されてきた。またこれらの史料を利用しての研究は、主に伊勢信仰に関する分野に属するもので、戦前からの長い研究史があるが、ここではその点については言及しない。

ところで、近年この『御参宮人帳』や『御祓賦帳』を直接に研究対象とし、かつ網羅的に分析した成果として、久田松和則著『伊勢御師と旦那』[4]が刊行された。久田松氏は、主に天正十年から近世初頭までの『御参宮人帳』を使用して、年間を通しての参宮者数の変化、参宮者の階層的分析、伊勢参宮に際して使用された為替の検討、主に平戸を対象とした西肥前の伊勢信仰の受容状況など、多方面からの分析を行っている。その点からすると、『御参宮人帳』・『御祓賦帳』の分析・検討はしつくされている感がある。

本章では久田松氏の研究成果に依拠しつつ、『御参宮人帳』・『御祓賦帳』を別の視角から分析してみたい。それは、これら両帳には肥前国内各地からの参宮者（旦那）の居住地名・姓名が記されていることに着目した分析である。なかでも肥前国内の町名を抽出し、検討することで、中近世移行期の肥前国内の町場の実態・具体像を明らかにできると考えたからである。

ところで、七〇年代後半から盛んになった中世都市研究では、文献史学に加えて歴史考古学・歴史地理学・建築史学など多方面からの検討が行われ、町場・中世都市の構造やその変遷等が明らかになってきている。特に、考古学の分野から集落形態の変遷が類型化（三類型）され[5]、さらに中世の「町」のあり方と近世のそれとを比較してその相違を明らかにする研究も深められてきた。玉井哲雄氏[6]は、「中世都市空間に共通する特色として、近世都市空間に比べて規模が小さく、都市空間を構成する個々の部分が個別的・分散的であり、全体的な計画が必ずしもあるようにはみえない」と、その特徴を指摘し、さらに「このように中世都市空間が個別的・分散的であることは、それぞれの都市空間が中世社会の中で自立的に形成されたもので、上から強力な支配による計画性が必ずしもなかったことを示しているると考えられる。そしてこのような中世都市空間を大きく近世都市空間へと転換させたのが、天下人を中心とする近世大名であった」として、戦国城下町についても中世都市的な特徴がみられると指摘している。

以上のように発掘成果を分析・検討した結果、中・小中世都市の具体像が次々と明らかになったが、文献史学の面では、必ずしも多くの成果をあげているとは言えない。その原因は史料上の制約に帰する所が多いのだが、この課題を克服するためには、既存の史料をできるだけ多角的な視点から分析することが必要と考える。本章では、この課題を意図したうえで、まず『御祓賦帳』から肥前国内で天正十七年当時にどの程度の町場が成立していたのかを検討し、その町場の具体的な姿を『御参宮人帳』を活用しつつできる限り明らかにし、さらにこれらの町場がどのような地域流通構造の中に位置づけられていたのかを考えたい。

さて、旧来の研究では、中世後期の地方都市（戦国大名城下町・港湾都市など）・町場の存在意義を遠隔地流通・

地域間流通の拠点として論じることが多い。しかしこれらの地方都市・町場と考古学の成果等で報告される中小の町場とが、どのように有機的に結びつくのかは明らかにされていない。特に、戦国期の国人領主の支配拠点であり防御施設でもある山城とその麓の領主の居館・城下町と周辺の中小の町場が、どのような関係性をもって編成されているのか、いないのかなどは追求されてこなかった(7)。

中近世移行期の領主＝国人領主にとって、河川・街道が交差する交通の要衝＝地域間流通の拠点に成立する町場を掌握することは、領国（領域）支配・経営上最重要の課題であった。それゆえに領主自身が政策的かつ強制的に独自の市・町の設定・編成を行うことをめざした。しかしそれが不可能な場合には、玉井氏がいう個別的・分散的に存在している町場を自己の領域内流通網と結合させ、最終的には全国流通網とも有機的関連性を持ったものに編成することを構想したであろう。以下ではこの点も踏まえて、肥前国内（佐賀県域に限定(8)）の中近世移行期における町場の具体像を考察していきたい。

第一節　『天正十七年御祓賦帳』にみえる町名と宿名

『御祓賦帳』は、表紙に「天正拾七年乙酉歳」と書かれた和綴じの冊子であり、次頁には「筑後国　肥前国　肥後国　天正十七年乙酉御祓帳　使竹市善右衛門尉　八月吉日」と記される。すなわちこの冊子は、天正十七年八月に伊勢神宮の御師橋村氏の手代の竹市善右衛門尉が、筑後国、肥前国、肥後国三カ国の檀家を巡回して「御祓大麻」等を配布した際の配布先を記録した帳簿である。

帳面は以下のような形式で記載されている。ここにその第一枚目をあげる。

蛎久

状、○《やど》、香田兵部左衛門尉殿　帯　扇　箱祓

状、、、宮仕《同やど》房　無色　帯　箱祓

状、、、市《懇》久庵　無《ぼし》色　帯　扇　小刀　箱祓

状、、、河《懇》副藤左衛門尉殿　小刀　箱祓

状、、、同　新左衛門尉殿　小刀　箱祓

状、、、中元寺平次郎殿　帯　箱祓

まずはじめに配布先地名（ここでは「蛎久」）を記し、その次から配布先（檀那名）を記していく。「状」とあるのは、この地域の御師である橋村氏から書状が出されていることを意味しているのであろうか。さらに、ここには人名の右肩に「やど」と記載される者が二名いることから、「蛎久」には御祓を配布するための拠点となる宿が存在していたことがわかる。ついで、人名の下には御師が配布した物品名（土産品）が記入されている。ちなみにここに記されている土産品は、「帯」・「扇」・「箱祓」（箱入りの「御祓大麻」）・「小刀」等であった。また、女性の檀那には「白粉」などもある。

この『御祓賦帳』に記される人名は、有姓者が圧倒的に多い。現佐賀県内に限定した肥前国内の配布先件数は六二三件（肥前国全体の九五・二％）にのぼるが、無姓者は三一件（寺院名・坊主名は除く）のみである。『御祓賦帳』

は伊勢御師が把握している旦那であり、年ごとに「御祓大麻」や土産品を配付し祈祷を行い、旦那からは「礼状」・「初穂料」等が贈られるなど、恒常的な結びつきがある人々であったと考えられる。

それに対して『御参宮人帳』では、久田松氏によると天正十年から慶長十年までは有姓者が半数以上（平均で六六・七％）を占めているというが[9]、『御祓賦帳』の割合からは大きく異なっている。

ここから実際に参宮を行った人々は、『御祓賦帳』に記載される人々だけではなく、広い階層にわたる人々であったことがわかる。つまり、伊勢御師が掌握している人々は、地域に影響力を持つ支配者層や寺社関係者などであって、彼らを仲介役としての布教拡大を意図していたのであろう。それゆえに『御祓賦帳』で最多の人数である龍造寺村からは『御参宮人帳』でも最多人数を数えている。領主層が伊勢信仰に熱心であれば、支配下の集落では多数の参宮者を数えることとなるのである。

『御祓賦帳』の性質をこのように捉えると、『御参宮人帳』と『御祓賦帳』とを無自覚に比較検討するべきではないが、ここでは両帳の性格の違いを認めたうえで、『御祓賦帳』をベースとして『御参宮人帳』から事実だけを抽出して活用することとしたい。

では、はじめに『御祓賦帳』から、配布先地名の部分に記された、「町」名と「やど」と注記された地名とを抜き出して、検討していきたい。

一　『御祓賦帳』にみえる「町」

『御祓賦帳』には八八カ所の配布先地名が記され、そのうち、基肄郡田代町・佐賀郡木原町・同郡嘉瀬上町・小城郡別府町・杵島郡高橋町・同郡須古六角町・同郡山口町・下松浦郡有田町の八カ所は「町」と記載されている。以下では戦国期のこれらの町がどのような実態を持っていたのかを、他の史・資料から追ってみたい。

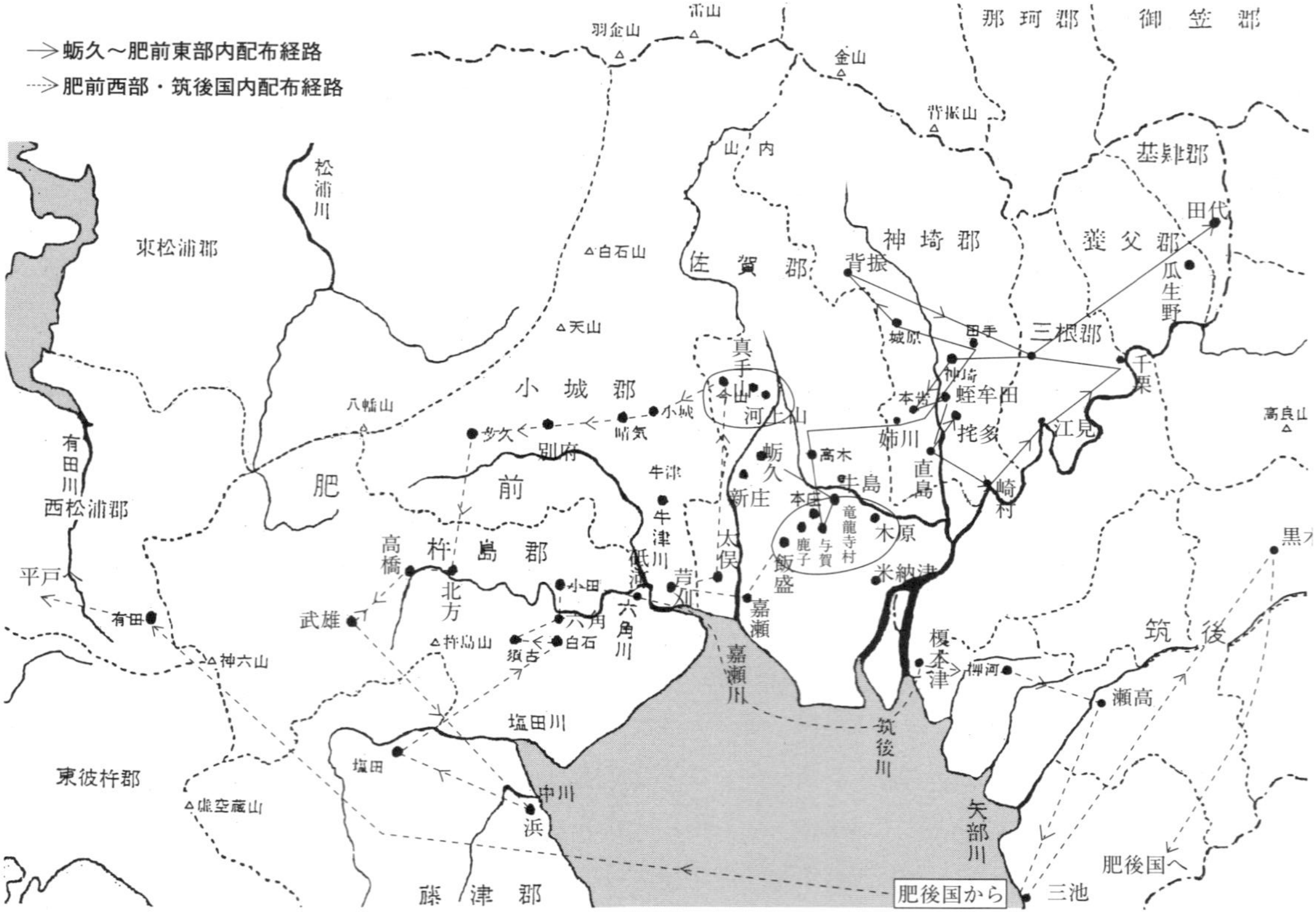

図４　主要御祓配布先地名

表6　天正17年『御祓賦帳』の肥前国内（現佐賀県内）主要配布先地名及び人数

順位	地名	現在地比定	人数	備　　考
1	龍造寺村	佐賀市城内	177	
2	蛎久北畠	佐賀市鍋島町蛎久	141	正隣伊勢屋
3	蛎久	佐賀市鍋島町蛎久	22	宿
3	多久庄	多久市	22	替本
4	西長瀬	佐賀市高木瀬町	19	
5	たで	神埼市田手	14	宿
5	城原	神埼市城原	14	
5	白石	白石町	14	
8	千布	佐賀市千布	12	
9	東長瀬	佐賀市高木瀬町	9	
10	水ヶ江	佐賀市水ヶ江	8	
10	藤津郡　浜	鹿島市浜	8	
10	下松浦郡内有田町	有田町	8	
13	後藤山　武尾村	武雄市武雄	7	宿
14	かう	？	6	
15	志保田	塩田町	5	
15	東高木	佐賀市高木瀬町	5	
17	いつみ	佐賀市久保和泉ヵ	4	
17	あね川	神埼市姉川	4	
17	米田	三田川町吉田（目田原）ヵ	4	
17	かせありしけ村	佐賀市嘉瀬町有重	4	
17	さるし	江北町佐留志	4	
17	杵島郡　須古	白石町須古	4	
計			515	

（一）佐賀郡嘉瀬上町

嘉瀬上町は現在の佐賀市嘉瀬町に比定される。ここには古代以来嘉瀬庄が形成されており、『平家物語』では平清盛の弟教盛の家領とされている。正応五年（一二九二）の肥前国河上宮造営用途支配惣田数注文[10]にも賀世荘とみえる。嘉瀬上町は、嘉瀬川河口の有明海に臨む地に成立しており、嘉瀬津の繁栄によって成立した町であるといえよう。嘉瀬津については、安元元年（一一七五）鹿ヶ谷の事件で鬼界が島に流された平康頼等が、許されて帰る際に鹿瀬荘に上陸したと伝えられることから[11]、十二世紀後半には津として成立していたと考えられる。降って一五六二年に明（中国）で刊行された『籌海図編』[12]に有明海の港の一つとして、嘉瀬が記載されており、明に知られた港であったことがわかる。さらに、年未詳であるが、龍造寺隆信が弟の長信に宛てた書状に「一昨日、賀瀬津ニて鴈射申候」[13]とあり、龍造寺隆信が嘉瀬津まで出向いて雁狩りを行っている。これが文書上で嘉瀬津の存在を確認できる唯一のもので、隆信が死去する天正十二年以前のことである。このように十六世紀に町場を形成していた嘉瀬は嘉瀬津の発展を背景としていたと考えられよう。

『御祓賦帳』の嘉瀬上町には、檀那名として多久間与三左衛門、平吉形部殿、増吟の三名が記される。この中の平吉形部については、「平吉家由緒書」[14]から詳細を知ることができる。これによると、平吉形部丞は「嘉瀬両町其外御國七ヶ所之津代官、并御領内舟之司」（傍点筆者）に任じられたと伝えられる。また同由緒書には、海賊衆村上武吉から瀬戸内海航行の安全を保証する旨の書物を得たとも記され、瀬戸内海にまで及ぶ海運業をも行っていたようである。さらに、天正二十年（一五九二）の朝鮮出兵に際しては、鍋島茂里（鍋島直茂養子）から煙硝の調達を任されるなど、貿易商人・御用商人として龍造寺・鍋島両家に仕えた人物である[15]。この煙硝の調達については蛎久の項で詳述する。

また三人目の増吟について「鶴田家文書（庶家）」「後藤家文書」「田尻家文書」に増誾書状が残り[16]、この両者（増吟・増誾）は同一人物と思われ、龍造寺氏の使僧的な役割を担っていた人物のようである。

一方で、慶長二年『御参宮人帳』二月の項に「嘉瀬庄下町」から七人の参宮者がいたことが記され、嘉瀬が上下両町に分化していることがわかる。前述の「平吉家由緒書」では平吉形部丞が「嘉瀬両町」の代官に任命されたとあるが、この記述が正しいことも確認できる。また、同年六月二十八日付の「佐賀郡加世村」からの参宮者名の中に「銀廿四匁　平吉源右衛門　名代善良」との記載がある。平吉源右衛門は平吉刑部の子息であり、慶長年間に入っても平吉氏一族が嘉瀬に居住していることを確認できる。さらに彼の初穂料が他から群を抜いて高額（奉加銭の平均額は二

〜三〇）であることも、嘉瀬町における豪商としての平吉氏の健在ぶりを示している[17]。

ところで、前述のごとく『御参宮人帳』では、「佐賀郡加世村」と嘉瀬が「村」として記載されており、上下に分化していた嘉瀬町との区別が明瞭ではない。他の年代の『御参宮人帳』の記載をみると、「加瀬村」「加世村」「嘉瀬庄」などとあり、記載形式は定まっていない。このことから、十六世紀後半から十七世紀初頭の「町」や「村」の呼称は、少なくとも肥前国（龍造寺領国）では制度上（行政上）確立したものではなく、実態を捉えたものでしかなかったといえよう。

また、『御参宮人帳』には嘉瀬（「加瀬村」「加世村」「嘉瀬庄」など）からの参宮者合計は一三五人（天正十年―一〇人、同十二年―四人、同十六年―一二人、同十九年―五人、文禄五年―一八人、慶長二年―二二人、同八年―九人、同十年―一四人、同十二年―一三人、同十四年―三人、同十五年―一人、同十九年―一六人、同二十年―五人、元和九年―一人）であり、伊勢信仰がきわめて盛んな地域であったこともわかる。すなわち、長期に居住地を離れて参宮を行うことができる、経済力と時間を有する人々が多数存在する地域であったことを示している。

（二）小城郡別府町

別府町は、現在の多久市東多久町別府に比定される。天正十七年当時、別府町を含む多久領は龍造寺隆信の実弟長信の所領であった。館は伊万里街道に面した梶峰城山麓（現在の多久市多久町）にあり、麓には別に多久町が形成されていた。別府地内の古賀は、佐賀から小城・別府を経て唐津へ向かう唐津街道と多久氏城下の多久町へ通じる街道の分岐点であり、ここにある古賀津は牛津川の河港であるなど、別府は交通の要衝であった。

『御祓賦帳』の別府町の項には新衛門、田中殿の二名が記されるのみで、ここからの情報はとぼしい。他の文献をみると、『丹邱邑誌』[18]には、別府駅の項に「太閤秀吉公名護屋御出陣ノトキ、御通行、此駅ノ衰廃ヲ憐ミ、六斎ノ互市ヲ免許セラル」とあり、豊臣秀吉が朝鮮出兵の際に、名護屋へ向かう途中に別府を通行し、六斎市を開くように命じたと伝えられる。

近世の別府について言及しておくと、「享保十一年（一七二六）駅町津竈付出」[19]には、家数が多久町六九件・多久原宿三七件・古賀宿二八件・別府町八二件・長尾宿二五件・北方町五〇件・焼米宿三二件・古賀津一件とある。[20]近世の別府町は、多久氏城下町の多久町よりも規模が大きく、多久領内で最大規模の町場を形成していたといえる。

以上の状況がそのまま戦国期にも遡及可能であるとは即断できないが、多久領内において別府町が交通の要衝に位置し、経済・流通機能の中心地とされていたことがわかる。またこれに対し、多久町は政治的機能を有する「城下町」として位置づけることができよう。このように別府町は多久城下町への物資供給地的位置付けの「町場」であり、両者が有機的関連性を持つことによって、多久領内の流通経済は機能していたと考えられる。さらに付け加えると、別府町は唐津街道上に、多久町は伊万里街道上にそれぞれ位置することから、両者が町場として存在することは十分に意味のあることであった。

さて、このような近世多久領内の町場のあり方について、木島氏は「居城下周辺部に大規模な町場が存在する様子は、私領内に分散する小市場が居城下に統合されない、戦国期的な市場形態を残す」[21]としている。さらに古賀宿・古賀津・別府町・多久原宿（以上唐津街道上）・長尾宿・多久町（城下）（以上、伊万里街道上）・焼米宿・北方町・久津具津（六角川港）（以上、長崎街道上）が私領内の交通・物流の基地であるのみでなく、鍋島領全体の流通ネットワークに組み込まれていた、と結論づける。

木島氏のいう、「大規模な町場」と「小市場」との関係が不明だが、問題は戦国期の領主層が町場＝流通交易に現実にどのような対応を迫られたのかということである。彼らは、所領経営上さらに戦時体制確保のため城下町や領内への物資供給の円滑化を図らねばならなかった、といえる。そのためには、各町場を個別分散的に存在させるのではなく、前述した別府町と多久城下のように両者を有機的関連性の下に編成することを意図していたと考える。その上で龍造寺領国の流通ネットワークと結合していたと考えられる。後述するが、このような方針を実施・遂行するために役人が派遣・任命されていた。

また、『御参宮人帳』から別府村を拾うと、計八人（天正十二年―二人、同十六年―五人、慶長十年―一人）が参宮している。ただし、別府を含む「多久領」としてみると合計で一二四人の参宮者を数えることができ、伊勢信仰に熱心な地域、かつ経済力を備えた人々の居住地であったことがわかる。

ところで、『御祓賦帳』の「多久庄」の項には、龍造寺長信をはじめとして、その一族など二一名が記されている。そのなかに「桃河甚兵衛殿　替本　多久役人　御そうじゃ」の記載があることが注目される。桃河甚兵衛なる者について詳細は不明であるが、「替本」を営んでいることを確認できる。「替本」(22)とは、為替の利用を希望する参宮者から、現金を預かって為替（切手）を発行する金融業者である。後述する「蛎久」にいる「伊勢屋」と同様の役割を果たしていたと考えられる。さらに、この記述によると、彼は「多久役人」（多久城下町のヵ）であり、「御そうじゃ（＝御奏者）」であった。「御奏者」は多久龍造寺氏＝御館への取り次ぎ、の役割も果たしていたと思われ、「多久町」を管理する役人、他の町で見られる町「別当」の役割を果たしていたのであろう。これらの点から、『御参宮人帳』では「多久村」と記載されるが、実態は龍造寺氏の城下町＝「多久町」であったと言えよう。

この多久町「別当」について戦国期の別府町では確認できないが、近世では天和三年（一六八三）一月の『御屋形日記』(23)に、「別府町別当七郎兵衛」（傍点筆者）の名がみえる。この原形が戦国期に存在したと推定できよう。

（三）杵島郡高橋町

高橋町は現在の武雄市朝日町高橋に比定される。元徳二年（一三三〇）の長嶋《永島》庄地頭「橘薩摩幸蓮所領譲状」に「なかしま《長嶋》の庄はなしま《花嶋》の村たかはしいちはさいけ《高橋市場在家》田地等の地頭しき《職》の事」とみえる。ここに十四世紀前半に長嶋荘内花島村高橋の市場在家を確認でき、高橋が当時すでに市町であることがわかる。[24]

さらに天正十二年（一五八四）五月にも、後藤家信が猪隈の砦（現武雄市）を修復するにあたって、夫丸の動員を命じた村落等の中に「高橋町衆」[25]とあり、十六世紀後半に「高橋町衆」と呼ばれるまとまった町人集団が形成されていたことを確認できる。また年未詳（天正二年ヵ）の文書だが、長信に宛てた龍造寺隆信書状では、「至大河野、材木取候而召置候、夫丸八十人、被申付候而、永島高橋町迄、来廿八日、もたせられ候」[26]とあって、須古城の建築用材を大河野（松浦郡・現伊万里市大川町大川野）から永島（長嶋）の高橋町迄運搬するために夫丸八〇人の調達を命じている。同様に同年と思われる四月十五日付の長信宛て龍造寺隆信書状にも、大河野に取り置いた材木を運送するために夫丸二百人を集めて、「高橋村」まで運ぶように命じている。[27]これらは、龍造寺隆信の居城である須古城の建築用材を「高橋町」に集積し、六角川を利用して須古（杵島郡）まで輸送したことを示している。[28]

このように「高橋町」は北部から流れる高橋川（武雄川支流）と東西に流れる六角川の合流点に立地する河港に形成された町場であった。それと同時に、陸路においても長崎街道と唐津街道の分岐点にあたっており、水陸交通の要衝であった。すなわち、高橋は龍造寺領国内の西部地域における物資集散地であり、河川と陸路とで須古（隆信の居城）、さらには佐賀城下とも繋がることから龍造寺領国内流通網上での重要な町場であったといえる。その商圏は近世側から類推すると、杵島郡内だけではなく、松浦郡・藤津郡、さらには小城郡（六角川河口）の広域に及ぶものであったと考えられる。現に慶長の国絵図には明確に「高橋町」と記されており、近世以前から高橋は既に町場として成立していたと考えられる。

ところで、高橋は後藤氏の居城である後藤山城下の武雄との関係も重要である。『御祓賦帳』の「武雄村」には城主の後藤善二郎・その妻・龍造寺常陸守等六名が記されるが、そのうちには「中嶋五郎左衛門 やど」と記される者がおり、この地域の「御祓大麻」配布の拠点が武雄にもあったことがわかる。城下から北西に一キロほど離れて「塚崎の湯」と呼ばれた湯治場（現武雄温泉）もあり、ここは近世には「湯町」と称された。天正二十年秀吉が朝鮮出兵で名護屋へ出向く途中にここに立ち寄り、湯治場を利用する兵士達に対して禁制を出している。そこには「一、湯入之輩、宿賃人別五文宛[29]」とあり、戦国期に既に宿泊施設を含んだ町場（「湯町」の前身）が存在したといえよう。

以上のように、武雄地区には武雄城下の後藤氏家臣団が居住する地区と「塚崎の湯」の宿泊施設からなる「湯町」とが形成されていたが、両地ともに流通の拠点となるための立地条件（＝交通上の要衝）を備えてはいなかった。それゆえに武雄城下から三キロほど東の高橋町の存在が不可欠であった。武雄領内の必要物資は高橋を経由して武雄城下に流入したのであり、後藤氏領内の経済・流通構造を考えた場合、高橋を抜きにしては成立しえないものとなっていたといえよう。

その根拠は、天正十年の『御参宮人帳』の記載である。一つは「一人　肥前国長嶋郡後東山（後藤山）の高橋[30]」（括弧内は筆者注）である。ここでは、高橋が後藤山地域に包摂されていることを示している。またもう一つは「後東山高橋衆[31]」という記述であり、「高橋衆」は後藤氏の家臣団に包含される「衆」（＝一集団）であったこともわかるからである。以上のように、後藤山の後藤氏居館の麓に形成された町場（城下町）と、領域内への物資供給・流通拠点としての高橋町とが有機的に関連して、領域内流通が成立していたことが想定できる[32]。

なお、『御祓賦帳』に載る「御祓大麻」配布先（檀那）は、「古河市左衛門殿」、「吉原次郎左衛門殿」の有姓者二名だけである。また『御参宮人帳』では先述の天正十年の二点の記載のみで、「高橋町」の住民の構成は不明である。

（四）杵島郡須古六角町

須古の高城（須古城）は、龍造寺隆信が天正二年頃、城主平井氏との攻防戦に勝利した後に修築を行って、同四年

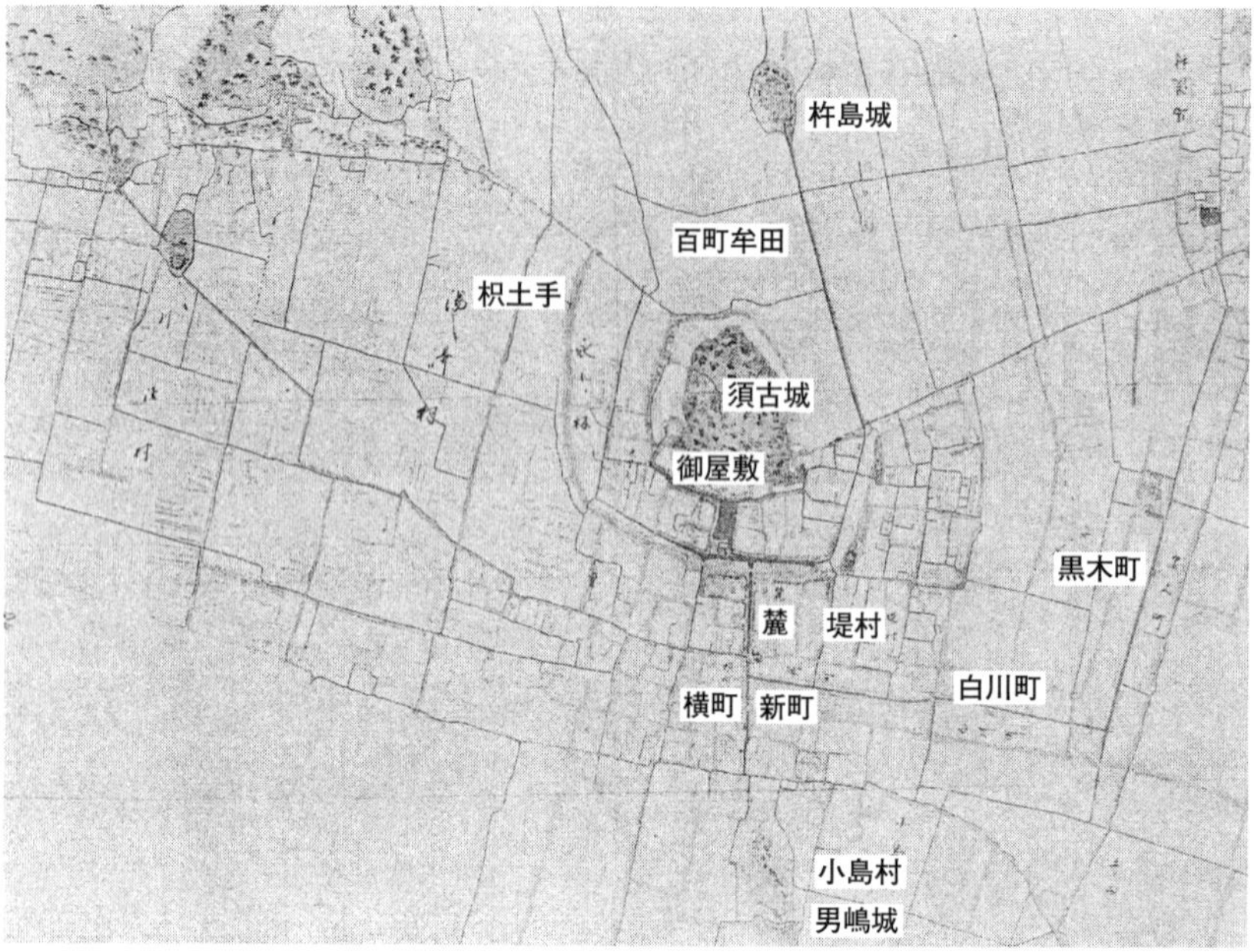

図５　杵島郡須古郷図（安政３年）

頃に居城とした。『御祓賦帳』には「須古」の配布先として龍造寺安房守以下三名が記されている。それとは別に「須古六角町」の項もあり、これは現在の白石町東郷内に比定される。ここでの配布先として「別当殿　山下四郎兵衛殿と申候」と一名のみが記される。この「別当」は先述したが、他の「町」にも散見されるもので、「町」の管理・運営にあたる役職である。この点からも当時の須古六角町は町場としての機能を備えていたことが確認できる。

また、天正十年『御参宮人帳』中の「拾人　肥前国須古」の一人である「四兵衛」という人物には、「山下六角町」と注記されている[33]。この注記は山城である須古城下にある六角町との意味で呼ばれていると考えられ、須古六角町と山下六角町は同じであろう[34]。これらのことから、天正年間には須古と須古六角町（＝山下六角町）とが成立していたといえよう。須古六角町からの参宮者は、『御参宮人帳』の天正十六年に四人、同十九年に一一人が確認できる。

ところで、天正十二年の『御参宮人帳』には、「三人肥前国白石町」の項に「同山下四郎兵衛殿　御初尾三文目只今うけ取申候[35]」との書き込みがある。これは前述の須古六角町の「別当殿山下四郎兵衛殿」と同一人と考えられ、山下四郎兵衛は「初尾」（初穂）として銀三文目を白石町の参宮人一行三人に預けたのである。これにより、白石町と須古とはほぼ同一の集団であると考えられる。例えば、龍造寺安房守は『御祓賦帳』に須古の項で記載されるが、天正十九年の『御参宮人帳』には白石の項で記載されている。そこで、当時の「須古六角町」と「須古（白石町）」とがどのような地域的関係にあったのか、考えておきたい。

まず「須古」についてみておくと、『御祓賦帳』には「須古」での「御祓大麻」の配布先として「龍造寺安房守」、「河崎伊賀守」、「おき別当殿」、「おほ殿」の四名が記される。このなかで、龍造寺安房守は龍造寺隆信の弟、信周である。天正四年頃、龍造寺隆信は須古城（高城）を自身の隠居所とした際に、信周を家老として須古に住まわせた。天正十二年（一五八四）に隆信死去後彼は須古の領主として、ここを居城としていたことが『御祓賦帳』によって確認できる。また「おき別当殿」の存在から、須古は須古城（高城）の麓の領主居館を中心とした城下町的機能を持った「町」であったことを窺わせる。

次に江戸期の安政三年（一八五六）成立の「杵島郡須古郷図[36]」をみると、須古城下の麓を通る街道に沿って「横町」・「新町」・「白川町」・「黒木町」の町並みが描かれている。このなかの「黒木町」（黒木町は須古城の北方七〇〇メートルの所に成立）については、文禄五年（一五九六）の『御参宮人帳』に「須古黒木町」からの参宮者二名が認められる。このことから、「杵島郡須古郷図」の黒木町は十六世紀末には既に成立し、須古「城下町」の一街区を形成していたのである。

ところで、近世の「慶長国絵図」に描かれた「六角村」は、須古城下の北部を流れる六角川沿岸（現白石町東郷）に位置し、「須古」城下町とは約三キロ余の距離である。ここは六角川の水運と街道（近世の長崎街道の多良往還）とが利用できる交通の要衝であり、近世には街道沿いに六角宿が形成されているが、これが「須古六角町」と考えられる。これらのことから、「須古六角町」は「須古」城下町への物資供給地としての役割を果たしていた町場であると考えられる。ただし、「須古六角町」の構造などについては未詳であるが、現在の白石町東郷の西郷地区には東・西・南・北の四つの小路名が「しこ名」（小字）として残っている[37]。また、東郷の中郷地区には街村状の地割を検出することができる。これは多良往還に沿って成立したものであり、戦国期の「須古六角町」の名残と考えてよいであろう。なお、中郷から一キロ余の地点にある「秀津」は、室町期にこの周辺を干拓した際に作られた掘割によって利用可能になった河港の名残であり、江戸期には白石平野地域の物資集散地であったという。

『御参宮人帳』には「須古六角村」・「須古六角町」の両地名で記載がなされ、参宮者は計三〇人にのぼる（天正十六年―三人（町記載）、同十九年―一一人（両記載）、慶長十年―三人、同十二年―一人、同十四年―九人、同十九年―四人）。また、「須古村」では合計で六二人、さらに「須古今村衆」・「須古大島村」・「須古大渡衆」・「須古黒木町」・「須古東間村」[38]を合わせると三六人の参宮者を数え、須古地域全体では一二八人にのぼる。さらに「白石村」での記載で一三八人の参宮者がある。以上、この地域一帯は龍造寺隆信が隠居所とした地であることから推測できるが、肥前西部地域の押さえとなる領国経営上の要であったといえる。

（五）その他

①基肄郡田代町

田代町は現在の鳥栖市田代に比定される。ここは肥前と筑前との国境に近く、近世の長崎街道上では、筑前国から入って肥前国の最初の宿場であった。『御祓賦帳』には一名が記載されるのみだが、名前は抹消されていて判読不明である。田代町の地名は、天正十二年『御参宮人帳』中の「八人　筑後国三原郡いたい《（板井）》衆」とある参宮人グループのなかにある「良《（銀）》　三文目　西依右近丞殿」に、「ひぜん《（肥前）》田代町木やふ《（養父）》郡」と注記されることから確認できる。これは十六世紀後半に「田代町」の存在を確認できる唯一の史料である[39]。「西依右近丞」と同行した「いたい衆」は、筑後国三原郡板井（現在の福岡県小郡市大板井・小板井地域に比定）からの集団であったと考えられる。肥前国田代と筑後国板井とは甘木から秋月を経て小倉へと通ずる街道筋（中世の長崎街道）にあることから、田代と板井の両地間では国境を越えた交流の存在が指摘できる。また、慶長二年の『御参宮人帳』には「田白町衆」とあって、田代町から独自の集団を組んだ三名の参宮者名が記載されている。以上のことから、十六世紀後半には田代には町場が成立していたことがわかる[40]。

ところで、現在鳥栖市内にある田代の伊勢神社（鳥栖市田代大官町）は、初期の長崎街道上に位置することから[41]、その成立期を戦国期（天正年間）とすることもできよう。この街道を直進すると「宿」（現鳥栖市宿町）を経て筑紫氏の勝尾城下に繋がる。勝尾城下には発掘調査によって「新町」と称される町屋群が確認されているが、ここへ繋がる物資流通ルートは、この田代から延びる旧長崎街道であったと考えられよう。筑紫氏の支配拠点である勝尾城下と既存の田代町を結合することによって、物資流通網が整備され、筑紫氏の領域支配が形成されていたと推定できる。

②杵島郡小田町

小田町は現在の江北町上小田に比定される。古代の官道が当地を通っていたとされ、江戸期には小城郡牛津宿から小田宿を経て鳴瀬宿（武雄市橘町芦原）に至る長崎街道上の宿場として発展した。浜通り（鹿島、太良を経由し諫早で長崎街道と再度合流する）はここを分岐点としている。『御祓賦帳』には御祓配布先として井本上総守と助左衛門の二名が記される。『歴代鎮西志[42]』によると天正二年に龍造寺信周を案内して、須古城攻めに参陣した井本上野介（居城は山口城と伝えるが詳細は不明）の存在が知られる。また、天正八年の龍造寺氏の『五箇国領地之節配分帳[43]』には「井本左近允」が九〇町の所領を宛行われている。両者は井本上総守の一族と考えられ、当地の領主層である。

また、現在の上小田の西方に接する山口地区の字門前にある大江神大神宮（山口太神宮）は天照大神を祀っており、承応三年（一六五四）に領主多久茂辰が寄進した肥前鳥居がある。[44]このことから、当大神宮は戦国から近世初期には創建されていたと考えられる。参宮者数はそれほど多くはないが、山口や「小田町」は多久氏（戦国期は龍造寺隆信の弟長信）の支配領域内であり、長信の名は『御祓賦帳』や『御参宮人帳』中に散見されることから、領民もその影響下にあった地域であるといえる。[45]

小田町は『御参宮人帳』に「小田衆」・「小田村」と記載され、計四九人の参宮者を数える（天正十二年―二四人、同十四年―一四人、同十六年―六人、文禄五年―五人）。また、「小田衆」は、小田地域に居住する地侍、給人層によって構成される集団と考えられる。天正十二年段階では、前述のように、小田は龍造寺長信の支配領域内にあったことから、「小田衆」は長信の給人によって構成されていたのであろう。[46]

③佐賀郡木原町

現在の佐賀市木原に比定される。ここは佐賀市の東部に位置し、八田江川と佐賀江川との合流地点に近く、地籍図[47]をみると字木原の所に街村状の地割を確認できる。『御祓賦帳』には「掃部殿」・「大膳殿」・「古賀新十郎」の三名が記載される。なお、『御参宮人帳』には「木原村」・「木原衆」と記載され、町場としての呼称は確認できない。『御参宮人帳』の参宮者数は、合計二〇人である（天正十二年―五人、同十六年―二人、同十九年―一〇人、[48]文禄五年―二人、慶長四年―一人）。

④下松浦郡有田町

下松浦郡有田町は現在地を比定するのは難しいが、西有田町の唐船城（有田氏居城）の城下町にあたるのであろうか。「御祓大麻」の配布先として「源衛門殿」・「別当殿」・「宮使」・「金剛寺」・「瑞正寺」・「同山代殿」・「かや野、むら山口源介殿」・「隠岐守殿」の八名が記される。ここにも町の管理者である「別当殿」が確認でき、その点から有田町は「町」として認識されていたと推測されるが、詳細は不明である。

以上『御祓賦帳』中に記された八カ所の「町」を通して、十六世紀における町場の実態を追究してきた。そのなかで確認できたことは、次の点である。

第一に須古町・有田町には「別当」が、多久には「多久役人」が存在することである。ルイス・フロイスが島原の町に「別当」が存在すると記しているように、彼らは、戦国大名や国人領主が設置した戦国期の町場を管理・運営するための役職であったことがわかる。この「別当」の制度は、近世にも引き継がれるものである。

第二には、「須古」城下町と「須古六角町」、「武雄」城下町と「高橋町」、「多久」城下町と「別府町」のように、城下町と流通の結節点に成立した「町」とが、相互に補完関係・有機的関連性をもって領域内流通網を形成していたことが確認できた。

次に『御祓賦帳』において散見される「やど」（宿）と注記される場所が、どのような特徴をもった場所であるのかについて、検討してみたい。

二　戦国期町場の具体像——肥前国「蛎久」を例として——

『御祓賦帳』に載る地名のうち、「やど」または「宿」と注記された人名が肥前国内（現佐賀県内）に五カ所（蛎久・田手・武雄・小田・蛭牟田）存在する。その中で杵島郡小田町は、先述したように『御祓賦帳』で町呼称がされていたところであり、「やど」は町場に設定されたようである。では、「やど」とはどのようなものなのであろうか。天正十六年の『御参宮人帳』には「やど」について理解の一助になる注記がある。左記のものである（傍点筆者）。

二人肥前国三根郡西嶋村
　　代官下候砌宿可有候由候
艮（銀）貳文目　保福寺
　　　同自性御判有
　　布一ツ同下人
　合
戌
　天正十二年三月十五日[49]
子

これによると、三根郡西嶋村からの参宮人で初穂料銀二文目を納めた「保福寺」は「代官下候砌　宿可有候由候」との注記があるので、御師橋村氏の代官（手代）が現地に下向したときに保福寺を「やど」としていたと理解できる。このように「やど」とは、御師やその代官が地方に出向いて「御祓大麻」配布などの布教活動をする際に、拠点とした宿泊施設を意味するといえる。

四国高松地域の旦那場を巡った際に作成された『さぬきの道者一円日記』[50]（永禄八年）や、同様に毛利領国下の安芸国内の旦那場をめぐった際の『天正九年村山旦那帳』[51]にも、多くの「やど」記載がみられる。旦那場や御師の違いがあっても、旦那場の巡回には「やど」が不可欠であり、必要に応じて地域ごとに設定され、御師たちの布教活動の拠点となったのである。それゆえに、『御祓賦帳』に「やど」を記載しておくことは、不可欠であったといえよう。

また、このような「やど」は、地域活動上の拠点となることから、交通の要衝に設定されたと考えられる。すなわち、「やど」のある場所は、先述のように町場であったといえよう[52]。

以下では、『御祓賦帳』に「やど」記載のある五カ所のうち、史料が豊富に残る蛎久を中心に当時の具体的な姿を追究してみたい。

(一)「蛎久《かきひさ》」地域

「蛎久」は現在の佐賀市鍋島町蛎久に比定される。近世佐賀藩主となる鍋島氏の本貫地である鍋島郷に隣接した地である。ここは太宰府天満宮安楽寺領荘園蛎久荘の所在地で、社伝によると天喜二年(一〇五四)太宰府天満宮を勧請したという蛎久天満宮がある。社職は中元寺氏と岩松氏であり、のち右近氏が社家となったと伝える。蛎久天満宮の境内に蛎久大神宮の社が現存しているが、ここへの大神宮の勧請については、『勝茂公譜考補』(53)に以下のような伝承がある。

蛎久太神宮ト申スハ、永禄八年乙丑三月、神崎田手太神宮ノ神主枚野隼人、佐嘉郡蠣久ニ小社ヲ構へ、田手神宮ノ遙拝所ヲ安置シ、田手ヨリ掛持テ拝行ヲ勤ム、平日ハ隼人家人徳斎ト云モノニ番ヲ申付遣シ、神前ノ勤ヲモ致サセケル、然ルニ、其頃伊勢御師橋村才右衛門内、荒木田神部竹市善右衛門ト云モ当国へ参着シ、御領中橋村檀那ニ被仰付度願ノ為滞在シ居ケルカ、其間ハ善右衛門ニモ、矢張檀那勧ノ為蠣久ニ参リ居シ故、神前ノ拝行ヲモ勤メサセケル(以下略)

これによると、蛎久大神宮は永禄八年(一五六五)に神主枚野(杉野)隼人によって田手大神宮(後述)から分祠され、隼人の家人徳斎や荒木田神部竹市善右衛門によって日常の勤めが行われていたことがわかる(54)。

さらに同書には「天正十九年、蛎久ヨリ佐嘉へ町御引キ移シノ時、六座町、伊勢屋町、中町、白山町ヲ始メニ御引キナサレ、其後段々諸町立ツ、其節、蛎久ノ右近刑部、中元寺新右衛門、団良円此三人、数代ノ富家故、町人頭被仰付、引移サル」とある。天正十九年佐賀城の城下町を作るにあたり、蛎久から町々(六座町、伊勢屋町、中町、白

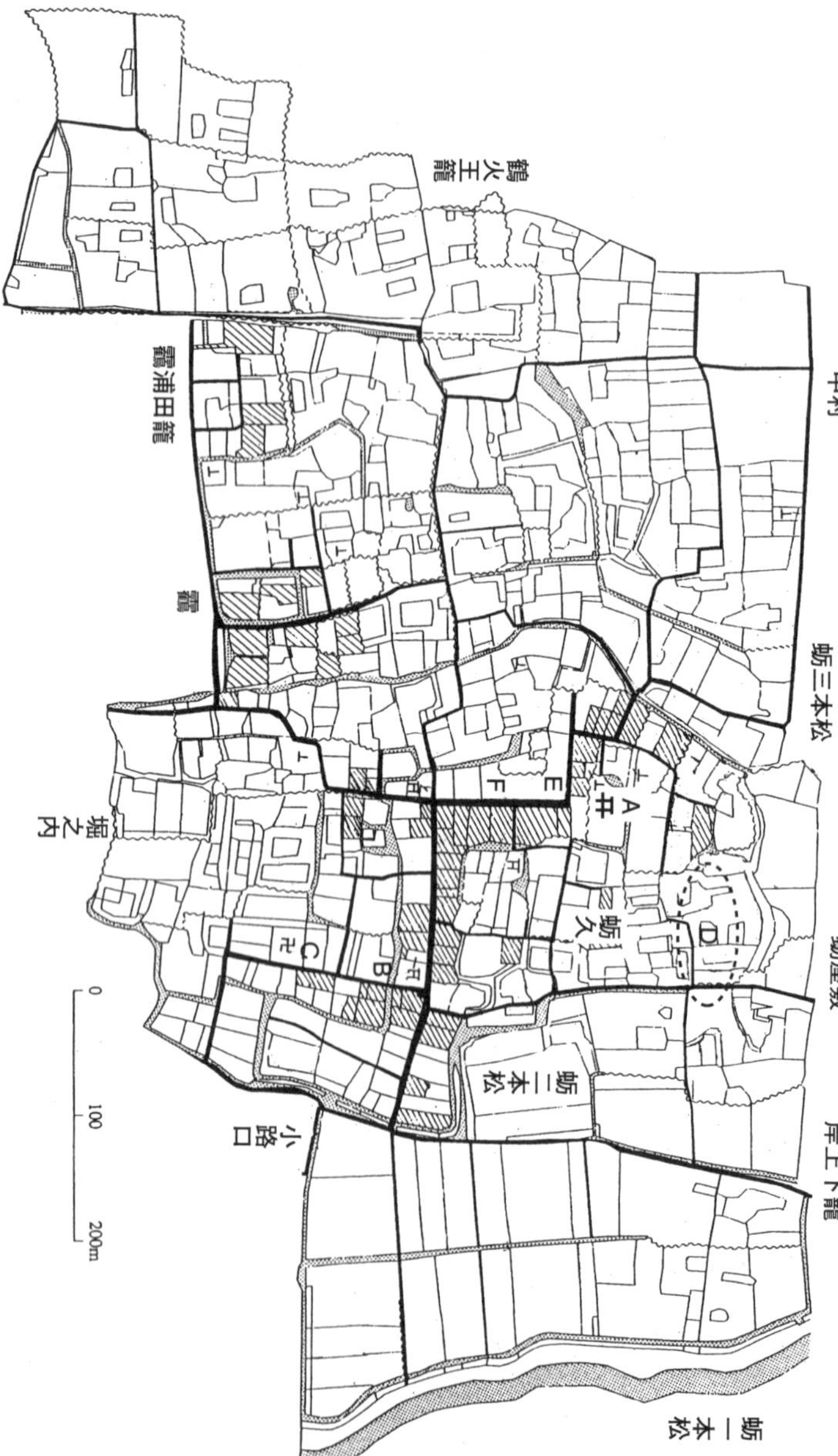

図6　蛎久地域小字図　『佐賀県小字調査報告書　佐賀市』（佐賀県教育委員会編　2000年）より作成

A：蛎久太神宮　B：下宮　C：栖龍寺（右近刑部少輔の墓）　D：この付近北畠の呼称あり　E：旧宿屋跡（カドヤ）　F：酒屋（旭屋）

山町）を引き移した。その際に右近刑部、中元寺新右衛門、団良円の三人は数代にわたる富家であったので町人頭に命じられた、と伝えている。[55]

以上の記録によると、「蛎久」地区は佐賀城下町形成以前に商業集落・町場の賑わいを見せていたのである。当時の「蛎久」地区は、肥前国府（現在の佐賀市大和町）に近接し、古代の大道が近辺を通る陸上交通路上に位置し、さらに東を多布施川、東北を嘉瀬川に接し、水運の便を利用して有明海へと通じる水陸交通路の要衝であった。寛文五年（一六六五）成立の『肥前古跡縁起』には、「柿久の里は肥前国府中也、古は入江にて船の泊にて侍りける」とあり、水陸の利便性に富んだ地であったと記す。これらから蛎久は町場成立の立地条件を満たした場所であった、とすることができよう。[56]また、これらの記録にはないが蛎久天満宮の門前市から発展した町場であったと考えられる。

ところで、『御祓賦帳』では肥前国内の「御祓大麻」配布先の記載は、「蛎久」から始まる。御師橋村氏が肥前国内の檀那場を巡る際に、「蛎久」を最も重要な地（拠点）であると認識していたことを示している。また「蛎久」での配布先人名の筆頭に記されている香田兵部左衛門尉と宮仕房の二名には「やど」と注記されている。[57]

さて、「蛎久」での「御祓大麻」の配布先は二二件であるが、続いての「蛎久北畠」では一四一件にのぼる。蛎久地域として両者を合計すると一六三件となる。この件数は、『御祓賦帳』中の肥前国内（現在の佐賀県域を対象とする）配布地中で第二位である（最多件数は龍造寺氏の居館所在地の龍造寺村一七七件）。[58]この配布件数から、居住者の数を類推することが可能であり、当時蛎久が龍造寺氏の城下町（龍造寺村）に次ぐ佐賀平野第二の都市（＝町場）であったといえよう。次にその具体的な存在形態を探ってみたい。

①街区（小路）の存在

町は発展していくと、複数の街区に分化していく。以下では『御参宮人帳』から、蛎久地域において「小路」・「町」

名が存在したことを確認したい。

天正十年の『御参宮人帳』中に載る卯月十七日の「十四人肥前国かき久」の項には、参宮者の氏名の箇所に「良十五メ目　よこしやうし《（横小路）》　江長孫五郎殿」のように蛎久地域内の居住地が注記されているものがある。この『御参宮人帳』には、その他に「寺しやうし《（小路）》」・「八日市」・「北畠」の注記がみられる。また、同帳の中には「二人肥前国かき久《（蛎久）》[59]の辻」「一人肥前国かき久よこ町《（蛎久横町）》[60]」からの参宮者も記載されている。

さらに天正十六年『御参宮人帳』には参宮人の居住地名として「かき久中之町」・「かき久本町」（天正十九年『御参宮人帳』でも確認できる）をみることもできる。このうち「横小路」は「横町」とは同一の地名と考えられる。また『御祓賦帳』では蛎久地域が「蛎久」と「蛎久北畠」の二地区に大きく分けられており、『御参宮人帳』と『御祓賦帳』とでは、蛎久地域での地名の捉え方が異なっていると考えられる。それゆえに「蛎久北畠」を街区の一つとすることには無理があると考える。すなわち、天正期の『御参宮人帳』からは、蛎久地域には、六つの小路名（寺小路・八日市・横小路＝横町・辻・中の町・本町）を確認できることとなる。ただし、六つの街区が何処であったのかは未詳である。[61] なお「横小路」（＝「横町」）・「辻」の二小路（街区）については居住者などが知られるので検討しておきたい。

「かき久の辻」からの参宮者には、「大庭かもん《（掃部）》殿　名代善伊坊」と「大庭善衛門尉殿　名代参玉源」の二名が記載されている。『御祓賦帳』の「蛎久北畠」の箇所にも「大庭掃部助石見守」と記される人物がおり、「かき久の辻」大庭掃部とは同一人物でないことがわかる。それゆえに、この当時蛎久地域に「北畠」と「辻」との両地区が併存していたことは確実である。また大庭善衛門尉は、朝鮮出兵の際に「直茂公御供にて今度朝鮮渡海の人数」中の「御馬廻」衆に記載される「大庭善右衛門」と同一人物であろう。[62] 両者とも鍋島氏の直臣の者であったと考えられる。蛎久地域には有力な鍋島氏関係家臣（武士階層）の名前が余り見られないので珍しい存在である。[63]

横小路に関しては、天正十二年（一五八四）『御参宮人帳』に載る「一人肥前国須古村町衆」の箇所に次のような記載がみられる。(64)

かき久よこしやうしノ彦兵衛殿へ御渡可有候
一人肥前国須古村町衆
国へかり　太郎左衛門尉殿ノ内
艮（銀）三メ目　新九郎殿
合
天正十二年三月廿一日

この記載によると、「須古村町衆」の「新九郎」は伊勢において納入すべき初穂料銀二匁を御師橋村氏から借用し、国元（肥前国）の「蚵久横小路彦兵衛」を通じて返済するとしたのである。当時、蚵久地域の横小路（横町）には伊勢国と肥前国間の為替を取り扱う彦兵衛が店を構えて（居住して）おり、その取引相手（債権者）は杵島郡須古にまで広がっていたと理解でき、蚵久地域が肥前国内外を結ぶ金融センター的な位置にあったと考えられる。以上のように、蚵久地域は天正期には小路の形成や商・職人の居住、「八日市」の地名が確認できることから、内部に街区が形成された、都市（＝町場）であったことは確実である。(65)

最後に近世の事例で小字を確認しておきたい。天明七年の（一七八七）の『郷村帳』(66)に載る蚵久村には、村内に北畠・寺小路・鳥巣殿小路、蚵久町内には辻・市場・横小路・馬場・河原口の小村名が見える。これらのうち北畠・寺小路・市場（八日市ヵ）・横小路・辻の地名は前述のように天正年間に既にその存在が確認できる。これによって、戦国期に形成されていた蚵久地域の町場集落は近世にも継承され、佐賀城下町が成立・発展した後も一定程度の町場機能を保持していたことがわかる。

②「蛎久」と「蛎久北畠」

『御祓賦帳』の「蛎久北畠」の項には、配布先に「正隣　伊勢や」との記述がみえる。(67)「伊勢や」とは為替業務を営んだ者のことで、「蛎久北畠」に居住していたのである。この「伊勢や」に関して、文禄五年（一五九六）の『御参宮人帳』には、

十人肥前国藤津郡久間村

（中略）

銀子十二文目　きさノ木十郎兵衛殿

是ハいわう寺御渡候、かき久いせ屋へ五郎八ニ御わたし可被成候（後略）

とある。藤津郡久間村（現佐賀県鹿島市）からの参宮者「きさノ木十郎兵衛殿」が納めた初穂料は、「いわう寺《医王》」を通じて借用したものであるが、返却については蛎久伊勢屋の五郎八を通じて行うというものである。五郎八は蛎久伊勢屋の貸し金収納業務を行う手代と考えられる。彼らの業務が（ここでの取引相手が藤津郡の者である点も重要である）、先ほどの横小路の彦兵衛同様に伊勢と肥前国とを結ぶ為替業務を行っており、彼も肥前国の金融センター的役割を果たしていた。

なお、前述の彦三郎は「蛎久横小路」に居住していたのであるから、彦三郎と伊勢屋正隣はそれぞれ独立した経営を行っていたと考えられよう。正隣は「伊勢や」の屋号を持つことを考えると、伊勢神宮との関連性は彦三郎より密接なものがあると考えられる。(68)また、彦三郎・五郎八以外にも為替の決済を扱う商人名が複数存在している。(69)彼らが独立した為替本・金融業者であったのかなどの詳細を知ることはできないが、(70)そうした役割を担う金融業者が蛎久地区に複数人いることから、ここが戦国期の龍造寺領国内における経済・流通上の中枢機能を担う要地であったと位置

づけることができよう[71]。

さて、配布先についてもう少し詳細に検討してみたい。天正十九年三月、朝鮮出兵に際し龍造寺氏の御用商人平吉氏（前述のように嘉瀬町に居住）は、龍造寺領国内の有力商人を取りまとめて軍備調達のために尽力したという。その際に煙硝購入に協力したとされる有力商人がいた。「直茂公譜考補」[72]中に次のような史料が残っている。

右烟硝七千六百斤ノ内

　四千六百斤町人中調

　　七百斤　右近形(刑)部
　　五百斤　同五郎右
　　五百斤　真嶋蔵人
　　五百斤　永松三郎右
　　五百斤　段源右衛門
　　五百斤　七田左馬允
　　三百斤　博多杢左衛門
　　三百斤　高木二郎兵衛
　　五百斤　右近次右衛門
　　三百斤　中願寺新左
　　五百斤　平吉惣五郎

　三千斤平吉平兵衛自分調

これによると、烟硝七千六百斤の内、四千六百斤を一一人の町人で分担し、残り三千斤を平吉形(刑)部が負担したのである。この一一人の商人[73]のうち、右近刑部少輔[74]・右近二衛門（右近次右衛門）・七田左馬允・真島蔵人・中元寺新左衛門の五人を「蛎久北畠」で確認できる[75]。天正年間の「蛎久北畠」は他国との為替取引を行う「伊勢や」の存在に加えて、「町人共頭々[76]」である有力商人が居住する地域であり、龍造寺領国にとっては経済・流通上の重要拠点・都市（＝

町場）であったことは言うまでもない。なお『御祓賦帳』には三名の大工も記されており、職人の存在も確認できる。[77]
蛎久地域は「蛎久」と「蛎久北畠」の二つの地区に分けられ、さらにその中に複数の街区名が存在していた。その中でどこが最も中心的地区であったのであろうか。「伊勢屋　正隣」の居住地であること、前述のような有力商人の存在、『御祓賦帳』に載る旦那数の多さなどから考えると、「蛎久北畠」こそが蛎久地域の中心的機能を担っていたと考えられる。

ところで、前述のように天明の『郷村帳』では蛎久地域は蛎久村と蛎久町に分化しており、北畠は蛎久村の小村であり、蛎久町には属してはいない。この点をどのように考えれば良いのであろうか。他の地名の呼称からわかるように、戦国期には「町」・「村」の認識が明確化しておらず、両者は混用されることが多い。先述のように天正十七年当時は「蛎久北畠」が蛎久地域の中心地区で、蛎久地域の内部には複数の街区も存在していた。[78]その後、天正十九年に佐賀城下町を建設するにあたり、蛎久地域の商人が佐嘉城下に引き移ったと言い伝えられる。この時佐嘉城下に移住した商人等が、『御祓賦帳』の「蛎久北畠」の檀那名中に多数見出せることから、「蛎久北畠」の商人が佐賀城下町形成時の主力となったと考えられる。その結果、中心地区は「蛎久北畠」から「蛎久」へと移動し、そこが近世の「蛎久町」へと発展したと考えられよう。

なお、蛎久地域には他の史料で確認できるような多数の有力武士階層の名前を見ることはできない。このことは『御祓賦帳』の龍造寺村では「御祓大麻」配布先人名（旦那）に当時の龍造寺政家・鍋島直茂をはじめとする有力家臣を多数見出すことができるのとは対照的である。[79]すなわち、龍造寺村が龍造寺氏の家臣団によって形成された村（城下）であったとすれば、蛎久地域は主に商・職人によって形成された町場であり、他の地域で見たように両地（蛎久地域と龍造寺村〈城下〉）は一体となって龍造寺領国の経済・政治機能を充足していたのであろう。

また蛎久地域を『御参宮人帳』でみると、参宮者総数は合計二七四人（天正十年―一一人、同十二年―三三人、同

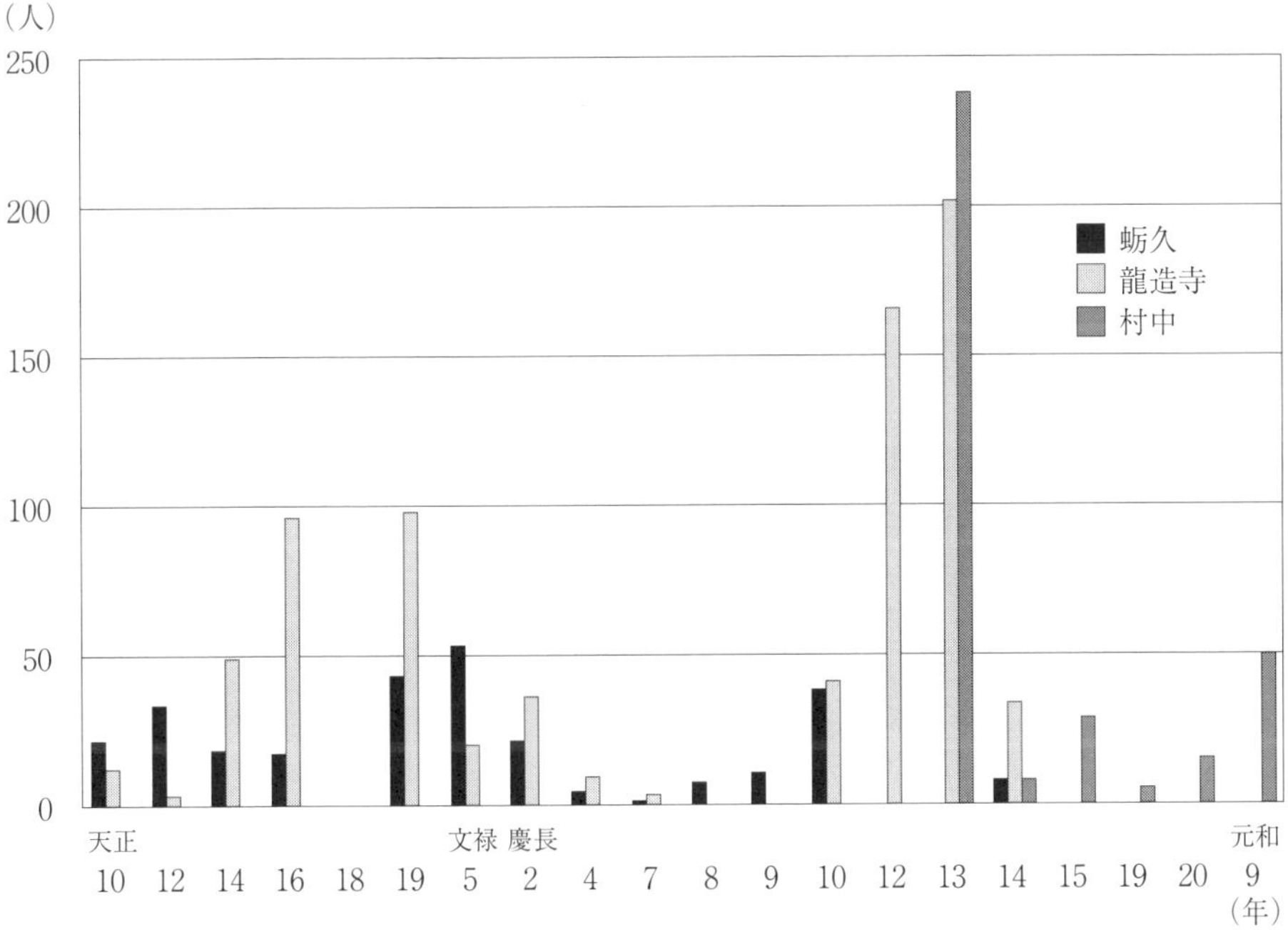

	天正10	12	14	16	18	19	文禄5	慶長2	4	7	8	9	10	12	13	14	15	19	20	元和9	合計(人)
蛎久	21	33	18	17	0	43	53	21	4	1	7	10	38	0	0	8	0	0	0	0	274
龍造寺	12	3	49	96	0	98	20	36	9	3	0	0	41	166	202	34	0	0	0	0	769
村中	0	0	0	0	0	0	0	0	0	0	0	0	0	0	238	8	28	5	15	50	344

図７　蛎久地区・龍造寺村・村中村参宮人数の変遷（下表は各年ごとの人数）

十四年―一八人、同十六年―一七人、同十九年―四三人、文禄五年―五三人、慶長二年―二一人、同四年―四人、同七年―一人、同八年―七人、同九年―一〇人、同十年―三八人、同十四年―八人）が伊勢神宮に参詣している。この数字は肥前国内で第四位の参詣者数である（一位龍造寺村―七六九人、二位村中―三四四人、三位蓮池―三一八人、五位四ヵ村〈与賀村ヵ〉―二二〇人）。

さらに天正十年から慶長十四年までのうち『御参宮人帳』の残存する一三年分の蛎久における参宮人の推移をみると、文禄五年をピーク（五三名）として参詣者数が激減している。『勝茂公御年譜』では、佐賀城下建設による蛎久地域からの商人移転を天正十九年とすることから、近世に入り佐賀城下への経済機能移転の結果が、居住者数（人口）の減少に反映したものであろう（図7参照）。

③町の管理者

さらにもう一点、蛎久地域が町場であったことを確認できる事例をあげておく。『御祓賦帳』の龍造寺村の中に「かき久町役人　河原左馬亮殿」・「かき久役人　河原左近丞殿」と記載される人物が存在する（傍点筆者）。両人は、「龍造寺村」に居住していたと考えられるが、「蛎久町の役人」であったのである。彼らの役割については不明であるが、蛎久町の行政権や警察権（治安など）の管理を担っていたのであろう。当時他の町にみられた「別当」は、現地に居住する町人がその任に就いている例が多いが、この「役人」は、領主によって任命され、町の秩序維持のための行政・警察権を担当する役人であると考える。[80] 先述の「多久役人」と同様の事例といえよう。

(二)　その他

①田手

田手は現在の神埼市田手に比定される。『御祓賦帳』の「たで」の筆頭に書かれているのは、「杦野隼人殿　やと」である。現在田手には田手大神宮が現存する。ここの神主の杉野隼人について、現在佐賀市伊勢町にある伊勢皇大神宮の「社伝」では、天文年間に田手に杉野隼人という人物がおり、八歳の時から五三歳迄の四〇年間に四四回の伊勢参宮を行い、天文十一年（一五四二）三月に五十鈴川の石を背負って持ち帰り、その石をご神体として田手大神宮を勧請したと記される。既述のように、その後伊勢御師橋村氏の内者（竹市善太夫）が杉野隼人宅に来泊した際に、蛎久に田手神社の拝殿建立を勧められ、永禄八年（一五六五）に蛎久大神宮拝殿が完成したという。(81)これは伊勢の神主竹市善太夫が杉野隼人宅を「やど」としていたこと、また田手は早い時期から肥前東部地域の伊勢御師の活動拠点であったことを示している。『御祓賦帳』の田手における「御祓大麻」配布先一四件（有姓者一一名・寺社関係三名）の中に「灯明寺」・「しやくとういん」があるが、これらは田手に現存する真言律宗の古刹東妙寺と、(82)東妙寺の末寺石塔院に比定できる。鎌倉期から存在した東妙寺・妙法寺はこの地域の有力寺院であって、位置的には田手はその門前町から発展した町（宿）と考えられる。田手の伊勢神社（大神宮）は、現在田手川の堤防上に建てられているが、これは田手川の渡河点付近に位置したと考えられ、田手宿の繁栄によって支えられた神社であったといえよう。

また、『勝茂公御年譜』の中には「一、朝鮮御帰陣ノ後、慶長年中蛎久ノ大神宮ヲ佐嘉ノ御城下へ移サレ、（中略）神主ハ田手ノ大神宮祢宜杉野隼人子ヲスヘラル」との記録があり、慶長年中に蛎久の大神宮を佐嘉城下へ勧請（佐賀市内に現存する伊勢神社）した後は、田手大神宮の神主杉野隼人の子が神主を勤めたとある。神主杉野隼人の影響力の大きさを知ることができよう。

久田松氏が指摘するように、杉野氏は参宮者の紹介・初穂料などの受け渡し・取り次ぎの役割を担っており、(83)「宿」の経営者は御師と参宮者（檀那）との経済的関係を仲介する役割を担ったのである。

さらに杉野氏は鍋島氏と深く結びつき、「宿」経営を通じて佐嘉ひいては肥前国内における伊勢参宮のセンターと

なっていた。(84)

『御参宮人帳』で田手村の参宮者をみると、参宮者総数は合計九七人にのぼる（天正十二年―二四人、同十四年―五人、同十六年―九人、同十九年―六人、文禄五年―二〇人、慶長二年―一二人、同十年―十六人、同十二年―五人）。参詣者数を現佐賀県内の他の地域と比較してみると、第一六位となる。

表7　『御祓賦帳』にみえる「宿」の経営者名

「宿」所在地	「宿」経営者名
蛎久	香田兵部左衛門尉殿・宮仕房
田手	杉野隼人殿
蛭牟田	平尾太郎二郎殿
武尾村	五郎左衛門殿
小田町	助左衛門殿
下松浦今岡	助七郎殿
下松浦志佐	山本和泉守殿・宮司坊はたこせんなき候
平戸町之分	角田甚六殿

② 蛭牟田《ひがむた》

蛭牟田は現在の神埼市嘉納地内に比定される。この地域には姉川・直鳥《なおとり》・莞牟田《くぐむた》などの環濠集落が数多く残存しており、蛭牟田もその一つと考えられる(85)。ちなみに、姉川・直鳥は発掘調査の結果、姉川氏など地侍層の館遺構が発見されている。これらの居館はクリークを天然の要害として活用した城館である。

『御祓賦帳』には「やど」として平尾善兵衛が記載されるが、他には「樋口左馬助」が載るだけである。「やど」の経営者については未詳であるが、城館に住む地侍層であったかもしれない。『御参宮人帳』では「ひる牟田」とあり、参宮者総数は合計二五人（天正十四年―四人、慶長二年―八人、同十二年―一一人、元和九年―二人）である。村内に天照大神を祀る大神宮が現存するが、先述の環濠集落との関係は未詳である。なお武雄と小田については高橋町及び小田町の箇所で各々既述したので、繰り返さない。

以上「宿」についてみてきたが、「宿」と記された人物の性格を考えておきたい。『御祓賦帳』の全記載中から「宿」

と注記された人物を抜き出すと、表7の通りである。

この表で見ると、①「宿」経営者には有姓者・無姓者の区別は特にない。②また「宮司坊」・「宮仕房」とあることからすると、神主による経営を推測させる。田手の杉野隼人が田手神宮の神主であることからも推量できよう。③下松浦志佐では 宮司坊の箇所に「はたこせんなき候」とあり、これは「旅籠銭無候」であって、一般に宿では旅籠銭を支払っていることがわかり、「宿」経営者は旅館・宿屋としての機能を備えた営業を行っていることも推測させる。

前出の『さぬきの道者一円日記』では、「宿」の注記が「とぎや《研屋》　与三左衛門」や「六万寺」にあり、職人や寺院が「宿」を提供している。ここから彼らが旅館・宿屋を併設していたと考えられよう[86]。このように戦国期の町場の機能には、宿泊施設を有することも不可欠な条件であったことがわかる。

第二節　戦国期の町運営の機構（組織）について

一　養父郡瓜生野町の検討

ここでは、養父郡瓜生野町（現佐賀県鳥栖市）を例に、戦国期の町場の支配・管理制度について検討しておきたい。瓜生野町は近世に長崎街道の宿場町として発展した地であり、前節で触れた田代町と共に対馬藩領に属した。「瓜生野町」として記載されるのは慶長十年（一六〇五）の『御参宮人帳』であるから、中近世移行期の事例として考察しておきたい。

次にあげるのは、慶長十年『御参宮人帳』の養父郡瓜生野町の記載部分［史料A］と瓜生野の「養父郡惣社祇園宮縁起」（「祇園宮縁起」と略す）の一部［史料B］[87]である（※印は筆者注）。

【史料A】

八人肥前国養父郡う里うのまち（瓜生野町）
艮子（銀）　拾弐匁　　　　　　　　伊藤《山田村》内膳殿
艮子　六匁　永楽六百文　青木又左衛門殿　※
同　　拾匁　御言傳　　　飯田新右衛門殿　ヨリ
同　　壱匁　御言傳　　　□富《たかのへ村》九郎殿　ヨリ
同　　十二匁　　　　　　今村新右衛門尉殿　※
同　　三匁　　　　　　　近六殿
同　　二匁　　　　　　　江藤林右衛門尉殿
　　　　　　　　　　　　御名代勝左衛門殿　※
艮　　拾八匁三分　　　　このミ彦左衛門殿　※
同　　二匁　御言傳　　　弥次郎殿　ヨリ
同　　三匁　　　　　　　新右衛門尉殿
　　　　　　　　　　　　平左衛門尉殿《彦左衛門殿小者衆》

以上

慶長十年三月九日

【史料B】

「養父郡惣社祇園宮縁起」
（縁起文面省略）

大壇那羽柴対馬侍従平朝臣義智(88)
郡司柳川豊前守平朝臣智永
代官古籐三郎左衛門尉源信政
　願主　当郡総庄屋有馬右衛門尉信康
　当町別当　平岳又次郎寿家
　座　親　青木又左衛門　※
干時慶長十五年庚戌潤弐月十三日
　　町中衆　許斐彦左衛門　※
　　　　　今村新右衛門　※
　　　　　青木勝左衛門　※
　　郡中小庄屋　（以下略）

さて、慶長十四年作成の「檀那名簿」(89)の瓜生野町の項には「座親　又左衛門」との記載がある。この「座親　又左衛門」は、慶長十五年に作成された瓜生野町の［史料B］「祇園宮縁起」に名を連ねる「座親　青木又左衛門」と同一人物と考えられる。さらに慶長十年の［史料A］『御参宮人帳』中の「青木又左衛門殿」と同一人であるといえよう。次に［史料B］「祇園宮縁起」中の「町中衆」のうち「許斐彦左衛門」と「今村新右衛門」は［史料A］中の「艮拾八匁三分　このミ彦左衛門殿」と「同　十二匁　今村新右衛門尉殿」とそれぞれ同一人物であるといえよう。また「青木勝左衛門」は［史料A］中の「御名代　勝左衛門殿」と同一人物としてよいであろう。そして［史料B］には「当町別当　平岳又次郎寿家」がみえる。

このように瓜生野町は、「別当・座親・町中衆」の三者によって管理・運営されていたことがわかる。彼らがどのような階層の者であるのかは未詳であるが、初穂料の納入額からみて富裕層＝町人であることは確実であろう(90)。

また、延宝九年（一六八一）の事例であるが、「御巡見　上使御問庄屋年寄返答之書附」(91)には、対馬藩田代領に幕府の上使が巡見した際に「庄屋年寄」(92)と交わした問答が記録されている。その中に次のような事項が含まれていて、当時の町場の状況をよく伝えている。

①対馬藩田代領には田代町と瓜生野町があり、両町ともに一筋であること（両側町であることがわかる）。②両町祇園社があり市立ての「規式」があること。③田代町には「散使」という月行事が設置されていること。④両地の祇園社の市日は、田代町が三・六・九日の、瓜生野町は一・四・七日の九斎市であること。⑤両市での商売物は薪・野菜・縄・こも筵・ぬかわら（糠藁）・生肴・塩肴・布・木綿・きわた・苧・茶・紙・たはこ・五穀・雑穀、其外竹木も少々あること。⑥両町の市に来る者は田代領が三カ国中に位置しているので、筑前・筑後・佐賀領など、遠方の者は上方や長崎の者が通りがけに商いをすることがあること。⑦両町には普段は商いをする者はいないが、たばこ・菓子・くつ・わらち（草鞋）等の商売をしていること。⑧津出しは、領内の水屋（現鳥栖市水屋町）の船場に出すこと（以前は八里離れた博多へ出していた）。⑨参宮を行っていること（太夫（御師）は高向二頭太夫）。⑩職人として油屋・紺屋・鍛冶屋・大工・塩売り・質屋・打ち綿・葉たばこ売りがいること。⑪町役には田代町別当・同座親（以上は給地三〇石宛、京枡にて一石三俵宛）、田代町年寄（以上は給地宛行無）、瓜生野町別当（以上は給地三〇石宛）、同座親、穀物改役人弐人（一カ年米三俵宛）がいること。

以上から、十七世紀前半の町場の様子が具体的に知られるが、町には町方三役と称される「座親・別当・町年寄」がおり、彼らは、代官が任命権者であって給地・給米が与えられ、当該地域の領主の統括・支配下に置かれていた。「別当」を例にあげると、先述の須古や多久のように、近世における町支配制度の原型は戦国期に成立していたことが明らかである(93)。ここで問題となるのは、戦国期における彼ら町管理者の任命権者である。そこで以前論じたが、肥前国に隣接する筑後国の例で考察しておきたい[94]。

二　川崎町の町立て（近世的町立て）

戦国期の「座親」については、筑後国八町嶋町（現福岡県久留米市）の例をあげることができる。肥前国養父郡勝尾城主筑紫氏の家臣岩橋氏は、筑後国八町嶋の領主[95]であった。その一族の記録「岩橋家記録[96]」に次のような記述がある。

（前略）筑後国内上妻郡を筑紫牢人分にくたされ、其ノ刻、上妻郡川崎ニ新町立てられ、まへ〳〵ひきつけれにまかせ、市夷八町嶋町別当座親に申しつけられ、其節筑紫家老衆よりの御書面是也。まへ〳〵より筑後国新町市祭りの次第巻物、薩摩陣之時、八町嶋城町ともに焼払候（後略）

天正十五年に豊臣秀吉は島津攻めを行い、その後に九州国分けを行った。その際に筑紫氏は筑後国上妻郡を与えられ、領内経営のため川崎町に新市を立てることとした。その市開設を「市夷八町嶋町別当座親」であった岩橋氏に命じたとある。それが以下の史料（筑紫氏奉行人書状〈写〉）である。

別当
座親参御宿所
□□　以上
河崎町たて申候、然者、来八日市まつり儀定候、其許衆被相催、八日ニハ早〻御出待申候、別而御馳走頼存知候、
恐〻謹言
卯月三日　　木村備前守　治猶（花押）
　　　　　　森山佐渡守　貞俊（花押）

屋山隼人佐　恒安（花押）

筑紫氏の奉行人はこの書状を「別当　座親参御宿所」に宛てていることから、かつて八町嶋町で岩橋氏は「別当」と「座親」を兼務していたことを示している。その仕事は町立て開設に不可欠の「市まつり」（市立ての神事）を行うことであった。先の「岩橋家記録」によると、岩橋氏が「筑後国新町市祭りの次第」を記した「巻物」を所持していたとあるが、この「巻物」を所持することが「市まつり」を取りしきる根拠となっていたと考えられる。こうした「市まつり」を行う座親や町を管理する「別当」が、戦国期に成立した「町」に存在していたことは、『御祓賦帳』の検討のなかで度々指摘してきたことである。

先の瓜生野町でみた十七世紀後半の町の記録には祇園社での「市まつり」について記されていたが、各町での「座親」の存在はこの市祭りと関わる、祭りを取りしきる役職であったと考えられる。こうした神社の祭祀担当者を支配者側が取り込むことによって、市場や町の支配を実施したのが、戦国期町支配の原初的形態なのであろう。

おわりに

最後に本章で検討してきた戦国期の町場の特徴をまとめておくと、以下のようになろう。

①城下町＝政治的拠点と近距離の位置にある町場（港湾・河港・街道上の宿）＝経済的拠点（物資集散地）がセットとなって領域内の流通ネットワーク・経済の中核拠点を形成する。②本来、「市まつり」等は町方の自主運営であったが、領国・領域支配者が「町」を掌握すると別当・座親の任命権者となった。③またこの町支配方式は近世の町支配方式（「町方三役」）として継承された。

以上のことから、肥前における戦国期の中小領域支配者（国人領主）のもとでの町場の存在形態について述べておきたい。戦国期の政治拠点は多くの場合防衛上の観点から山城に造られ、その城下（山下）に町場＝「戦国期城下町」を設置した。しかし、それらの「城下町」は、流通の拠点としての地理的条件を満たしていない場合が多い[97]。そのため城下町から至近距離の地点に流通拠点（領域内外の物資集散地）としての町場を設定し、支配領域内外を結ぶ物資流通ルートの確保を考える。この町場は新たに作られることもあるが（川崎町の例のような新町の設定）、多くは既存の町場を活用したと考えられる。それは本章で検討したような武雄と高橋町（直線距離で約三キロメートル）、須古と須古六角町（直線距離で約四キロメートル）、多久と別府町（古賀津）（直線距離で約六キロメートル）、龍造寺村と蛎久地域である。

ところで、小島道裕氏は、戦国期の城下町に関して、城下町は給人居住域（中世の豪族屋敷村）と町屋（市場集落）の二つの部分からなるとの松本豊寿氏の研究[98]を援用して、次のような見解を示している[99]。すなわち前者は領主と主従関係で結ばれた人間の居住空間であり、後者の市場集落（＝地域の流通経済の中心である市場）は自然発生的に成立し、領主のイエ支配の及びえない場（＝公界）である。さらに領域支配権力となるには、この市場を掌握し、自らの内に取り込んでいくことが課題であった。しかし、家臣である国人領主の在地性・独立性が強く、戦国大名は彼らが所領内の市場に対して保持している独自の権益と支配権を否定できない。そのために戦国大名は領国内の市場を自己の城下へ吸収できず、在地の市場と並列する形で城下市町を設定するにとどまった。これを解消するには、兵農分離と大名への権限集中による領国の地域構造全体の変換が必要であったと、述べている。

また、小島氏はこの城下町モデルは、近江周辺の先進地帯のものであるとし、後進地域については、以下のような見通しをたてている。商工業者が自立して存在できる基盤がなく、相対的に領主権力が強大であるから、先進地におけるような矛盾が生じない。城下町のあり方は領主権の論理のみで決定される、という考えである。

さて、以上、小島氏が検証した先進地帯での戦国城下町の形態は、本章で検討した肥前国内の居館と町とで構成される領域内流通構造と類似している。肥前国東部地域内（現佐賀県域を想定）には、他の後進地帯のような強大な戦国大名は成立していない。龍造寺隆信にしても実質的な支配期間は一五年程度であるため(100)、具体的な領国経営・政策を実施することなく終焉を迎えてしまったといえよう。

では、城館に付随して作られる城下町と既存の町での領主支配方式に異同はあったのか、という点に触れておきたい。既に述べたように、『御祓賦帳』から多久庄には「多久役人」・「御奏者」が存在していたが、ここは多久龍造寺氏の城下町であり、直轄下の町に派遣され、その管理・統制にあった役人であろう。とすると、同じく「龍造寺村」の項に記された「蛎久役人」の存在によって、天正十七年段階に「蛎久」地区が龍造寺支配の管轄下に置かれ「蛎久役人」が派遣されていたと考えられよう。

「別当」や「座主」は戦国期の町に不可欠の存在であり、彼らは本来は市祭りの神事を執り行うことが任務であったと考えられる。その後、それを梃として「町」の運営を自ら行い、町人側を代表・統括する役割を担ったと言えよう。例えば、先述したが、蛎久天満宮の社伝によると、蛎久天満宮を勧請した際に社職に中元寺・岩松氏が、その後右近氏が社家となったとある。三氏は当初天満宮の神職であり、市祭りを執り行っていたと考えられる。このうちの中元寺・右近両氏は、天正十九年の佐賀城下町形成時には商人頭に任命されるほど富裕な商人へと成長していた。

他方、「役人」と称されるのは領主側から派遣された「町」管理者であり、両者は同一の基盤に立つ存在ではなかった。多久庄（多久町）は本来多久龍造寺氏の城下町であったので、町管理者としての「役人」がその町作りの当初から存在していたと考えられる。だが、「蛎久役人」については、成立当初から龍造寺氏の城下町と関連した町として存在していたとは考えられない。それは『御祓賦帳』でみたように、有力武士層が居住していないことで裏付けられよう。それゆえに、蛎久地域の富裕商人が御用商人化するのは、鍋島直茂が政権を握ってからのことではなかろうか[102]。蛎久地域が鍋島氏の本拠地に隣接しているという立地から考えても、ここの富裕商人は龍造寺氏ではなく鍋島氏との関係が深かったと考えられる。

蚵久の商人が佐賀城下町創設の際に権力側の意向にそって移転し、城下町建設に積極的に参加したのは、その当時には既に蚵久地域は「役人」の派遣によって鍋島氏の支配下に編入されていたためであろう。それとは対照的に、佐賀城下町に移転せず嘉瀬町に居住しつづけた平吉氏は、三代目以降佐賀藩の御用商人としての地位を失い没落する(103)。

中近世移行期の商人には、中世的御用商人と近世的御用商人とが混在しており、近世大名の城下町に居住することが近世的御用商人への道を拓く一つの方法であったといえよう。

注

(1) 天理大学附属図書館所蔵。ここで扱う『御参宮人帳』は橋村氏を御師とする伊勢神社参詣者の名簿であり、肥前・筑後両国からの参詣人数・参詣者グループの居住地・初穂料の額や物品・参詣年月日を記したもの。天正十年から元和九年までのうち、肥前国内については二〇ヶ年分が残存しているが、それも欠落部分が多く完全なものではない。ここでは主に天正年間（十・十二・十四・十六・十八・十九年）のものを利用する。『天正十七年御祓賦帳』は主に肥前国内の「御祓大麻」配布先を記したもの。村や町単位に記載されている。詳細は久田松和則『伊勢御師と旦那』（弘文堂、二〇〇四年）を参照。

(2) 『太宰府市史』、『多久市史』、『鳥栖市誌　第三巻』（二〇〇八年）など。

(3) 塙書房、一九八二年。

(4) 弘文堂、二〇〇四年。

(5) 木戸雅寿「考古学からみた中近世集落の発展と都市・町の成立とその問題点」（中世都市研究会『中世都市研究1　都市

空間』新人物往来社、一九九四年）。
（6）「都市空間における中世から近世への転換」（中世都市研究会『中世都市研究1　都市空間』新人物往来社、一九九四年）。同論考は次のような点にも言及している。「戦国城下町は考古学的発掘によってある程度その空間構成が判明する一乗谷や清洲の例からみると、惣構えで区切られた中に領主の居館や寺院があり、商工業者・一般庶民の住宅がそれらの周囲にあるものの、これも集中しているわけではなく、全体的にみれば一元的ではない多元的な構成であったとみられる」（同書一九七頁）。「近世城下町の町地にほぼ共通に見られる屋敷割りは、街路に面して間口が二間から五間程度、奥行は二〇間前後が標準である短冊形の屋敷が並ぶというものである」（同書一九九頁）。
（7）かつて六斎市ユニットによる領国内流通網の研究が行われたが、こうした研究は近年は行われていない。
（8）『御祓賦帳』の配布先は全体の九五％が現在の佐賀県域である。
（9）久田松前掲書五四頁参照。
（10）「河上神社文書」（『佐賀県史料集成　第一巻』）。
（11）『平家物語』。
（12）『籌海図編』には有明海沿岸の港として、寺井・蓮池（以上、佐賀県佐賀市）、瀬高（福岡県みやま市）、高瀬（熊本県玉名市）等がある。
（13）「多久家文書（多久家書物一―三九）」（『佐賀県史料集成　第十巻』）。
（14）「平吉家文書　二二」（『佐賀県史料集成　第十七巻』）。
（15）藤井保編『佐賀藩の総合研究』（吉川弘文館、一九八一年）本編第一章第四節「龍造寺・鍋島両氏と初期豪商平吉家」（のち武野要子『藩貿易史の研究』吉川弘文館）参照。
（16）増誾書状は三通あり、所収文書は以下の通りである。①増誾書状（年未詳五月七日付、「鶴田家文書（庶）」五四、『佐賀県史料集成　第十七巻』）、②増誾書状（年未詳菊月二十五日付、「後藤家文書」二二一、『佐賀県史料集成　第六巻』）、③増誾書状（年未詳六月十三日「田尻家文書」一二五、『佐賀県史料集成　第七巻』）。

(17) 平吉源右衛門は、鍋島主水佑茂里（直茂の養子・石井安芸守信忠嫡男）に仕え、嘉瀬に屋敷を与えられたという。慶長二年の『御参宮人帳』の奉加銭中でこの平吉氏が最高額である。ちなみに龍造寺藤八郎（高房）、鍋島信濃守（勝茂）は銀一二匁であるので、平吉氏の額の二分の一であった（慶長二年正月十四日の項）。その他の『御参宮人帳』を見ても、この金額は突出している。
(18) 弘化四年（一八四七）成立、多久の地誌。著者は多久邑の大目付兼学寮教授である深江順房。
(19) 『丹邱邑誌』。
(20) 十八世紀後半の「宝暦郷村帳」や「天明郷村帳」をみると、別府町は別府村から独立していることがわかる。当時の別府町は、唐津街道に沿って町並みが形成され、上町・下町・中町・団子町の四つの町から構成されていた。さらに寛政元年（一七八九）の「従上使御尋書」（『丹邱邑誌』）によると、一・四の日の六斎市が開かれていたという。
(21) 木島孝之『城郭の縄張り構造と大名権力』（九州大学出版会、二〇〇〇年）。またこの戦国期的な市場形態は、①多久龍造寺領の兵農分離の未熟さ、②在地性が濃厚なため家臣団の生活も自給的な面が強く、領内に分散した小市場を居城下に求心させるほど大規模で安定した消費を生み出せない、ことが特徴であるとする。
(22) 為替本については、久田松和則『伊勢御師と旦那』に詳しい（二四四頁、二六二頁参照）。
(23) 『佐賀藩多久領　御屋形日記　第一巻』（秀村選三監修、九州大学出版会、二〇〇四年）。
(24) 「小鹿島文書一三」（『佐賀県史料集成　第十七巻』）。
(25) 「後藤家事跡三」（『大日本史料一一―七』）。
(26) 「多久家文書（多久家書物一―六）」（『佐賀県史料集成　第十巻』）。
(27) 「多久家文書（多久家書物一―二五）」（『佐賀県史料集成　第十巻』）。
(28) 江戸期には六角川を利用した材木運送は一般的であったといわれる（『白石町史』）。
(29) 「武雄鍋島家文書二九」（『佐賀県史料集成　第六巻』）。
(30) 五人肥前国長嶋郡後東山の高橋

八文目　五人分　伊瀬四郎兵衛殿
馬庭五郎兵衛殿
福田丹波守殿
同　ちやこ
いかりあさこ
合
むま天正十年卯月八日

また、『藤山考略』『後藤家信譜』には、天正十二年後藤家信は「後藤山城より住吉の塁（現武雄市山内町宮野）に移る」とあるが、『御祓賦帳』には後藤山武尾村の項に「後藤善二郎殿、同上さま、龍造寺常陸守殿、松尾将監殿、江嶋左近殿、石橋内蔵殿、中嶋五郎左衛門殿　やど」の七名が記されている。このことから本章では天正十七年段階の後藤氏の本拠地を後藤山武尾村としておく。

（31）五人肥前国長嶋郡後東山高橋村衆
艮六文目　布一たん　辻
ヒタ四十文　御祓代　七郎兵衛尉殿
国へ御かり艮六文目　布一たん　御参宮衆ニことづて可給御約束也、
合　艮六文目と布一たん　ひた四十文
天正十年五月十四日

（32）天正十八年三月に豊臣秀吉が後藤善二郎に与えた「領知方目録」によると、善二郎の領地は杵島郡内長島庄、塚崎庄、下松浦郡有田、小城郡内東郷合計一万九七〇三石余であった。長島庄内に高橋が含まれる。

木島氏は前掲著書で、「居城下に近接した位置に相対的に大きな市町（高橋）が存在する姿は、多久龍造寺領における別府町、多久原宿の存在と同様である。ここには居城下での市場統制が未熟であった戦国時代的な市場の形態が窺える。その要因には、武雄龍造寺領の兵農分離の未熟さが考えられる。さらには、武雄龍造寺領内での完結した小経済圏を形成させずに、市町を佐賀藩全体の交通・物流のネットワークに組み込もうとする本藩の政策的意図も考えられよう」と述べているが、木島氏は近世の町場のあり方としてこの高橋と武雄との関係は戦国期的で未熟な形態と捉える。しかし家臣を城下町に集住させず、地方知行制形式の藩経済では、城下への一極集中方式の経済構造は成立しがたい。そこでは、城下への物流拠点と政治的拠点との一致を図ることが重要な政策なのではなく、領国経営にとっては交通の要衝に形成される物流の拠点をいかに城下と結合させるのかが重要な課題である。織田信長が安土城下町への荷物通過を強制したり、近江八幡城下のように道路の付け替えによって城下をへの物資流入を強制する事例は、このような理解に立って考えるべきであることを示している。また、領内に複数の市場・町場が存在することも流通統制の甘さなのではなく、市場・町場を有機的に結ぶネットワークを形成することこそが、領域内流通全体さらには個々の領域内農村部の物資流通を円滑に進めるためにも不可欠なことなのである。

(33)　同年卯月八日の項。
(34)　このように考えると、「四郎兵衛」と「別当殿山下四郎兵衛殿」とは同一人物の可能性もある。
(35)　天正十二年卯月七日の項。
(36)　佐賀県立図書館蔵。
(37)　服部英雄編『二千人が七百の村で聞き取った二万の地名・しこ名』花書院、二〇〇一年。
(38)　「須古今村衆」の「今村」は慶長の国絵図に六角川沿い椛島と六角村の中間地点に描かれている。「須古大島村」は須古城の支城である「男島城」が「小島村」にあることから、「大島」をここに比定できるのではなかろうか。「須古大渡衆」は現在の武雄市北方町大渡に比定され、長崎街道上に位置する。「須古黒木町」は本文中で既述した。「須古東間村」は未詳。
(39)　天正十二年三月十日の項。
(40)　慶長二年五月十九日の項。
(41)　長崎街道は本来田代町の昌元寺町から西へ直進していたが、明暦元年（一六五五）に鍵形に南進するようになる。伊勢神社は昌元寺から西進する旧長崎街道上に位置する（『鳥栖市誌　第三巻』）。

(42) 青潮社、一九九三年。

(43) 青潮社、二〇〇〇年。

(44) 『丹邱邑誌』、弘化五年（一八四八）成立の多久の地誌（全五巻）。

(45) この大神宮は『丹邱邑誌』に「天理様御父子御再建」とあり、龍造寺長信が再建に関わっている。このことから、天正年間に再興されたのではなかろうか。また多久龍造寺氏の菩提寺曹洞宗竜沢寺（千葉氏の開基という）は、この大神宮の神宮寺にあたると考えられる。

(46) 『御参宮人帳』には「衆」単位でまとまった参宮者集団が散見される。「後藤家文書」には「衆」が後藤氏へ提出した起請文が残る。「小むれ衆」が提出したものには、「小むれ衆中於貴明さま、何さまふさた申ましく候」、として連署した人々は西の衆、中山衆、東の衆の三グループから構成されている（「後藤家文書」四五『佐賀県史料集成　第六巻』）。また天正四年六月に「久間衆」が提出した起請文には、「一、適所より、若久間村中、武略風説之到来候者、久間薩摩守殿迄、可致言上事」とあり、久間村の住人が衆を構成し、この集団は久間氏によって統率されていることがわかる（「後藤家文書」八〇）。またこれとは別に久間村の百姓が「久間五十人」として独自に起請文（「後藤家文書」八五）を提出した例もあり、「久間衆」が百姓層を含んでいないことがわかる。

以上のように「衆」は武士層によって構成され、①一村落単位で結成されるものと、②複数の村落を含んで重層的に結成されるものがある。しかし衆を構成する地侍、給人層と後藤氏との被官関係は強いものではなく、周囲の情勢によって容易に離反したり、敵対したりする。その点では、被官関係は非常にルーズなものであった。起請文に「先非」を改め、「敵方」に対する「入魂」を絶つ決意表明をするのは、そのためである（藤野保編『佐賀藩の総合研究』吉川弘文館、一九八一年、一〇〇頁参照）。また『御参宮人帳』には、村落外の人々も構成要素の一部とする衆が存在する。これは田代町の項で述べたように、必ずしも武士層で構成されたものとは考えられない。

(47) 『佐賀県地籍図集成（六）肥前国佐嘉郡三』佐賀県教育委員会編、二〇〇〇年。

(48) 九人と記されているが、実際は一〇人の名がある。「艮子三文目大野三郎右衛門尉、艮子三文目古賀孫九郎、ヒタ三百文田中彦十郎、ヒタ三百文江口半衛門尉、ヒタ三百文すえ太郎二郎、ヒタ三百文弥新三郎、ヒタ三百文江口新三郎、ヒタ三百文竹藤源右衛門尉、ヒタ三百文・水入一ツ横尾籐太左衛門尉、脇指一腰・ヒタ二十文三郎衛門」。

(49)『天正十六年御参宮人帳』天正十六年三月十五日の項。

(50)『四国村落遺跡研究会シンポジウム　港町の原像』四国村落遺跡研究会編、二〇〇七年。

(51)『天正九年村山檀那帳』（『広島県史　古代・中世資料編Ⅴ』）。

(52) 永禄八年（一五六五）の『さぬきの道者一円日記』の書き始めは以下のようである。

「一　さぬき　野原　なかくろ里　一円

　　数あふき百五十本入申候

正藤助五郎殿　やど　おひ　あふき　米二斗」

讃岐の野原は現在の香川県高松市に比定される。ここは讃岐国の瀬戸内海に面した主要な港町であり、近世に入ると高松城が築かれ、城下町として発展した。この『さぬきの道者一円日記』では、正藤助五郎という「やど」の経営者を筆頭に書きはじめており、この記録様式は『御祓賦帳』と類似している。御師が各国の檀那場を巡る旅のスタート地は、それぞれの地域の流通上・政治上の中心的な場所であって、荷を解いて、最初に御祓大麻配布を始めるために宿は不可欠であったことが確認できよう。

(53)『佐賀県近世史料　第一編第一巻』佐賀県立図書館編。

(54) 荒木田氏は伊勢内宮長官の家系である。

(55) 文禄五年の『御参宮人帳』に、蛎久白山町、蛎久中町、蛎久六座町、白山、六座町、蛎久町、本蛎久町の町名がみえる。天正十九年に佐賀城下町を作る際に蛎久から町引きをしたとされるのが白山町、中町、六座町であるから、文禄五年段階に蛎久を冠する中町、六座町、白山と冠しないものとが両立していたのであろうか。だがどちらにしろ中町、六座町、白山は蛎久町時代から存在することが確認できる。ただし文禄五年以前の『御参宮人帳』では大正十六年のものに蛎久中町、蛎久本町（本蛎久町と同一か）が各一カ所みられるだけである。

(56) 蛎久の隣接地には津留村が存在し、永禄五年の龍造寺隆信判物には「当郡中蛎久津留村之内尾立七段三丈地之事」が確認できる（「泰長院文書」『佐賀県史料集成　第五巻』）。

(57) 宮仕房は宮司房とも書かれ、神仏習合形式の時代に神社の神主が宮司坊として神宮寺の運営を行っていた。

(58) 龍造寺村は龍造寺氏の居館が置かれていた地であり、近世には鍋島氏の城が築かれた。現在の佐賀市城内にあたる。

(59) 『天正十年御参宮人帳』天正十年卯月十二日の項。

(60) 『天正十年御参宮人帳』天正十年七月五日の項（蛎久横町）。

(61) 地籍図・聞き取り調査などを行ったが、詳細不明。ただし、北畠は蛎久天満宮裏手（北側）を指すとのことであった。

(62) 『佐賀県近世史料　第一編第一巻　直茂公譜』佐賀県立図書館編、一九九三年。

(63) 『御祓賦帳』や『御参宮人帳』には、鍋島氏の本拠地といわれる鍋島村の記載はない。現在鍋島町鍋島に隣接するのが蛎久である。ここに町場集落が存在したとすると、鍋島氏の本拠地鍋島の市場集落から発展した可能性がある。

(64) 天正十二年三月二十一日付。

(65) 『御祓賦帳』において町呼称の地名が『御参宮人帳』で必ずしも町呼称で記されず、多くは村呼称であることから見ても町か村かの識別が当時は明確ではなかったといえるのだが、蛎久の場合は町場が成立していたことは確実であろう。

(66) 「肥前国佐嘉領村々目録」（佐賀県立図書館所蔵）。

(67) 伊勢屋の機能についての詳細は久田松『伊勢御師と旦那』三四四〜三四六頁を参照。

(68) 唐津藩の浜玉には、「伊勢屋」と呼ばれた御師高向二頭大夫の出張所があり、ここを拠点として松浦郡内など高向二頭大夫の主な配札地域への頒布が行われていたという（八幡崇経「九州北部の伊勢信仰」『瑞垣』二〇〇八年）。

(69) このほか同様の業務を行ったと考えられる人物が他にも散見される。天正十二年四月二十一日に蛎久から参宮を行った一三人のうちの一人は、「艮六文目　江長新十郎殿　此内同二文目則出候、残而四文目國御かり新三郎方へ御渡可有由ニて切かミ遣申候」（『天正十二年御参宮人帳』）、と注記されている。江長新十郎は御師橋村氏から銀四匁を借用し、これを国元で返却する際には、新三郎に渡すこととして切紙（為替）の発行を受けたとある。他には『新二郎請取」の注記もみられる。この二名については『天正十六年御参宮人帳』に「一貫文　いと一まき　そうぎんさまより新三郎ニ被下候」と同様「一貫文　いと一まき　そうぎんさまより新二郎ニ被下候」（年月日を欠く、二五人肥前国龍造寺村の項）とあること。「そうぎん」は龍造寺隆信の妻、宗誾。彼女は伊勢参宮に代参を立てており、その際に両人に銭一貫文と糸一巻きを土産としてもたせたのであろう。また同『御参宮人帳』に「五人筑後国山門郡瀬高」の項にある注記に「新二郎下候時かき久ニ御らう人ニて□□取存申候」（天正十六年卯月一日の項）とあることから、両人は伊勢にいる橋村氏の手代であり、為替（貸し金）の徴収に肥前へ下向していたのである。

(70)　前掲久田松著書に「蛎久村の伊勢屋は永禄八年に同地に遷座された大神宮と深く関わり、（中略）附属の施設であった。そこには大神宮を蛎久村に遷座した橋村氏の代官・竹市善右衛門が駐在した。ただ（中略）常駐できない御師代官の役目を補助し、伊勢屋の宿守的役割を果たしたのが正隣・五郎八という人物であった」（三四八頁）とある。この伊勢屋は唐津では御師制度廃止の明治以降も「大神宮さんとして神社の姿をとりながら、唐津地方の神官教育の場となった」（『浜玉町史』）という。さらに御神札は、「伊勢屋」と呼ばれた現地の逗留先の宿で刷られていたという（前掲八幡「九州北部の伊勢信仰」）。江戸期の「伊勢屋」が果たしていた役割は、次のようなこととされている。①地域に配布する御祓大麻の版木を保管し必要に応じて御神札の調製を行う。②為替の発行。③伊勢神宮での借銭の収納。④御祓大麻配布時の初穂料の収納、伊勢からの土産の管理。⑤御師の活動拠点・宿所。以上の役割は戦国期の伊勢屋においても同様であったと考える。

(71)　本『御祓賦帳』の「蛎久」での配布先は一九件であったが、先述のように当地を代表する中元寺氏（七人）や岩松氏（四名が記されているが二名は抹消されている）の一族が多く居住していた。また「蛎久北畠」の配布先（一四一件）でも、中元寺氏・岩松氏、それに佐賀城下町形成に功労のあった右近氏の一族が多い。このことは、佐賀城下町建設のために蛎久地区（「蛎久」・「蛎久北畠」両方を含めて）の商人を移住させたとの伝承が正しいことを物語っている

(72)　『佐賀県近世史料　第一編第一巻』所収。

(73)　煙硝四千六百斤を負担した「町人中」の一人段源右衛門は、「御祓賦帳」の「かせのいまづ」（嘉瀬の今津）の項に記載さ

れる。また同時に「段伊豆守」の名前もみられる。この段氏は、蛎久町人が佐賀城下へ移転した際に商人頭に命じられた一人である「団良円」（『勝茂公譜考補』）の一族であると考えられる。団（段）一族の詳細については他の史料からは確認できない。ただし、鍋島藩の糸割符商人に「団野如閑」「団野源右衛門」がみえるが、後者は「段源右衛門」と同一人かと思われる（前掲注（15）武野『藩貿易史の研究』一四七～一四九頁）。

(74) 『直茂公譜考補六』（『佐賀県近世史料　第一編第一巻』）には右近刑部少輔について「右近刑部ハ有徳成者ニテ、高麗御陣御跡金銀等御手支ノ儀心遣被仰付」（五九八頁）との記載がある。すなわち、右近刑部は「有徳成者」と言われ朝鮮出兵に際し金銀の工面を命ぜられ、渡海することを要請された。

(75) 「平吉家文書」（『佐賀県史料集成　第十七巻』）、「直茂公譜考補」（五七五～五七六頁）。

(76) 「平吉所持之書物写」（「平吉家文書」にこの時の焔硝買い付けについて、「町人共頭〻江被仰付、神文を以肝煎候様ニ被仰付可然候」とある。

(77) 「大工　将監」「同　源衛門（「当年御参宮也」との注記あり）」「大工　新兵衛」（『御祓賦帳』北畠の項）。

(78) ちなみに『御祓賦帳』では、龍造寺氏の本拠地は「龍造寺村」と記載されている。

(79) 龍造寺村の「御祓大麻」配布先には、龍造寺民部大輔（鎮賢・政家）、同藤八郎（高房）、鍋島加賀守（直茂）、鍋島平五郎（茂里）鍋島生三、石井生札、下村生運、土肥出雲守（家実）、龍造寺豊後国守（信周カ）、龍造寺七郎左衛門尉（家春）、龍造寺越前守（家就）成富拾右衛門尉（茂安）等、龍造寺氏の一族や有力家臣の名前が確認できる。

(80) また『御祓賦帳』では「蛎久北畠」に「代官忠兵衛」の記載を確認できる。苗字が記されていないことから武士身分ではないと考えられ、忠兵衛は御師橋村氏の代官（手代）であろう。御師の代官が蛎久の伊勢神社近辺に常駐していたことは、想像に難くない。

(81) 宇仁一彦「佐賀の伊勢会」『瑞垣』七三号。

(82) 東妙寺は弘安年間の蒙古来襲時に蒙古撃退を祈願して創建された寺である。また、東妙寺が伊勢神宮からの御祓大麻を受けていることから、当時の神仏混交の状況がみてとれる。

(83) 久田松『伊勢御師と旦那』七四～七九頁参照。
(84) 久田松氏によると、伊勢屋での決済は現在の佐賀県鹿島市・武雄市郊外・長崎県松浦市にまで及ぶとしている。同氏著書三五七頁参照。
(85) 姉川・直鳥《なおとり》の環濠集落については、近年発掘調査が行われ、居館を含む集落遺跡が確認されている（『神埼の城館跡と環濠集落　記録集』神埼市教育委員会、二〇〇九年）。
(86) 東海道では戦国期に寺院に併設する宿泊施設のほかに、旅館として独立した経営を行う例がでてくる。さらに、宿泊施設だけにとどまらず、年貢収納や大名の年貢徴収の拠点として使用される例も見られる。（榎原雅治『中世の東海道をゆく』中公新書、二〇〇八年）。
(87) 「秋葉町古賀家文書」（『鳥栖市誌　第三巻』）。
(88) 肥前国基肄郡と養父郡の一部は近世には対馬藩の領地（対馬藩田代領）であり、宗義信（義智）は対馬藩主、柳川智水は両郡の郡代。
(89) 表紙には「慶長拾四歳」とのみある（「橋村肥前大夫文書」天理大学附属図書館所蔵）。
(90) また、現在鳥栖市秋葉町一丁目にある秋葉神社の縁起のなかに含まれる「今町秋葉権現之儀ニ付願書控」（『栖』第一九号、一九九六年）は、天保八年（一八三七）に秋葉権現の祇園社境内への移転を命じた代官所に対し、その移転撤回を求めた願書である。この願書は「瓜生野町座親　永瀬此右衛門　同別当　橋本幸蔵」によって書かれ、田代代官所手代役衆に宛てたものである。十九世紀に入っての史料だが、江戸期の町場の管理・運営が座主と別当によって行われていたことを示している。さらにその訴状の内容から彼らは瓜生野町の住人であり、武士階層ではないことがわかる。ここから類推すると、慶長期の瓜生野町の町役人はこの町の富裕層の町人であったと結論できる。以上のことから、近世の町場支配の原形は戦国期には既に成立していることが窺える。
(91) 『鳥栖市誌資料編　第八集　対馬藩田代領関係文書1』鳥栖市誌編纂委員会編、二〇〇五年。
(92) 瓜生野町年寄、田代町年寄、他各庄屋五人の供述である。

(93) ルイス・フロイスは『日本史』のなかで、「島原の町に別当という名称をもつ人物がいた。彼の職掌は（各）町内を見廻ることとであった」と記している。また、キリシタン版『日葡辞書』では、別当を「町村の重立った役人」と解説している。「町」として認識するための条件として、別当の存在は不可欠のものであったといえよう。
(94) 鈴木敦子「中世後期における市立て・座支配権とその解体」（鈴木『日本中世流通構造の研究』校倉書房、二〇〇〇年）。
(95) 「岩橋家記録」によると、勝尾城主筑紫氏の家臣である八町嶋城主岩橋氏は、天正十四年の島津氏の勝尾城攻めに際して、自身の八町嶋城町を焼き払い勝尾城の攻防戦に参戦したという。
(96) 『久留米市史　資料編　中世』。
(97) 織田信長が安土城下町を建設した際に、安土山下町中に出した「定」には、「往還商人、上海道之相留、上下共至当町可寄宿」（『近江八幡市共有文書』）とある。これは安土城下町が流通拠点上になかったことから、実施されたことを示している。
(98) 同氏『城下町の歴史地理学的研究』（吉川弘文館、一九六七年）はじめに、第一部第一編第一章・第二章参照。
(99) 小島道裕「戦国期城下町の構造」『日本史研究』二四五、一九八四年。
(100) 「今山の戦い」と称する元亀元年（一五七〇）の大友氏との戦いから隆信死没の天正十二年（一五八四）までとして考える。
(101) 小島前掲論考。
(102) 平吉氏・右近氏などの家文書に龍造寺関係の文書が含まれていないことからも、龍造寺氏との関係性は薄かったといえよう。
(103) 詳細は注（15）参照。

第七章　肥前国内における銀の「貨幣化」

はじめに

日本の中世社会で一般に使用されていた交換手段・貨幣は主に銭貨（中国銭）であった。しかし戦国期に入るところに変化が生じ、主に畿内およびその周辺地域、さらには中国・四国・九州をふくめた西日本全体で、銭から米へと交換手段に変化が生じる。これは、浦長瀬氏の研究による成果であるが、現在では定説化している[(1)]。その最も早い例は、近江国（永禄十一年＝一五六八）であり、元亀二年（一五七一）には京都においても米使用への変化が指摘できる。さらにこの現象は、一五七〇年代には西日本全体に広がっていくという。しかしながらこの変化は一時的なものであって、その後西日本では米から銀へと支払い手段が再度変化するという。

近年、本多博之氏[(2)]や川戸貴史氏[(3)]・千枝大志氏[(4)]、田中浩司氏[(5)]らを代表とする銀の「貨幣化」についての詳細な研究が進み、その実態が明らかにされつつある。本章では、これらの研究成果に学びつつ、肥前国内の銀の流通とその「貨幣化」を検討し、そのうえで肥前地域における銀流通の特性について考察したい。

第一節　銀の「貨幣化」に関する研究史について

一　戦国大名毛利氏の場合

まずはじめに、戦国大名毛利氏の領国での銀の貨幣使用の実態について考えてみたい。これに関する研究は、本多博之氏の「銀の海外流出と国内浸透」(6)に詳しいので、まず氏の研究をみていきたい。

氏は、十六世紀前半には日本の銀（倭銀）が朝鮮・中国へ国際通貨（貿易時の決済通貨）として流入しているが、日本国内での銀の通貨としての流通は依然未発達であったとする。さらに日本国内での銀の「貨幣化」については、流通面での地域的・時間的偏在があったとして、次のような銀使用の浸透過程を想定している。すなわち、石見銀山の開発以降、国内各地の金銀鉱山の開発が進展し、銀は十六世紀半ばに商取引の交換媒体としての役割を果たすようになる（銀の「貨幣化」）。まず、①港湾都市での貿易通貨として、ついで、②京都・その周辺市場での高額商品の取引用通貨として、さらに、③その後次第に大名城下町や地域市場に拡大していく。氏は以上のような三段階での銀使用の国内流通拡大過程を想定した。特に③段階では、国内各地への流通・浸透には、貿易や遠隔地交易に携わり、幕府・大名・国人など諸権力と密接な関係を持つ有力商人、広域商業活動に従事する特権商人との人的結合が重要な役割を果たした、とする。

さらに、本多氏はこの銀の国内流通拡大過程を毛利領国（安芸厳島とその周辺）において検証し、以下のような結論を得ている。石見銀山で生産された銀は、当初対外交易の決済用途として海外に流出したが、十六世紀後半には国内でも流通した。とくに、当初毛利領国での銀使用は、戦費に限定されていたが、元亀二年（一五七一）の厳島社遷宮用途に石見銀を充てたことから、これが石見銀の厳島への流入の契機となった。同時期には遠隔地社領である出雲国からの年貢が銀納される。また海外産品・高額商品の支払いの他に、軍事支援にも盛んに銀が使用されているとしている。このように安芸国内では、元亀二年（一五七一）以降、銀での支払いが順次拡大し、文禄・慶長期には毛利領国にも銀が広く浸透したとする。

二　戦国大名大友氏の場合

川戸貴史氏は「悪銭問題と金・銀の『貨幣化』」[7]において、豊後大友氏を事例として大友領国における銀の「貨幣化」を検討した。それによると、十六世紀後半に大友領国において急速に銀が普及し、さらに段銭を銀で直接収取するようになってゆく。すなわち豊後国における最初の事例は、永禄十三年（一五七〇）一月の屋敷銭を銀で収納した事例である。その後天正二・三年の段銭の銀納例をあげ、同五年には下作職を抵当にして銀百匁を借銀し、返済も銀で行うとの条件が付された事例を紹介している。そして、大友領国での銀の「貨幣化」が成立した要因を、対外交易の積極的参加に求めている。

結論として、十六世紀後半（おおよそ一五七〇年前後）には大名権力の収取対象も銭貨から金・銀へ転換するが、その時期は京都における銀の貨幣使用が普及した時期とほぼ重なることから、金・銀の「貨幣化」という現象は、大規模な鉱山開発にのみその原因を求めるものではなく、貨幣流通構造の枠組みの中で検討されるべき事象である、としている。

三　伊勢国の場合

以上述べたように、本多・川戸両氏が西国の二つの戦国大名領国における銀の「貨幣化」を論じたのに対し、千枝大志氏は前者の二つの領国から流入してくる銭貨・銀・金の集積センターの一つであった伊勢国内の銀使用の実態を究明した(8)。分析対象としたのは伊勢神宮の『御祓賦帳』等である。千枝氏によると、伊勢神宮周辺地域での銀の流通開始時期は一五六〇年代中頃から一五七〇年代であり、一五九〇年代頃より銀の本格的普及時期に入る、との結論を得ている。これは安芸国内での銀使用の時期とほぼ合致するという（ただし、安芸厳島での銀使用の初見は、本多氏の指摘より早い永禄十年（一五六七）に認められるとしている）。

四　京都の場合

京都での銀使用については、中島圭一氏が京都における贈答品としての銀使用の事例を検討し、銀使用の初出はほぼ永禄六・七年頃（一五六三・六四）であること、豊臣政権期は銀使用のうえでの本格的普及期であることの二点を指摘している(9)。また、田中浩司氏は元亀三年（一五七二）の京都大徳寺の帳簿を分析し、銀使用について以下のような結論を得ている(10)。①元亀三年段階で、京都では金・銀・米・銭が貨幣として併存していた。②金・銀は財産・価値保全の手段から支払い手段へと変化している。③銭はきわめて限定的に使用される。④金・銀ともに品位の不統一・形態の良悪があり、精錬・切り遣いの際の損失などの流通コストが大きいため、支払い手段としてはスムーズな変換に支障があった。それゆえにこの段階では銀の「貨幣化」には至っていないとし、その時期については、「元亀三年を少しこえたあたり(11)」としている。

以上五氏の研究の成果として、伊勢以西（安芸・豊前・伊勢・京都）の銀の「貨幣化」の時期が、ほぼ十六世紀半ば頃とすることで一致をみている。

ところで、銀の「貨幣化」といった場合に、その根拠とするものは何に求められるのであろうか。本多氏は明確な事例は提示していないが、民間での銀流通（商取引）を指標としていると考えられる。川戸氏は段銭納入が銀でなされる事例をもってその証拠とする。千枝氏は『御祓賦帳』での銀による初穂料納付・為替の利用。田中氏は京都寺院の帳簿上に現れる銀支払いである。それぞれが異なった銀の貨幣としての使用事例をあげて、その「貨幣化」状況を検証している。

そこで問題となるのは、銀の「貨幣化」は何を指標として検証するべきであるのか、という問題である。それには、庶民・被支配者層においても銀が一般的に支払い手段となっていること（支払い手段として銀が主役で、銭貨が副次的役割を果たす形態になっていること）を確認する必要があろう[12]。

例えば、天正九年に毛利氏領国内において伊勢御師村山氏が「御祓大麻」を配布したが、その際に作成した『御祓賦帳』[13]をみると、銀での初穂料納入者は寡少であって、かつ非常に限られた階層の者（毛利氏当主と近親・郡山の商人）であり、残りの人々は圧倒的に銭で納入している[14]。安芸国内において天正九年時点では、このような銀使用状況であることから、同国内の銀の「貨幣化」については再検討の余地があると考える。また、川戸氏の「貨幣化」の事例は、段銭徴収が農民からの直接徴収であったのか否かについて、疑問が残る。京都の寺院の収支帳簿や伊勢での為替の事例は、民間の商取引を反映したものであると考えられることから、ここから導かれる銀の「貨幣化」については、諸階層にまで及んだ結果を反映しているといってよいであろう。このように、銀の「貨幣化」の傍証史料にどのような文書を用いるのかが課題である。

銀の貨幣使用は初期の段階では高額支払い（非日常的な支払い）に充てられたことから、まずは領主階層へ普及し、その後徐々に広く社会の諸階層に浸透していったであろう。広汎な社会に受容される時間を考慮して、銀の「貨幣化」

を考える必要がある[15]。それゆえに、史料はできる限り在地（一般層）での銀の流通状況を明らかにできるものを利用する必要がある。旧来の研究では、その点が不十分であったといえよう。

以下では、これらの先行研究を踏まえつつ、まず肥前国内の在地での銀流通の実態を検証し、さらに当該時期の領主層による銀使用の特性を考察し、さらに肥前国内の銀の「貨幣化」とそれにいたる背景を考えていきたい。

第二節　戦国期肥前国内の貨幣流通と銀の「貨幣化」

一　『肥前日記』の検討

本章では十六世紀中期頃における肥前国内での銀流通の実態を『肥前日記』を用いて検討してみたい[16]。これは、永禄四・十・十一年（一五六一・六七・六八）に伊勢御師藤井氏（三頭大夫）が肥前西部地域（藤津・彼杵・高来の三郡）の檀所で「御祓大麻[17]」を配付した際の記録であり、一般には『御祓賦帳』と称するものである。

永禄十年の『肥前日記』から、「藤津之分」の一部を示すと、以下のような記載様式になっている。

藤津之分(i)

まちの衆

● 中村道安入道殿(ii)　あふき(iii)　さら十まい(iii)

おひ(iii)　壱貫文(iv)

（中略）

宿　あふき

[ⅴ]はこ中村二郎左衛門尉殿　おひ　銀三文目[ⅳ]
同御内　おひ
同市左衛門尉殿　あふき
おひ　木さら十まい
善兵衛殿　あふき
おひ　三文目

（以下略）

このように、（ⅰ）地区単位、（ⅱ）「御祓大麻」を受けた旦那名、（ⅲ）御師が配布した土産品[18]、（ⅳ）旦那が納入した初穂料が書かれてある。なお「同御内」や「同市左衛門尉殿」のように、初穂料を納入しない者もいる。（ⅴ）で「宿　はこ」とあるのは、「中村二郎左衛門尉殿」が御師の宿を勤めており、御祓札は「箱祓」[19]を配付したことを示す。ここでは、記載内容のうち、初穂料納入者名と納入額・銭種に注目して検討していく。

まず『肥前日記』の永禄四年分では、初穂料納入者二二人は全員が銭貨で納入している。しかし、永禄十年になると、初穂料納入者のうち①銭での納入は三五件、②銀では一七件、③銭と銀の併用は一件、④金では二件、⑤銭と金の併用は二件となる。これら合計五七件のうち、約六七%が銭使用（銭使用三八件とした）、三二%が銀使用（銀使用は一八件とした）となる。次に永禄十一年には①銭での納入は四二件、②銀では二一件、③金では一件である。合計六四件のうち、銭使用は約六六%、銀使用三三%となる[20]。

また、これらをより詳細にみると、永禄四年に銭（三貫文）で初穂料を納入していた大村領国の領主大村純忠は、同十年には銀（二〇目）で納入し、同十一年には絹緞を納入した。また同様に大村右京亮は永禄四年に銭（三百文）と南京木綿二尋で初穂料を納入していたが、同十年には沈香一斤を納入し、同十一年には銀二〇目と布一段を納入している。さらに、有馬領国の領主である有馬仙岩は、永禄四年には銭五貫文の納入であったが、同十年には銭二貫文と「しろかね」五文目、同十一年には銀一〇文目を納入している。このようにみていくと、肥前西部地域では永禄四年から同十年の間に銭が主流の貨幣経済の中にあって、領主層には銀の流通が浸透しはじめているといえよう。

さらに、御師藤井氏（三頭大夫）が作成した『御旦那証文』[21]によって、永禄期の銀立てによる為替の利用状況をみておきたい。これらの為替は、参宮者が居住地の為替本（為替屋）で為替を組み（振り出され）、伊勢において御師が為替利用者に現金を渡す方式をとっていたと考えられる。銀立て為替の初見は、永禄十年（一五六七）の「しろかね五文目」であって、その際に為替振出人（為替本）は、「於国元三文目請取申候」のように、為替額が銀で振り込まれていることが注記される。ここでの為替件数は三八件、その使用者は一一二人であるが、この銀立て為替は有姓者（一九名）・無姓者（四二名）・僧侶などで広い階層に利用されていた。[22]この点も、貨幣としての銀の利用が肥前国内に浸透していることを現しているといえよう。

また久田松氏が指摘しているが『為替日記』[23]の永禄十一年（一五六八）の事例では、清銭（精銭）八〇〇文が「しろかねにて候ハヽ、廿文目也」と注記されていることから、既に銀と精銭との交換比率も確立していたことがわかる。

このように肥前西部地域においては、永禄十一年段階では銀による貨幣使用が一般層にまで及んでおり、銀の「貨幣化」が進行していたと考えられる。

二　肥前国における「計屋」の成立

永禄十一年『肥前日記』中に記載された「藤津まち」の部分には九名の名前があげられている。その中に「はかり屋　二郎兵衛殿」と表記された人物が確認される。これは、銀の「貨幣化」との関連から注目すべきものである。

九州の「計屋」について検討した鹿毛敏夫氏[24]は、天文年間以降の豊後・肥後国内の市・町（豊後国阿南庄・臼杵・

府内・佐賀関、肥後国高瀬・八代）で「計屋」を確認している。鹿毛氏は彼らが取引の際の計量行為、具体的には流通貨幣としての銀を秤量する業務を担った人々であることを明らかにし、その業務は、十六世紀以降の銀の社会的流通を前提に成立したものであるとしている。

鹿毛氏の見解を援用すると、藤津町における「はかり屋　二郎兵衛」の存在は、少なくとも肥前西部地域では十六世紀半ばに、民間レベルでの銀の流通が一般化していたことを裏付けるものである。では「計屋二郎兵衛」が居住する藤津町とはどのような場所であるのかを考えてみたい。

永禄四年の『肥前日記』には、「藤津之分」の箇所に次のような記載がみられる。

藤津之分

能古見

一段懇ニ状　はこ　●寶円寺　　小刀　おひ　かわし本
あふき

（中略）

懇ニ状●中村道安入道殿　　おひ　あふき　木皿十
すミ三てう

（中略）

屋（宿）と一段懇ニ状中村二郎左衛門尉殿　　おひ　けぬき

（中略）

常在《しおた》寺　　おひ　あふき　木皿五ツ　せんかう□

彼後　たかせ屋と与七殿　　おひ　小刀　たる

□《ぶ》んこ　おきのはま屋とかけや与三左衛門殿　　すミ二てう　たる

「藤津」には、伊勢御師の「宿」があることから、藤津郡内の交通上の要衝であり、活動拠点となった所であったといえよう。また「彼後　たかせ屋」（「肥後の高瀬屋」）、「□んこ　おきのはま屋とかけや与三左衛門殿」（「豊後沖浜屋と掛屋与三左衛門殿」）は他国の商人であり、この地に商取引のために駐在していたのであろう。(25) 肥後国の高瀬は有明海に面した港であり、『籌海図纂』に記載されている。また、豊後国沖浜は大友領国の城下町府内の外港であり、宣教師たちの記録類にもみえる港である。藤津はこのように九州各地の港町との交易で賑わう港であったと考えられる。(26)

ところで、前述したが、永禄十年の『肥前日記』には「藤津之分」の項には、「まちの衆」と注記された一八名が、またそれとは別に「塩田之分」に「常在寺」と「すこ殿」（須古殿）が記載されている。他方、永禄十一年の『肥前日記』の「藤津之分」の項には、中村道安入道をはじめとして一一名が、またそれとは別に「藤津まち」として「はかりや　二郎兵衛殿」をはじめとする九名が記載されている。これを整理すると左のようになる。

永禄四年には「藤津町」は記載されていない。しかし、前述のように、この年の「藤津の分」には「肥後高瀬や」「豊後沖の浜や」が記載されており、彼らはここで「御祓大麻」を受け取った。すなわち藤津には肥後・豊後など九州の他地域と繋がる地域経済圏の拠点としての町場が形成されていたのである。

配布先名の変化をみると、永禄四年の段階では「藤津之分」として藤津郡全域が包摂されているが（塩田の常在寺

永禄	藤津之分の記載人名	藤津町の記載人名	塩田の記載人名
四年	中村道安入道 やと中村二郎左衛門尉 しほた常在寺	記載なし	記載なし

	肥後高瀬や 豊後沖の浜や かけや与三兵衛など一四名		
十年	まちの衆　中村道安入道など二〇名	記載なし	常在寺・すこ殿
十一年	中村道安入道 同平兵衛尉 宿同二郎左衛門尉など一一名	はかりや二郎兵衛など九名（全員無姓）	記載なし

も、後の藤津町になる部分も）同十年には「まちの衆」と注記されるように藤津郡内に町場の形成が認識されるようになり、さらに同十一年の記載ではそれが「藤津まち」として確立されたものとなっている。[27]

また同四年に「掛屋」がみえ、「はかり屋」が「藤津町」の確立と軌を一にして出現するのも注目される。この「かけや」は「掛屋」であり、「銀掛け屋」ともいわれ、江戸時代に多くみられる蔵物の管埋・売却・その代銀の管理・輸送・両替を行った商人を指す。ここにみえる「かけや」はその先駆的な商人であり、肥前国内と伊勢などの隔地間での銀の流通を前提として成立していたことがわかる。すなわち、くり返しになるが有明海に面した港町である「藤津町」は豊後・肥後国の港町との流通ネットワークを形成しており、銀流通もこのような流通ネットワークにのって拡大していったと考えられよう。次に肥前国内での貨幣流通の実態をみていく。

三　『御参宮人帳』（肥前国）の分析

ここでは、『御参宮人帳』によって肥前国内からの参宮者が、初穂料をどのような銭種を用いて納入したのかを検討する。『御参宮人帳』[28]は、参宮者が御師のもとに宿泊した際の宿泊名簿であり、出身地・初穂料納入額等・宿泊日などを記してある。この初穂料は伊勢で支払われるものであるが、参宮者は、しばしば伊勢で御師からその費用を借用し、帰国してから返金する例がみられる。さらに帰国費用を借用する場合もあり、それも国元で返済している。また、参宮費用を為替に組み伊勢で受け取る事例もみられるなど、『御参宮人帳』の銭種の記載内容は肥前国内の貨幣状況を反映したものと考えられる。ここで扱う『御参宮人帳』は、伊勢御師橋村氏が作成した主に肥前・筑後両国にわたって記載されているもので、天正十年から元和九年までの間の十六年分（天正十・十二・十四・十六・十八・十九年、文禄五年・慶長二～五・七～十・十二～十五・十九・二十年・元和九年・元禄～寛文九年の間の文書が現存している。ここでは主に天正年間のものを利用した。

（一）肥前国の平戸領の場合

『御参宮人帳』を利用して、肥前国平戸領の参宮者が銀で納入した初穂料に関して言及した研究に久田松氏のものがある[29]。氏が平戸領の参宮人記録から天正年間～元和九年の間の一六年分を分析したものによると、以下のようである。①四一八人（伝言者八〇人を含む）が参宮をし、そのうち三二三人が初穂料納入を銀で行っている[30]。また、②これを有姓者と無姓者に区分すると[31]、銀での納入者三二三人のうち、有姓者一一四人・無姓者九八人・女性八九人等であって、銀での納付に有姓者と無姓者間での歴然とした相違はみられない。さらに、③銭を利用した者は三〇例であって、そのうち二八例はビタ（銀との併用五例を含む）を使用している（金額は一貫二〇〇文から五〇文〈銀との併用あり〉までと幅があるが、一〇〇文から二〇〇文に集中する）という。

次に、これらの動向を天正年間だけに絞ってみておくと、天正年間の平戸領からの参宮者は一一九人（伝言者を含む）である。そのうち、「ビタ」を使用しているのは、二八人（うち有姓者は六人、また、銀との併用は五人）であり、残りは全員が銀を使用している。このように天正年間に、平戸領では、圧倒的に銀による初穂料納入が行われている。この傾向は、無姓者・有姓者に関わらない。また、銭での初穂料納入についてみると、天正一九年以降からはビタでの納入がみられず、慶長十三年に二例（無姓者による銭一〇〇文が二件）存在するだけであることから、ビタは副次的に使用される貨幣となったことも指摘できる。

以上を総合すると、平戸領では天正年間には既に銀の貨幣使用が一般階層（被支配者層・無姓者層）にまで及んでおり、それは『肥前日記』の永禄十一年の銀流通段階に比較して、より広汎に、一段と深く社会に浸透していたと考えられる。つまり、この地域では銀の「貨幣化」がなされていたと結論付けられる。(32) さらに、文禄・慶長期にはビタ使用の状況から銀の「貨幣化」が確立したことが裏付けられる。

（二）肥前東部地域の『御参宮人帳』にみる銀使用

次に『御参宮人帳』から、肥前東部地域の御師橋村氏の壇所での銀の流通状況を確認しておきたい。例として天正十年の『御参宮人帳』を以下にあげる。

六人肥前国多久庄むた辺
良（銀）三文目　むたへ与二郎殿
百九十文と布一たん　同人
良三文目　同藤次郎兵衛殿
布一たん　同人
良三文目　同善兵衛殿
布半たん　同人

良（銀）三文目　川春三郎左衛門殿
同二文め年ノ数御初
良三文目　彦二郎殿
同五分年之数　同人
良三文目　太郎二郎殿
八分年ノ数御初同人
合
天正十年七月八日

この記載から気づくことは、多久庄牟田辺（現佐賀県多久市東多久町）からの六人（有姓者三名・無姓者三名）の参宮者全員が初穂料を主に銀で納入していることである。[33] このグループの筆頭に記載される「むたへ（牟田辺）与二郎殿」「同藤次郎兵衛殿」「同善兵衛殿」の三名は、この地域の領主層であろう。彼らは銀三文目に加えて銭や布を追加して納めており、ここに無姓者との経済的優位性をみせている。また川春三郎左衛門は有姓者ではあるが、彦二郎・二郎左衛門尉・太郎二郎の無姓者と納入額での差異はない。しかし「年ノ数御初」と注記された納入額をみると、彼は銀二文を納めているのに対して、彦二郎は銀五分・太郎二郎は銀八分であってここに経済的な優位性が示されている。

ここであげた『御参宮人帳』の事例から指摘できることは、肥前国の龍造寺領国においても領主層（有姓者）・被支配者層（無姓者）にかかわらず一様に銀で初穂料を納入している事実である。以上からも当該期の龍造寺領国では銀流通が一般化している（銀の「貨幣化」）社会であったことがわかる。

次に、天正年間の肥前東部地域の参宮者初穂料納入銭種を整理した表をあげ（表8）、銀とビタ銭との納入量の比較をしておきたい。久田松氏[34]が算出した国銭と銀との換算比率を援用して、国銭五〇〇文を銀二匁（ビタ銭は国銭と同質とする）として換算すると、ビタ銭九〇貫八七六文は銀三六三匁五〇分四厘となり、銀対ビタは七貫六五一匁九厘（95・4％）対三六三匁五〇分四厘（4.5％）であり、銀使用が圧倒している状況が如実に現れている。なお、金での納入は一二一匁七厘であるが、肥前での金と銀またはビタとの換算比率は未詳であるので、単純な比較はここでは行わない。

また、天正年間の参宮者の内訳をみると、有姓者一一九六人、無姓者六五九人、僧侶等三八四人、女性四八人、不明五三人の総計二四四〇人となる（表9）。これを百分比で示すと、それぞれ五三％・二七％・一六％・二％・二％である。参宮者の約半数が有姓者であり、武士階層または富裕層と考えると、銀使用が銭を圧倒している要因の一端であるともいえるが、約四分の一強の無姓者が存在するにもかかわらず銀の使用が九割を超えていることは、銀の「貨幣化」があらゆる階層に及んでいたといえるであろう。

以上、『御参宮人帳』から肥前国内の平戸領（西部地域）と龍造寺領国（東部地域）とのそれぞれの初穂料納入銭種を分析した結果、両地域共に貨幣としての銀使用の普及がビタ銭使用を凌駕していることが明らかとなった。さらにこの傾向は、肥前国内の諸階層にまで及んでいることも明らかになった。これは銀が貨幣として第一義的な地位を得、ビタは副次的な地位であったことを示している。すなわち、肥前国では天正年間には銀の「貨幣化」が、民間（在地）レベルで確立していたと評価できよう。

なお、文禄五年『御参宮人帳』で肥前国内からの六二五人の参宮者をみると、銭での納入は一五人（一〇件が「ヒタ」と注記）であり、銭（びた銭）での初穂料納入が激減し、銀での納入が圧倒的となっていることがわかる。これは銀の貨幣化が一段と進行していることを示している（表10）。

表 8　天正年間参宮者納入初穂料（銭種別）

	天正	人	金	銀	ビタ	悪銭	永楽	鳥目
基肄	10	3	0	12 匁	200 文	0	0	0
養父	10～19	16	0	23 匁 5 分	1 貫 220 文	110 文		
三根	同　上	113	6 分	44 匁 1 分	5 貫 596 文			
神埼	同　上	327	44 匁 9 分 3 厘	980 匁 5 分	8 貫 911 文		100 文	0
佐賀	同　上	1195	52 匁 9 分 2 厘	4 貫 394 匁 2 分 9 厘	46 貫 715 文	0	0	
小城	同　上	232	16 匁 3 分 2 厘	718 匁 1 分	8 貫 890 文			0
杵島	同　上	377	1 匁 4 分	1 貫 62 匁 9 分	10 貫 704 文	0	100 文	0
藤津	同　上	97	2 匁 9 分	269 匁 2 分	3 貫 403 文			
高来	10～14	15	0	24 匁	300 文			
不明	10～19	65	2 匁	122 匁 5 分	4 貫 937 文			
合計		2440	121 匁 7 厘	7 貫 651 匁 9 厘	90 貫 876 文	110 文	200 文	100 文

表 9　天正年間郡別参宮者人数内訳（龍造寺領国）

	天正	人	有姓者	無姓者	僧侶等	女性	不明
基肄	10	3	2	1	0	0	0
養父	10 ～ 19	16	7	3	5	1	0
三根	同　上	113	48	43	21	0	1
神埼	同　上	327	180	76	57 1*	3	10
佐賀	同　上	1195	699	293	156 2*	28	17
小城	同　上	232	137	63	24 1*・1★	1	5
杵島	同　上	377	159	127	69 2*	11	9
藤津	同　上	97	32	38	22	2	3
高来	10 ～ 14	15	7		2		6
不明	10 ～ 19	65	25	15	21	2	2
合計		2440	1296	659	384	48	53
比率		100%	53%	27%	16%	2%	2%

＊：山伏　★：宮司

表10　肥前国郡別各年参宮者等合計

神埼郡

投宿年月	納付金額合計	参宮者階層
天正10年　4月～5月 7月	金34匁7分 銀100匁4分 びた737文 布6反 脇指6 太刀1 その他2	有姓27人 無姓7人 僧侶2人 計36人
天正12年　2月～4月 6月～7月	金2匁4分 銀219匁7分 びた600文 布2反 脇指7 太刀1 その他1	有姓34人 無姓22人 僧侶22人 山伏1人 女性1人 計80人
天正14年　2月～4月	金1匁2分 銀244匁9分 びた1貫文 布3反 脇指4 木綿2反 太刀1 鏡1面 その他5	有姓20人 無姓11人 僧侶8人 記載なし10人 計49人
天正16年　2月～8月	金5匁3厘 銀205匁2分 びた4貫504文 永楽100文 布23反 脇指7 木綿1反 太刀3 鏡1面 その他4	有姓58人 無姓14人 僧侶13人 女性1人 計86人
天正19年　1月～4月	金1匁6分 銀210匁3分 びた2貫70文 布23反 脇指31 太刀2 鏡2面 その他1 ふるまい1回	有姓41人 無姓22人 僧侶12人 女性1人 計76人
合計　　　1月～8月	金44匁9分3厘 銀980匁5分 びた8貫911文 永楽100文 布57反 脇指55 木綿3反 太刀8 鏡4面 その他13 ふるまい1回	有姓180人 無姓76人 僧侶57人 山伏1人 女性3人 記載なし10人 計327人

基肄郡

投宿年月	金額合計	参宮者階層
天正10年　6月	銀12匁 びた200文	有姓2人 無姓1人
合計		計3人

養父郡

投宿年月	金額合計	参宮者階層
天正10年　4月～5月	びた470文 布1反	有姓1人 僧侶2人 計3人
天正12年　3月	銀3匁	有姓1人 計1人
天正14年　3月	銀2匁	僧侶2人 計2人
天正16年　3月 6月	銀1匁5分 びた300文	有姓1人 僧侶1人 計2人
天正19年　3月～4月	銀17匁 びた450文 悪銭110文 脇指1	有姓4人 無姓3人 女性1人 計8人
合計　　　3月～6月	銀23匁5分 びた1貫220文 悪銭110文 布1反 脇指1	有姓7人 無姓3人 僧侶5人 女性1人 計16人

三根郡

投宿年月	金額合計	参宮者階層
天正10年　4月	銀6匁	僧侶3人 計3人
天正12年　3月～4月	銀50匁 びた110文 脇指1	有姓9人 無姓1人 僧侶6人 計16人
天正14年　3月	銀78匁7分 びた1貫700文	有姓8人 無姓15人 僧侶3人 計26人
天正16年　3月 5月～7月	金6分 銀49匁3分 びた1貫460文 布1反 脇指1 その他1	有姓10人 無姓4人 僧侶3人 計17人
天正19年　1月～4月	銀260匁1分 びた2貫326文 布13反 脇指3 木綿2反 鏡1面	有姓21人 無姓23人 僧侶6人 記載なし1人 計51人
合計　　　1月～7月	金6分 銀444匁1分 びた5貫596文 布14反 脇指5 木綿2反 鏡1面 その他1	有姓48人 無姓43人 僧侶21人 記載なし1人 計113人

小城郡

投宿年月	納付金品合計	参宮者階層
天正 10 年　4 月～7 月	金 1 匁 5 分 銀 126 匁 5 分 びた 890 文 布 5 反と半 脇指 5	有姓 19 人 無姓 9 人 僧侶 2 人 山伏 1 人 記載なし 1 人 計 32 人
天正 12 年　3 月～6 月	金 11 匁 4 分 2 厘 銀 151 匁 1 分 びた 400 文 布 3 反 脇指 8 その他 4	有姓 27 人 無姓 8 人 僧侶 4 人 計 39 人
天正 14 年　3 月～4 月	金 2 匁 2 分 銀 237 匁 3 分 びた 1 貫 370 文 布 3 反 脇指 9 木綿 2 反 太刀 1 鏡 3 面 その他 5	有姓 24 人 無姓 27 人 僧侶 5 人 計 56 人
天正 16 年　3 月～9 月	金 6 分 銀 82 匁 3 分 びた 2 貫 500 文 布 5 反 脇指 3 その他 1 つと少	有姓 23 人 無姓 7 人 僧侶 4 人 女性 1 人 宮司 1 人 記載なし 1 人 計 37 人
天正 19 年　1 月～4 月	金 6 分 銀 118 匁 9 分 びた 3 貫 730 文 布 35 反 脇指 1 木綿 2 反 太刀 3 鏡 4 面 その他 4 ふるまい 1 回	有姓 44 人 無姓 12 人 僧侶 9 人 記載なし 3 人 計 68 人
合計　　　1 月～9 月	金 16 匁 3 分 2 厘 銀 718 匁 1 分 びた 8 貫 890 文 布 51 反と半 脇指 26 木綿 4 反 太刀 6 鏡 7 面 その他 14 ふるまい 1 回	有姓 137 人 無姓 63 人 僧侶 24 人 山伏 1 人 女性 1 人 宮司 1 人 記載なし 5 人 計 232 人

佐賀郡

投宿年月	納付金品合計	参宮者階層
天正 10 年　4 月～7 月	金 5 匁 4 分 銀 768 匁 2 分 びた 3 貫 872 文 布 29 反 脇指 11 鏡 2 面 その他 14	有姓 84 人 無姓 26 人 僧侶 25 人 女性 5 人 記載なし 3 人 計 143 人
天正 12 年　3 月～8 月	金 1 匁 6 分 銀 678 匁 7 分 びた 160 文 布 11 反 脇指 10 その他 3	有姓 84 人 無姓 31 人 僧侶 22 人 山伏 1 人 女性 1 人 計 139 人
天正 14 年　3 月～5 月 8 月	金 31 匁 4 分 2 厘 銀 728 匁 6 分 びた 3 貫 748 文 布 9 反 脇指 22 木綿 3 反 太刀 4 その他 7	有姓 54 人 無姓 80 人 僧侶 34 人 女性 2 人 記載なし 9 人 計 179 人
天正 16 年　1 月～10 月	金 13 匁 4 分 銀 949 匁 5 分 びた 22 貫 68 文 布 38 反と少 脇指 34 木綿 12 反 太刀 9 鏡 3 面 その他 22 ふるまい 2 回	有姓 162 人 無姓 49 人 僧侶 40 人 山伏 1 人 女性 12 人 記載なし 3 人 計 267 人
天正 19 年　1 月～4 月	金 1 匁 1 分 銀 1 貫 269 匁 2 分 9 厘 びた 17 貫 27 文 鳥目 100 文 布 165 反と少 脇指 47 木綿 15 反 太刀 31 鏡 3 面 その他 16	有姓 285 人 無姓 107 人 僧侶 35 人 女性 8 人 記載なし 2 人 計 437 人
合計　　　1 月～10 月	金 52 匁 9 分 2 厘 銀 4 貫 394 匁 2 分 9 厘 びた 46 貫 715 文 鳥目 100 文 布 252 反と少 脇指 124 木綿 30 反 太刀 44 鏡 8 面 その他 62 ふるまい 2 回	有姓 699 人 無姓 293 人 僧侶 156 人 山伏 2 人 女性 28 人 記載なし 17 人 計 1165 人

藤津郡

投宿年月	納付金品合計	参宮者階層
天正 10 年　4 月～5 月 7 月	金 9 分 銀 95 匁 6 分 びた 750 文	有姓 10 人 無姓 7 人 僧侶 3 人 記載なし 3 人 計 23 人
天正 12 年　3 月～4 月 6 月～7 月	銀 27 匁 びた 28 文 その他 2	有姓 2 人 無姓 5 人 僧侶 1 人 計 8 人
天正 14 年　3 月～4 月	金 8 分 銀 45 匁 7 分 びた 250 文 脇指 2	有姓 1 人 無姓 5 人 僧侶 9 人 計 15 人
天正 16 年　2 月～4 月 6 月～7 月 9 月	銀 62 匁 6 分 びた 1 貫 275 文 布 13 反 脇指 1 木綿 1 反	有姓 5 人 無姓 18 人 僧侶 6 人 女性 1 人 計 30 人
天正 19 年　1 月～3 月	金 1 匁 2 分 銀 37 匁 3 分 びた 1 貫 100 文 布 7 反 脇指 7 木綿 1 反 太刀 2 その他 3	有姓 14 人 無姓 3 人 僧侶 3 人 女性 1 人 計 21 人
合計　1 月～7 月 8 月	金 2 匁 9 分 銀 269 匁 2 分 びた 3 貫 403 文 布 20 反 脇指 4 木綿 2 反 太刀 2 その他 5	有姓 32 人 無姓 38 人 僧侶 22 人 女性 2 人 記載なし 3 人 計 97 人

その他

投宿年月	納付金品合計	参宮者階層
天正 10 年　4 月	銀 29 匁 びた 577 文 布 6 反 鏡 1 面	有姓 8 人 無姓 3 人 僧侶 5 人 女性 1 人 計 17 人
天正 12 年　3 月 5 月	銀 13 匁 5 分 びた 500 文	有姓 4 人 僧侶 5 人 女性 1 人 計 10 人
天正 14 年　3 月～4 月 11 月	銀 51 匁 びた 2 貫 20 文	有姓 4 人 無姓 8 人 僧侶 9 人 計 21 人
天正 16 年　1 月～3 月 6 月 8 月	銀 2 匁 びた 200 文 布 4 反 ふるまい 1 回	有姓 1 人 僧侶 2 人 記載なし 2 人 計 5 人
天正 19 年　3 月～4 月	金 2 匁 銀 27 匁 びた 1 貫 590 文	有姓 8 人 無姓 4 人 計 12 人
合計　1 月～6 月 8 月 11 月	金 2 匁 銀 122 匁 5 分 びた 4 貫 937 文 布 10 反 鏡 1 面 ふるまい 1 回	有姓 25 人 無姓 15 人 僧侶 21 人 女性 2 人 記載なし 2 人 計 65 人

杵島郡

投宿年月	納付金品合計	参宮者階層
天正 10 年　4 月～7 月	金 6 分 銀 116 匁 びた 1 貫 440 文 布 17 反 木綿半 太刀 2 その他 2	有姓 26 人 無姓 6 人 僧侶 8 人 計 40 人
天正 12 年　3 月～4 月 6 月～7 月	銀 299 匁 9 分 びた 590 文 布 7 反 脇指 3 木綿 1 反 鏡 1 面 その他 2	有姓 36 人 無姓 24 人 僧侶 7 人 女性 1 人 計 68 人
天正 14 年　3 月～5 月	銀 208 匁 3 分 びた 1 貫 240 文 布 9 反 脇指 3 木綿 1 反 鏡 1 面 その他 8	有姓 19 人 無姓 28 人 僧侶 11 人 山伏 1 人 女性 2 人 計 61 人
天正 16 年　2 月～8 月	金 6 分 銀 149 匁 7 分 びた 2 貫 444 文 布 23 反 脇指 5 木綿 6 反と少 太刀 1 その他 4	有姓 29 人 無姓 31 人 僧侶 19 人 山伏 1 人 女性 2 人 記載なし 2 人 計 84 人
天正 19 年　1 月～4 月	金 2 分 銀 289 匁 びた 4 貫 990 文 永楽 100 文 布 38 反 脇指 1 その他 3	有姓 49 人 無姓 38 人 僧侶 24 人 女性 6 人 記載なし 7 人 計 124 人
合計　1 月～8 月	金 1 匁 4 分 銀 1 貫 62 文 9 分 びた 10 貫 704 文 永楽 100 文 布 94 反 脇指 12 木綿 8 と少 太刀 3 その他 19	有姓 159 人 無姓 127 人 僧侶 69 人 山伏 2 人 女性 11 人 記載なし 9 人 計 377 人

高来郡

投宿年月	納付金品合計	参宮者階層
天正 10 年　5 月	銀 18 匁 びた 300 文 布 1 反 太刀 1	有姓 7 人 記載なし 6 人 計 13 人
天正 14 年　3 月	銀 6 匁	僧侶 2 人
合計　3 月 5 月	銀 24 匁 びた 300 文 布 1 反 太刀 1	有姓 7 人 僧侶 2 人 記載なし 6 人 計 15 人

第三節　龍造寺氏と銀

前節では十六世紀中期以降の肥前国内での在地における銀使用の実態を追求してきたが、当該時期に肥前の領国支配者である龍造寺氏自身は、具体的にどのような場面で銀を使用していたのかを次に考察したい。

一　龍造寺氏の銀使用

はじめに『御参宮人帳』の中で龍造寺氏一族や鍋島氏一族をみていくと、やはり銀での納入が基本であることがわかる。例えば天正十四年三月二十六日のものでは、隆信の弟長信（和泉守）が名代を立てて銀一二匁を、彼の夫人（同上様）も同様に同額を納めている。さらに同年三月三十日には、隆信の嫡男政家が金一匁二分、鍋島直茂（飛騨守）が金三匁二分、その嫡男伊勢松が金一匁二分、政家夫人（御寮人様）が銀子一二匁、直茂夫人（騨州さま上様）が銀子一二匁、長信夫人（多久御寮人）が銀子一二匁と記される。さらに、天正十六年閏六月二十七・二十八日の二日にわたり龍造寺政家が立願のためとして代参をたてており、各日にそれぞれ銀子一二匁を納入している。[35] このように、龍造寺氏や鍋島氏の一族は銀での納入を基本としているが、より高額である場合には金も使用するというように、金と銀の使い分けを行っていたといえる。

次に、龍造寺氏関係文書の中から、初穂料納入以外での銀の使用例をみておきたいが、これに関する文書は非常に限られている。管見の限りでは、焔硝の購入に銀を充てた次の二例である。

〔史料①〕

（追而書略）
分手切手之儀申候處、可被遣候由候、目出度候、又鎧之儀、是又口上申候、又塩硝用所之由候、此十八日ニ人遣候、銀被遣候者、買候て可進之候、ねのぎハさきの仕合たるへく候、かしく

八ノ十五　　隆信判

長信まいる　申給へ(36)

史料①では隆信は、塩硝の購入費用として長信へ銀を遣わしている。

〔史料②〕

返々銀つゐ之儀、用口上候、
就塩硝用所、此方へ請取申候銀子、五百六十九文め一分ニ而候、こまかね此ニ而ふき候而遣候へハ、殊外つゐ申候、成松刑部請取申候間、若又南蛮衆へ頼申候而も、重々銀つへ候てハ《ママ》ニ而候、乍去、我等も先々當用ニて候間、つゐ之儀ハ不入由存候而、殊外きうきうと申付候而ハ遣候、為心得候、細砕、江備可申候、かしく

信判

長信まいる　申給へ(37)

史料②も隆信から弟長信に宛てたものである。内容は、塩硝購入用に此方に受取った銀子は、五六九匁一分であった。こまがねに吹いたら、予想外に「つゐ」（欠損）が出ており、南蛮衆へ焔硝購入を依頼しても、重々銀に「つゐ」が出ているならば（困るであろうが）、我等も焔硝を今現在必要としているので、「つゐ」た分は除外して、その他をきっちりと遣わすようにせよ、とある。

これら二通の文書からは、南蛮との交易によって焔硝を購入する際の貿易決済用途として銀が不可欠であったことがわかる。特に後者の史料は、難解であるのだが、精錬されていない銀が隆信から長信に渡されており、これを「こ

まがね」に吹いて（精錬して）支払い用の銀にあてたようである。銀が秤量貨幣であることからこのような精練前の銀も一部では流通していたのであろうか。銀の貨幣化が制度化されていない初期段階での実態がわかる。[38]当時この銀の流通上の問題については、銀の流通コストとの理解もされていたが、京都においてもしばしば問題とされ、銀流通の普及には大きな阻害要因であった。[39]

龍造寺氏の銀使用の事例をみてきたが、龍造寺氏がこのほか商人への支払いや家臣団への下賜品として、また段銭徴収などで銀を使用した事例は、管見の限りでは確認できていない。[40]

しかし龍造寺氏が対馬国の宗氏から銀の贈答を受けていること、[41]博多商人神屋氏が朝鮮との交易を行って、船頭等に銀で賃金を支払った例[42]など、この時期の朝鮮半島・対馬との交易で、銀が日常的に支払い手段としての地位を得ていたことは確認できる。このような海外との交易を背景に、龍造寺氏の銀の蓄積は進んだと考えられよう。

以上のように、龍造寺氏は銀を主に貿易決済用（焔硝等購入資金）の貨幣として使用していたと考えられる。そこで次に、龍造寺氏（鍋島氏）の御用商人・貿易商人であった平吉氏が、領主の銀経済にどのように関わっていたのかを検討してみたい。

二　貿易商人平吉氏と銀

平吉氏は、肥前国の有明海に面した港町嘉瀬[43]（現佐賀県佐賀市嘉瀬町）に居住し、龍造寺・鍋島両氏の御用商人として活躍した。[44]平吉氏関係史料は、「平吉家文書」[45]として残されている。これら文書類は二三点あるがすべて写であって、『平吉氏所持之書物写』と題された冊子にまとめられている。その中には「由緒書」[46]があり、それぞれの文書が作成された背景が語られている。また、「平吉家文書」の多くは、天正から慶長にかけての、特に鍋島政権成立期のものである。この時期の流通関係文書は他には残存しておらず、龍造寺政権時代からの経済状況を引き継いでいると考えられるものについて、限定的に活用することとしたい。

ところで、「平吉家文書」に残る最も古い文書は、天正二年（一五七四）のもので、これは平吉氏が宇佐宮倉司に銀子六〇目を貸与した際に作成された証文である。(47) この時期に平吉氏は既に銀貸しによる、高利貸し業を行っていたのである。(48)

さらに「平吉家文書」のなかで二番めに古い文書は、(49) 次のものである。

銀子六百五拾匁請取申候て、天川江渡申候、右之かい物は黄金之由申定候、上下之間之事者、黒船之御法たるべし、為以後壱筆如此候、

山本はるたさる入道
宗　慶判

天正十六年　正月廿日

平吉刑部少輔殿

平吉氏は銀子六五〇匁を「山本はるたさる入道宗慶」に預け、黄金の購入を依頼している。宗慶は天川（マカオ）に出向き、「黒船之御法」すなわち現地マカオにいる南蛮船の商法（相場）にのっとって銀を黄金に交換したことがわかる。

「由緒書」には、この文書について「御上御用ニ黄金御入用ニ付、刑部之丞より銀子六百五拾目、長崎之山本はるたさる入道相頼、天川江黄金調ニ差遣候」とある。平吉氏のこの活動は、「御上」すなわち龍造寺氏（鍋島氏）の要請を受けたものであった。

このように平吉氏の役割の一つは、龍造寺氏の財政運営に深く関わって、銀の運用・黄金の獲得に尽力することであった。また、物資調達面での活動を知ることもできる。それは、平吉氏の貿易商人としての本領を発揮する輸入品の取扱い、すなわち塩硝の調達に関する活動である。

さらに、次の「由緒書」の記述では、朝鮮出兵の際の銀支払いの事例がわかる（波線は筆者）。

天正十九年之穐比、御国中端〻迄諸国之商人大分入込、焔硝を買取申候付、平兵衛気を付、密ニ承合候処、明年太閤様高麗御陣之由ニ而、諸国之大名より焔硝を御探促有之段、商人共申候付、其段鍋嶋平五郎殿迄致言上し、（中略）然者平兵衛急度肝煎せ□をよひ焔硝相整可申候、代銀之儀者、先以其方取替可□出□、直茂様御意之旨被仰渡候、平兵衛御請申上候者（中略）、町人頭〻江、平兵衛御相談之上（中略）、焔硝相調可差上候由申達、其上連判之神文為仕（中略）、連判之町人中ゟ如御割付、烟硝七千六百斤早速致調達、平五郎殿迄差出、代銀之義ハ相済候（後略）

平吉平兵衛は朝鮮出兵の準備段階において、焔硝の調達に積極的に関わり、佐賀城下の有力商人達を統率し、彼らに焔硝七六〇〇斤の購入割り当てを行った。それに関しては「鍋島茂里焔硝買人数付案」[50]が残っている。そこには、一一人の商人が総計で四六〇〇斤を購入し、残りの三〇〇〇斤（全体の三分の一）は平吉平兵衛が購入していることから、平吉氏の実力のほどがわかる。さらに、この焔硝購入代銀は、これら商人が当座の負担をしており、佐賀城下町の商人たちの銀の貯蓄量が多大なものであったことが推測できる。

また平吉氏は、「由緒書」の冒頭にあるように、焔硝の払底状況を察知して早期に焔硝購入を提案するなど、領国内の物資調達情報も掌握していた。

このように、天正十九年段階にいたっての龍造寺氏（鍋島氏）領国の資金・貿易品の調達は、平吉氏を中心とする御用商人達によって担われ、かつ直接的には彼らの海外貿易・商業活動による銀の蓄積によって支えられていたのである。

おわりに

銀の「貨幣化」を論証するには、銀流通の民間レベルと行政レベルさらに地域的・階層的の両面にわたっての普及状況を明確にすることが不可欠であると考える。本章では、その観点から戦国期肥前国内の銀流通状況について、在地の銀流通の動向をうかがえる『肥前日記』・『御参宮人帳』等を使って検討してきた。

その結果、銀は天正年間に肥前国内のほぼ全域にわたり、かつ諸階層にわたって深く浸透・流通しており、銀の「貨幣化」が成立していることを確認できた。さらに、天正十二年以前での龍造寺氏の領国経営においては、南蛮貿易での焔硝の調達時の決済用に銀が使用されていることが確認できた。また、同十九年の朝鮮出兵時の焔硝の調達において、城下町の御用商人たちの貯蓄銀が提供されており、ここからは御用商人らが大量の銀を蓄えていたことがわかる。すなわち、銀は海外との交易を経て肥前国内に循環してくるのであって、国内から一方的に国外へ流出しているのではないと考えられる。海外貿易と国内の銀流通とが連動していることが考えられる(51)。

ところで、朝鮮において日本銀の大量流入が問題となるのは、天文七年（一五三八）頃からで、朝鮮への倭銀密輸入が横行した結果であるといわれる(52)。日本国内での銀流通よりも二〇年ほど（永禄年間を想定）早いのは、石見銀の開発とともに朝鮮への流出が開始され、その後の朝鮮との交易を経て日本国内に銀の貯蓄が行われ、流通・循環するまでの時間的落差があったためと考えられよう。そこには『海東諸国記』や『大永享禄之比　御状并書状之跡付』(53)にみられる、国人領主をはじめとした松浦地域の人々による朝鮮半島沿岸部での活発な貿易行為も肥前国内への銀流入の一因であったといえよう。

ここで検討したように、肥前国内での民間レベルにおける銀の普及は、国内的には最も早かったと考えられる。これは肥前国地域特有の経済発展の中で形成されたものであり、龍造寺氏の領国政策の一環として推進されたものとはいえないと考える。

注

（1）浦長瀬隆『中近世日本貨幣流通史』勁草書房、二〇〇一年。
（2）本多博之『戦国織豊期の貨幣と石高制』吉川弘文館、二〇〇六年。
（3）川戸貴史『戦国期の貨幣と経済』吉川弘文館、二〇〇八年。
（4）千枝大志「中近世移行期伊勢神宮周辺地域における銀の普及と伊勢御師の機能」『神道史研究』五五―一、二〇〇七年。
（5）田中浩司「一六世紀後期の京都大徳寺の帳簿史料からみた金・銀・米・銭の流通と機能」（『国立歴史民俗博物館研究報告』第一一三集、二〇〇四年）。
（6）『戦国織豊期の貨幣と石高制』。
（7）『戦国期の貨幣と経済』。
（8）前掲注（4）千枝論文参照。
（9）中島圭一「京都における「銀貨」の成立」（『国立歴史民族博物館研究報告』一一三集、二〇〇四年）。
（10）前掲注（5）田中論文参照。
（11）前掲注（5）田中論文二〇八頁。
（12）戦国期の下野国を檀所（檀那場）としていた御師佐八氏宛の檀那からの礼状類には、初穂料納入に銀を使用した例はない。ほとんどが銭使用（疋の単位を使用）である。このことから戦国期の下野地域においては、銀の「貨幣化」はなされていないといえよう（「佐八文書」『栃木県史　史料編中世3』）。
（13）「村山文書」（『広島県史　古代中世資料編Ⅴ』）。

（14）①銀での納付は七人であり、御屋形様（毛利輝元）銀一〇枚、満願寺（宗秀）銀二枚、平佐藤右衛門尉就之―銀二五匁、井上但馬守就重かみさま銀一二匁、児玉元良―銀三〇〇匁、国司元相―銀三匁五分、粟谷（屋）掃部寮―銀三〇匁となる。②銀と銭での納付は二人であり、まち弥二郎が銀一六八匁と銭三貫文、まち弥三兵衛が銀三匁五分と銭五〇〇文である。③鍛（チャン）での納入は一人で、桂左衛門大夫（就宣）が鍛二貫文である。④銭での納入は三一人であった。そのうちビタでの納入は「一貫文ひた」粟屋備前守（元通）と⑥で述べる粟谷右京亮元勝「二貫文ひた」の二名である。⑤南京での納入は二人であり、毛利輝元の御かミさまが南京三〇貫文、桂就宣の御かミさまが南京一貫目二〇〇文である。⑥ビタと南京での納入は一人であり、粟谷右京亮元勝がビタ二貫五〇〇文と南京一貫文である。⑦米での納入は　人であり、興禅寺（元龍）が一俵。それ以外の二九人は初穂料を納めない者と物品で納めている者であった。なお、御屋形様（毛利輝元）は毛利氏当主、平佐藤右衛門尉就之は毛利氏年寄衆、元就の御手回役・側近、井上但馬守就重は五奉行、国司元相は隆元の守役・五奉行、桂左衛門大夫（就宣）は五奉行、粟屋右京亮元勝は未詳であり、彼らは毛利元就や・隆元・輝元からの偏諱を受けた名を使用しており、毛利氏との関係の深さを知ることができる。さらに、以上で最も注目できることは、本多氏や川戸氏が安芸国内では既に銀の「貨幣化」が進行しているとした天正九年（一五八一）の段階であるにもかかわらず、「御祓賦帳」を見る限りでは銭の使用例が銀の使用例を圧倒している事実である。また、安芸国内で特徴的な銭貨である「鍛」や「南京」が依然使用されており、かつ「ひた」の注記が寡少であることも重要である。

　銀を使用している人々を詳細にみると、まず気付くことは御屋形様（毛利輝元）銀一〇枚をはじめとして、児玉元良・国司元相・粟谷（屋）掃部寮などの毛利氏の重臣たちであること。次いで銭と併用して銀を使用した「まち」が注記された無姓者二名（まち弥二郎・まち弥三兵衛）は、郡山の城下町商人であったと考えられることである。すなわち、この帳簿から当時銀を支払い手段として利用可能であった人々とは、毛利氏とその重臣たち、及び富裕商人（毛利氏の御用商人）という非常に限定された階層の人々であったといえよう。

（15）川戸氏が例証とする天正五年のものは、佐田兵庫允居宅が「当町二郎右衛門」（高利貸業者カ）から借銀したものである。これらの事例は、すべて大友氏被官クラスの人々によるものであり、段銭を附加された農民が銀で直接納入していたのかは、再考の余地が残る。

(16) 神宮文庫蔵。『肥前日記』は、永禄四・十・十一年の三冊からなる。永禄四年の本文書の表紙には『肥前之国之日記　永禄四年十二月吉日かの　とりのとし　宮後三頭大夫』とあり、他のものは『肥前日記（年月日略）』と記す。なお本史料について論じた近年の論文には、千枝大志「中近世移行期伊勢神宮周辺地域における銀の普及と伊勢御師の機能」（『神道史研究』五五―一、二〇〇七年）、久田松和則「キリシタンの盛衰と伊勢御師の活動」（同氏『伊勢御師と旦那』弘文堂、二〇〇四年）などがある。

(17) 「御祓大麻」（おはらいたいま）は、御祓いをした大麻（幣帛）を箱（箱祓）や剣先型の紙に包んだ（剣御祓）伊勢神宮で発行されるお祓札。明治以降は「神宮大麻」と称した。また、数度の御祓いをする（数祓）ことで清めの力が増すとの信仰から、「一万度祓」（江戸期には大名クラスにのみ配布）・「五千度祓」なども頒布された。

(18) この『御祓賦帳』では、土産品として「のし」・「帯」・「扇」・「皿」、女性には「白粉」などがめだつが、信濃国を巡る御師の場合は、山国であることから「茶」・「のし」・「あおのり」・「鰹節」などが配布されている。土産品は、旦那が求める品が選ばれ、そこには地域性がみてとれる（真野純子「中世末期御厨旧地における伊勢信仰の展開過程」（『笠原一男還暦記念日本宗教史論集　上』吉川弘文館、一九七六年）。

(19) 注（17）参照。

(20) この数値は前掲千枝論文と異なる。

(21) 神宮文庫所蔵『三重県史　資料編　中世一　下』。

(22) 注（16）久田松論考。

(23) 『為替日記』についての詳細は、久田松前掲書第二章「中世末期、伊勢御師の為替と流通」参照。

(24) 鹿毛敏夫「分銅と計屋」（同氏『戦国大名の外交と都市・流通』思文閣出版、二〇〇六年）。

(25) それぞれの屋号（高瀬屋・沖浜屋）の由来は、出身地名を冠する場合や、各国の特産品を扱っていた場合とが考えられよう。

(26) 藤津町の現在地比定については、以下のように考える。永禄十年のものでは、「藤津分」とあり、かつて藤津郡の郡衙所在地であった「塩田」とは明確に分けられており、両者は各々別である。また、「藤津まち」は、肥後高瀬屋・豊後沖の浜屋（両方とも港町）との海上流通ルートで結びついていると考えられる。そこで、藤津は名前の通り港町であったと想定される。以上を総合して、「藤津まち」を現在の鹿島市浜町の付近に比定する。つまり藤津町は、地域内外へ通じる海上交通路と陸上交通路・河川交通路の利便性に恵まれた、交易拠点としての立地条件を満たした地点に成立した港町であり、海上ルートを利用した九州地域の流通ネットワークによって肥後・豊後の港湾都市と繋がっていた。また、この流通ルートに乗って地域間の銀流通も促進されたと考えられる。

(27)　中村道安入道は永禄十年には「まちの衆」と注記されているにもかかわらず、十一年の「藤津町」の項には記載されていない。その理由は未詳である。

(28)　天理大学附属図書館蔵。

(29)　久田松和則「肥前平戸領の伊勢信仰」（同氏『伊勢御師と旦那』）。

(30)　納入額は二一匁から九分に及ぶ、そのうち最多人数の納付額は三匁（六六人）、ついで二匁（五九人）・一匁（五九人）・六匁（四四人）となり、平均額は四・四匁である。

(31)　単純に有姓者は武士階層、無姓者は農民層に区分する。この分類方法は、新城常三『寺社参詣の社会経済史的研究』（塙書房、一九七七年）の中で、使用されているオーソドックスな分類方法である。現在では検討の余地もあると考えるが、ここではこの分類に従っておく。

(32)　天正十年の平戸領からの参宮者一八人のうち、銭での初穂料納入者は二人、同十二年は二六人中二人、同十四年は一二人中一〇人、同十六年は三五人中四人、同十九年は三一人中一〇人である。

(33)　その納入高が全員三文目で一致していることから、ほぼこの額が定額であったと考えられようか。久田松氏によると、平戸領での初穂料平均額は、銀で四・四匁である。また納入額で最多数を占めるのは三文目であり、全体の二〇％になるという（久田松前掲書一五六頁）。

(34)　久田松前掲書二五九頁参照。

(35)『御参宮人帳』天正十四年分・同十六年分。
(36)「多久家文書一〇五」(『佐賀県史料集成　第十巻』)。
(37)「多久家文書(多久家有之候御書物写一　二七)」(『佐賀県史料集成　第十巻』)。
(38)銀にも多種があり、文禄五年の「毛利輝元判形改札銀受取状」では、「はいふき」・「文禄銀」・「芸銀」・「温銀」の四種類に分けられている。また、吹くことによって減銀となることは、「減吹」と称された(「山田家文書」六・七、『広島県史　古代中世史料編Ⅴ』)。
(39)「吹減」については田中氏前掲論考に詳しい。
(40)龍造寺長信から隆信に宛てた書簡の中で祝儀として「青銅千疋」を贈っているもの(二通)である。また政家等が金で初穂料納入をしていたように、龍造寺氏等支配者層は、支出に際しては金・銀や銭を時々に応じて使い分けていたと言えよう。
(41)『大永享禄之比　御状并書状之跡付』。
(42)『嶋井氏年録』で嶋井氏による朝鮮交易の様子をみると、永禄十年(一五六七)九月の記事として「対州問屋博多屋ヨリ荷物送り越、(中略)不残荷物此方へ預、相応ニ代銀相渡」とあり、対馬の博多屋との取引を行い、銀で代金を支払っている。一般的な交易に銀が使用されていることがわかる。また翌年の永禄十一年(一五六八)には、神屋氏の船である永寿丸が釜山からさらに北上して兀良哈(おらんへ…朝鮮半島西岸を北上した豆満江付近ヵ)で交易をしたことが記載されている。この船は大坂に入港し、格別の利潤を得たこと、船頭・加古(水主)に褒美として銀子を与えたことが記されている。
(43)嘉瀬は『籌海図編』に載る有明海に面した港町で、中国からの船も入港したと考えられる。鑑真の上陸地との伝説を持つ。
(44)先行研究の代表的なものは、武野要子「鍋島氏の外交と貿易」(同氏『藩貿易史の研究』ミネルヴァ書房、一九七九年)。
(45)『佐賀県史料集成　第十七巻』。
(46)「平吉家文書」一二一(『佐賀県史料集成　第十七巻』)。貞享五年(一六八八)の成立。
(47)「平吉家文書」一。
(48)この銀子六〇目の借用には、質として宇佐神宮領内の一町二段三丈の土地からの公貢・公事料一五年分があてられている。

これは、中世の土倉的なの営業形態によくみられる、年季売りと呼ばれる貸借関係であり、平吉氏の営業形態が中世的な高利貸し活動に依拠していることがわかる。

(49)「平吉家文書」一二一。

(50)「平吉家文書」四。

(51)川戸前掲書第五章「悪銭問題と金・銀の『貨幣化』」参照。

(52)小葉田淳『金銀貿易史の研究』法政大学出版会、一九七六年参照。また銀の海外流出については、当時の銀山経営が戦国大名の直接経営ではなく、鉱山開発を行った商人に委ねられており、銀の領外への流出は当然存在したと考えられる。この点について、毛利氏の場合では、銀山役人吉岡氏らは毛利家家臣であるが、鉱山経営は商人に委託されていたとの研究がある。松岡美幸「一六世紀末期における毛利氏の石見銀山支配と鉱山社会」(石見銀山歴史文献調査団編『石見銀山　研究論文編』思文閣出版、二〇〇二年)。

(53)「宗家文書」。

第八章　中世後期の経済発展と銭貨

はじめに

一九七五年に大韓民国の全羅南道新安郡沖の海底で発見された中国船は、搭載されていた木簡の記載年号から、一三二三年六月に寧波を出航して博多をめざしていた途中に難破したものであった。さらにこの船は京都五山の一つ東福寺の修築費用にあてるために、元に派遣された貿易船であったこともわかっている。船底には二八トン、約八〇〇万枚におよぶ銅銭が積まれており、人々の注目を浴びた。銭貨を大量に搭載した貿易船は、十一世紀後半以降中国から日本をめざして頻繁に来港している。例えば、『大乗院寺社雑事記』の文明五年六月十七日の条には、遣明船に参加した貿易商人の楠葉西忍が「今度宝徳度ニモ、料足六万貫」と述べており、人量の銭貨が日本にもたらされたことがわかる。

こうして日本国内に流入した銭貨は、交換手段・支払手段として浸透していき、中世社会を貨幣経済社会へと進展させたのである。本章では、中世後期社会の商品流通の発展の様子や村落生活の中に浸透していた貨幣経済の実態を概観し、ついで支払方法としての代銭納の展開、さらに室町幕府の貨幣政策について考察してみる。

第一節　中世後期における商品流通の展開と銭貨

中世商業を特徴づける座商業について、脇田晴子氏は、その独占形態が市座独占から流通路独占へと変質することを指摘したが、[1]これは中世後期の商業において隔地間取引が重要な部分を占めるようになったことを意味するものである。それは裏返せば、中世後期の商品流通が隔地間取引の活発化に支えられていたことを示している。ここではその様相を二、三の例でみておきたい。

一　物資流通と銭貨の浸透

古代において西国から畿内への重要な年貢物輸送路であった瀬戸内海は、中世社会においてさらにその重要性を増し、京都を中心とする首都市場圏への幹線流通路となっていた。その畿内への中継港であった摂津国兵庫湊には、文安二年（一四四五）の一年間に北関に入港した船の記録である「兵庫北関入船納帳」[2]が現存している。それによると、一年間の延べ入港船数は一九〇三隻であり、船舶の船籍地は瀬戸内海沿岸諸国を中心として土佐・豊前にまで分布している。

これらの積み荷は、最も多いものが塩（十万六五九石）、次いで米（二万四八八〇石）、第三位は榑（材木）（三万七二〇五石）となっている。陸上輸送では不便で、重量があり、嵩む物資が海上輸送されていたことがわかる。なかでも塩は瀬戸内海地域の特産品であり、これを輸送した船の船籍地は、讃岐国塩飽（現香川県丸亀市）・嶋（現香川県小豆島に比定）・方本（現香川県高松市）・引田（現香川県引田町）、備後国三原（現広島県三原市）・尾道（現広島県尾道市）・

瀬戸田（現広島県瀬戸田町）、備前国下津井（現岡山県倉敷市）・宇野（現岡山県玉野市）、安芸国高崎（現広島県竹原市）、周防国柳井（現山口県柳井市）・上関（現山口県上関町）、淡路国由良（現兵庫県洲本市）などである。その地名は塩の生産地とほぼ一致しており、生産地の船によって輸送されたといえよう。このほかの積み荷では大豆・小麦等の穀類、ナマコ・イワシ・エビ・干鯛などの海産物、荏胡麻（灯明等の油原料）、苧（麻）、布、かね（鉄）、藍（染料）などがあり、多様な物資が西国から京都を中心とした首都市場圏に送り込まれてくることがわかる。

文安二年に兵庫北関に入港した輸送船一九〇三隻のうち、千石以上が四隻、千〜四百石が四五隻、四百〜二百石が二二七隻、二百〜百石が四八〇隻、百石以下が九二六隻（不明二一六隻）であった。百石以下の小型船が全体の四九％を占めていたことから、当時の瀬戸内海水運の特徴は、日中貿易に使用されるような、外洋での航海が可能な千石以上の大型船による遠距離からの大量輸送ではなく、おおむね近距離輸送に適した小型船が主流であったといえよう。

以上のように、瀬戸内海沿岸を中心した地域から畿内に運ばれた膨大な物資の多くは商品となり、貨幣（銭）を介して人々の手に渡ることとなる。すなわち、そこには大量の貨幣流通が可能な社会システムが成立していることを前提としている。もちろん、この兵庫北関に入港してくる船から徴収される関銭もすべて銭で徴収されていた。関料を銭で徴収することは兵庫関だけに限ったことではなく、街道に設置された関所の通行料（関銭）も銭で徴収されていた。すなわち十五世紀中期には、銭が支払手段としての機能を確実なものとしていたのである。

こうして貨幣が支払手段としての主座を占める社会となると、人々は多くの富（貨幣）を蓄積・獲得することに関心を寄せるようになる。十五世紀末から十六世紀前期にかけての奈良を中心として、社会や経済の様子をつづった『大乗院寺社雑事記』をみると、筆者である大乗院門跡尋尊が貨幣や富に対して多大な関心を示していたことがわかる。例えば、日明貿易に従事した商人である楠葉西忍から、日明貿易がどれほどの巨額の利益を産むものであるのかについて具体的な例をあげて語らせており、またそれを次のように克明に記録している[3]。

楠葉入道当年八十六歳也、両度乗唐船者也、今日相語之、唐船之理(利)ハ不可過生糸也、唐糸一斤二百五十目也、日本代五貫文也、於西国備前・備中銅一駄代十貫文也、於唐土明州雲州糸ニ替之者、四十貫・五十貫ニ成者也

すなわち、日本からの輸出品である備前・備中銅は一駄十貫文であるが、これを中国の明州・雲州糸に換えると日本では四〇貫・五〇貫文分に相当するとしている。中国からの輸入品としては、生糸が最も利益を産むものであったことがわかる。さらに、金・蘇芳が両国間で著しい価格差があることや、甘草等の薬種や糸の量目にも相違があることが語られており、尋尊の日明貿易に対する関心の深さもこの多大な利益収入にあったのであろう。遣明船は日明両国の国王による通交をたてまえとする公貿易であったが、実質はその巨大な利益に群がる有力な武士や寺社が仕立てており、さらにそれを実際に運営していたのが、都市の大商人であった。ここにも利益（貨幣）追求に血眼になっている当時の支配階級の人々の姿がある。はじめに述べた新安沖の沈没船は、東福寺の仕立てた船であったことを思い起こしてほしい。

二　民衆生活と銭貨

では民衆の生活において、貨幣はどの程度まで浸透していたのであろうか。十四世紀前期の若狭国と同後期の近江国の事例をみることとする。

(一)　若狭国遠敷《おにゅう》市場をめぐって

若狭国一宮である若狭姫神社の門前にあたる遠敷市場（現福井県小浜市）は、若狭国の国府や守護所の所在地である小浜（現福井県小浜市）と琵琶湖北岸の今津（現滋賀県今津町）を結ぶ九里半街道上に位置していた。その周辺に

は、京都にある東寺領荘園太良《たら》荘のほか、今富・宮川・国富・玉置荘などがある。遠敷市場はこれら周辺荘園を包摂する地域社会の交換経済を担う地域市場として、機能していたと考えられる。

建武元年（一三三四）十一月、太良荘の百姓が遠敷市場からの帰途に悪党に襲われ、所持物を奪われるという事件が起きた。この事件の経緯を記した「若狭太良庄雑掌申状并悪党人贓物注文案」(4)によれば、十一月二十一日夜、若狭国守護代田中掃部入道は太良荘内の寺家倉本角大夫を子息の四郎らに襲わせ、年貢以下の資財物などを奪い、さらに角大夫を捕えようとした。太良荘雑掌は、この事件を若狭国守護所と国衙在庁目代に訴えたが、かえって守護代は田中らをかばった。そして二十六日には、日野兵衛らの大勢を荘内に侵入させたので角大夫は逐電した。翌二十七日は遠敷市の市日であった。そこで起きた事件について、先の文書には次のように記されている。

当庄新検校并孫次郎以下百姓等、為売買立出彼市之処、伺此折、差遣件日野兵衛以下大勢於彼市庭、奪取新検校等所持銭貨并所買持絹布以下色々資財物等、剰搦捕其身等之条、為白中事之間、往行市人等驚耳目之者也

遠敷市場で悪党人の暴挙にあったのは百姓の新検校と孫次郎であった。新検校は正安四年（一三〇二）の太良荘「早米納帳」(5)から、勧心名と一色田を小作している小百姓であることがわかる。すなわち遠敷市場に出入りしていた彼らは、百姓身分とはいえ経営規模が零細な小作を主体とする百姓であったと考えられる。

さてこの事件を記した「注文案」の末尾には、彼らが悪党人に奪われた物資の明細が記されている。それらは、銭貨三貫二五〇文、絹片、縫小袖（縫取りのある小袖か）、紺布三片、白布二片、綿五両、抽出綿（古綿）一、刀五腰、布小袖二と、このほか「細々雑々物」であった。襲われた新検校らの所持物は「買持」とあり、遠敷市場での購入物であることがわかる。これらは、百姓層が日常的に使用する衣料品が主であり、彼ら自身の消費にあてられた品々であろう。しかし刀五腰などの購入物は転売を目的としていたとも考えられよう。また彼らが所持していた三貫二五〇文の銭についてであるが、これは彼らの余剰生産物・加工品などを市場で販売して得た銭貨であったのであろう。当

時太良荘の年貢は大部分が銭で納入される代銭納であり、畠作物を原料とする加工品を遠敷市場で販売し、代銭納にあてていたにちがいない。

ところで宝徳三年（一四五一）には、太良荘百姓が「一日も小浜へ出入仕り候ハてハ、かなわぬ在所に候」と訴えるほどに、太良荘と小浜との関係は密接なものになっていた。例えば太良荘内には小浜に居住する借上（高利貸）の石見房覚秀が、荘内の内御堂別当職や助国半名などの所有権者となっている。また小浜は当時「小浜津」と称され、北陸の海上交通の一大結節点であり、『若狭今富名領主代々次第』によると、「応永廿八年七月四日、小浜問丸共依訴訟被替長法寺方畢」とあって、十五世紀前半には小浜津の運営に「問丸共」が強く関わっていたことがわかる。また延文年間（一三五六～六一）には、小浜津に「市の塔」が建立され、若狭国内の流通・金融の中心的地位を占めるにいたった。このように小浜の経済的発展は、前述のような十四世紀以来の太良荘百姓等の交換経済への積極的な関与によるものであった。

(6) (7) (8)

(二) 近江国今堀郷の惣村において

中世後期の近江国蒲生郡今堀郷（現滋賀県東近江市）は、湖東平野一帯を主たる営業権とし、さらには若狭国小浜や伊勢国桑名（現三重県桑名市）へまでも隔地間取引を行った商人集団が居住する地として著名である。また今堀郷の日吉神社に残された「今堀日吉神社文書」(9)は、村落に居住する人々の商業活動を伝える数少ない史料であるばかりでなく、十五世紀の惣村の姿を知るうえでも貴重なものである。すなわち、この今堀郷には村人の自治組織である惣が成立しており、その運営のために度々村掟が作られている。ここでは次の五つの村掟のなかから、当時の農村への貨幣の浸透度がどの程度のものであるのかをみることとする。

［1］文安五年（一四四八）十一月十四日　衆議定書案(10)

［2］延徳元年（一四八九）十一月四日　今堀地下掟書案(11)

［3］文亀二年（一五〇二）三月九日　衆議定書案(12)

［4］永正元年（一五〇四）十月七日　直物定書案(13)

［5］永正元年（一五〇四）座抜日記(14)

［1］の衆議定書案は四箇条からなる。

定　条〻事

一寄合ふれ二度ニ不出人者、五十文可為咎者也、

一森林木なへ切木ハ五百文宛可為咎者也、

一木柴并くわの木ハ百文宛可為咎者也、

一切初かきハ、一ツたるへき者也、

依衆儀（議）、所定如件、

文安五年十一月十四日始之

第一条では寄合の開催の合図が二度あったにもかかわらず、出席してこない者は咎銭五十文、第二条・第三条では森林木や木柴・桑木をかってに切った場合の咎銭の規定である。ここでは日常の生活上の咎が銭によって償われており、農村への銭貨の浸透度の深さを知ることができる。

［2］の今堀地下掟書案では、

定　今堀地下掟之事

（中略）

一惣ノ地ト私ノ地トサイメ相論ハ、金ニテすますへシ、

（中略）
一二月・六月サルカク（猿楽）ノ六（禄）ヲ壱貫文ツヽ、惣銭ヲ可出者也、
一家売タル人ノ方ヨリ、百文ニハ三文ツヽ、壱貫文ニハ卅文ツヽ、惣へ可出者也（中略）
（中略）
一家立時ノ硯酒三文銭不可出者也、
（後略）

などの条項に、銭に関する規定がみられる。特に惣有地と私有地の境相論については金で解決するように定めており、注目に値する。すなわち、銭（貨幣）が土地に代わる財産となりうるという意識が定着してきていることを示している。同時に家を売却した際の代価がやはり貨幣で支払われることも一般化していることがわかる。

［3］の衆議定書案は、森林の木柴の手折や寄土に対する各の条項を含み［1］の二・三・四条と内容的には類似する。

［4］の直物とは、惣村の座の神事の頭役を務める際に座に納付する米銭や、座のおとな（老人）や中老に加入する際に納める米銭のことをいうが、この定書はその際に支払うべき金額を定めたものである。例えば、

定條目之事直物之事
一官成者、馬牛飼人ハ四百文宛、余ハ三百文也、
一烏増（帽）子者、五百文可被出者也、
一乙刄（丑）年ノ当頭請人ハ、二貫御直あるへき也、
（以下略）

などである。「官成《オトナナリ》」すなわち惣のオトナ[15]に加入する際の金額は、馬牛を飼っている富有層の百姓とそれ以外の百姓層とに分けて、負担額が決められている。惣は本来平等の論理で構成されているものであるが、現実には惣村内に貧

富差が生じていたのである。今堀の場合は商業活動による貨幣の集積がその要因とも考えられるが、農村社会においても経済格差が身分差となっていることを示している。

さらに［5］の座抜日記は、年貢未進や座への出銭を行うことができなかった村人に対して、座の構成員からはずすことを確認した文書である。例えば次のように記されている。

立ノ又太郎　依無力座ヲ抜畢

（中略）

若兵衛五郎　百文之未進有之依座ヲ抜畢、

（中略）

右若於以後座ニ入輩者、未進有方〻ハ、料足ヲ算用可有〻〻ニテ、足洗酒如先〻本走《ソウ》可有候、

「依無力」とは、経済的能力、負担能力が無いことを示しており、その場合には「座ヲ抜畢」ということになる。しかし、その後先の未進分を精算すれば再び入座することができるのであって、これは一面では座への加入権が貨幣によって獲得可能となったともいえるのである。この時期、商業座や手工業座の座頭の権利が、得分権化して貨幣で売買される傾向が生じてきているのと同様の動きである。以上、十五世紀中期以降の今堀郷の種々の掟をみると、農村社会が貨幣経済体制に組み込まれている状況が非常に鮮明なものとなる。

三　礼物としての銭の使用

十六世紀の日本にキリスト教の宣教師として渡来したルイス・フロイスが日本とヨーロッパの習慣の違いを個別具体的に比較して記録した『日欧文化比較』には、「ヨーロッパでは一般に銅の貨幣を贈物にすることはない。日本で

は銭箱をもって、主人の許に礼に行くことはごく普通のことである」とあって、日本の習慣では銭が礼物として使用されていると記されている。これはヨーロッパ人にとっては奇異なことであったようである。しかし、当時の文書をみると、礼物としての貨幣の使用が頻出する。先述の今堀商人は、琵琶湖西岸の今津から九里半街道を経て若狭国小浜まで通商にでかけるが、その際に五箇商人とこの街道の通行をめぐって相論となった。この時五箇商人側から提出された「南北五ヶ出銭之事[16]」によると、この街道に関所が建てられるたびに、その通行特権を獲得する目的で、関所の設置者（国人領主）に「御樽御礼物」や「馬・太刀并方々の礼物卅六貫文」などの礼物・礼銭をだしている[17]。このような方法で中世商人は個々に対応して自由通行特権（過書[18]）を得ていたことがわかる。このような礼銭の事例は、この時期に全国的にみられるものである。

また武士階級においては、さまざまな場面で「祝儀」として銭が使用される。天文十六年（一五四七）、筑後国の国人領主田尻親種は子の鑑種の継目安堵状受領のために豊後国府内の大友義鑑の下へでかけるが、その際に大友氏だけではなくその重臣たちにも礼物を贈っている。佐藤満洋「筑後国田尻氏の豊後府内参府について[19]」によると、加判衆の入田親廉には太刀類五腰・鞍一口・さめ一束・織物三端・和銭七〇〇疋・その他若干、山下和泉守には太刀類三腰・さめ三枚・鷹ゆかけ一・織物二端・和銭七〇〇疋、斎藤播磨守には太刀類三腰・馬一疋・さめ三枚・ゆかけ一・織物二端・和銭七〇〇疋などである。ここから「和銭」が贈答品として太刀・織物とともに、どの人々に対しても共通に贈られていたことがわかる。当時の社会において一般的な習慣であったといえよう。

このような銭のやりとりの習慣は、将軍と守護大名間、さらに公家社会においても日常化していた。桜井英治「折紙銭と十五世紀の贈与経済[20]」では、実際に銭の移動を伴わずに、目録上で銭のやりとりが行われることが一般化していたことを明らかにしている。以上みてきたように、フロイスの記述した礼物として銭を使用する習慣は、中世の日本社会においては、ごく日常的な習慣であり、貨幣経済の進展状況を示すものであった。

第二節　代銭納の展開と諸権力の貨幣政策

第一節でみたように商品経済、あるいは貨幣経済が全国的に展開していた中世後期社会において、諸権力はどのような方法によって銭貨を獲得しようとしたのであろうか。本節ではそのあり方を代銭納の問題から検討していきたい。

一　代銭納の進展

中世銭貨の流通状況の研究は、古くは玉泉大梁氏の著書『室町時代の田租』[21]がある。これは売券にみられる支払手段の分析によって、銭貨の普及状況を分析する方法であり、以後この方法が銭貨流通の分析スタイルとして定着している。これらの研究成果から、十三世紀の第三四半期以降多くの荘園において年貢・公事が現物納から代銭納へと転換していくことが周知の事実となった。近年、松延康隆氏は『鎌倉遺文』所収の土地売券を網羅的に分類整理した結果、十三世紀前期に、銭は絹・布の貨幣的機能を完全に吸収・統合し、後期になると、銭は米の貨幣的機能を吸収し、十四世紀前期にあらゆるものの価値尺度となるとしている。この分析は、前述の玉泉氏の米と銭との使用割合の指摘とほぼ同様の結果を示しているが、銭貨が支払手段として普及していく過程がより詳細、明確になった[22]。

ところで、この代銭納に関する具体的な研究は、豊田武氏の研究[23]によって始められたといえよう。氏の研究は代銭納の成立条件を検討したもので、①鎌倉期の農工生産力の向上、②荘園市場の成立、③銭貨流通の増大の三点に求めている。さらに水上一久氏[24]は成立条件に、現物年貢の海上輸送に伴う障害・危険回避のためであるとの見解を示した。このような研究を基礎として一九六二年に発表されたものが、佐々木銀弥「荘園における代銭納制の成立と展開」[25]である。氏は代銭納研究を、その成立、各階層（荘園領主、地頭・荘官、荘園農民）の代銭納要求とその対応、運送の問題など多方面からの検討を行った。その後、代銭納に焦点をあて、その成立を正面から取り上げた研究は行われていない。

鎌倉後期に年貢・公事の納入法が現物から代銭による形態へと移行する動きは、室町期に入り全国的にほぼ定着したといえよう。それは室町幕府が段銭・棟別銭・酒屋役・土倉役など各種の公事を銭で徴収した事実から裏付けることができる。例えば、明徳四年（一三九三）十一月二十六日付の管領斯波義将の下知状(26)には、「洛中・辺土散在土倉并酒屋役条々」として「一、政所方年中行事要脚内、六千貫文支配事　為毎月々別沙汰之上者、縦雖有御急用、寺社并公方臨時課役等、永可被免除之焉」とある。すなわち、洛中及び周辺の酒屋・土倉に課せられた課役のうち、政所が管理する将軍家の年中行事費用のうち六千貫文については、月別に徴収することとしている。土倉役や酒屋役は本来臨時に徴収されるものであったが、ここで恒常的に徴収される税へと変化していること、また京都地域から六千貫文という巨額の銭が集められることから、銭の流通量が膨大な数であったことが指摘できる。中世後期社会がまさに貨幣経済社会であることを認識できよう。

土倉役や酒屋役が商業に対する営業税であるならば、耕地（田畠）に対して課されるのが段銭であって、これは段別を基準として賦課された。さらに棟別銭は家屋の棟数別に賦課したものである。両者とも内裏造営や伊勢神宮の造営の経費に充てるなど、本来は臨時の課役としての性格が強い公事である。室町期には、両者ともに幕府の重要な財源となり、先にみた酒屋・土倉役同様に定期性の強い税となり、諸国平均に賦課されることが多くなった。この徴収方法には、京済といって荘園領主等が賦課された金額を京都において納入するものと、現地で守護が徴収するものとがあった。前者の場合には守護の荘園への入部を拒否できたので、多くの寺社や公家などは京済を選んだ。どちらの場合も現銭で徴収された。また、荘園領主や守護が独自に自己の所領や領国において賦課する例も多く、段銭徴収にあたっては段銭注文を作成した。

例えば太宰府天満宮（福岡県太宰府市）が康正三年（一四五七）五月に筑後国水田荘から段銭を徴収した際には、「地下下牟田・得飯・あま《（甘）》木・康正三年五月段銭事、四十文宛、名〻可有其沙汰、目録如此」として「百文　たけひさ」「三百五十文　中しま」のように、各名の面積に応じて段別四〇文を賦課しており、その課税額を銭で表示する方法がとられた[27]。

以上みたように、室町期には耕地からの税の徴収についても段銭徴収方式が全国化しており、銭納が容易に行われるだけの貨幣普及状況が社会的背景にあることを示唆している。

二　戦国大名と銭貨

前項に述べたように、室町期における年貢銭納制の普及を契機として戦国大名は領国内の検地を実施して田畑の面積を確定し、段別に年貢高（貫高）を決定する方法を採用した。つまり土地表示法として貨幣量単位で示す貫高制を採用したのである。この貫高制は家臣団に対して所領給与を貫高表示で行い、これが軍役負担量の基準となった。すなわち、貫高は、知行・軍役・段銭賦課の統一的基準となったのである。貫高制に基づく年貢徴収は、物資調達資金を集める必要性からも、現銭での徴収が便利であったためである。

戦国大名によって広汎に採用された貫高制であるが、なかでも東国地方では、銭貨のうちでも特に永楽銭の価値を基準として、年貢の収納高を算定する税の徴収方式が現れる。「永高」という。次の史料は後北条氏の天正五年（一五七七）の武蔵国符川村の検地書出の一部である[28]。

一　拾四町五段小十歩　田数
　　分銭七拾弐貫六百七十九文　段別五百文宛

一　弐拾四町弐段半卅歩　畠数
　　分銭四拾貫廿七文　段別百六十五文宛
　此内拾五貫七百六十二文　夏成
　　此永楽七貫八百八十一文
　以上百拾弐貫七百文
（後略）

後北条氏はこの符川村において、田は段別五〇〇文宛、畠は段別一六五文宛として田畠それぞれの面積を銭に換算して表示している。これが貫高による土地表示法である。さらにここでは、夏成分の一五貫七六二文を永楽銭に換算して七貫八八一文としてあり、この場合には永楽銭の価値を精銭の二倍としている。

このように銭貨は交換手段としてだけではなく、戦国大名の領国支配のためのあらゆる部門、すなわち年貢高・所領や軍役等にわたっての基準として採用されていたのであり、ここに貨幣経済社会の成熟した一つの形態をうかがうことができる。

三　銭貨流通の地域性（代銭納の終焉）

畿内・西国諸国の土地売券を収集整理した浦長瀬隆氏の一連の研究[29]によると、土地売買時の支払手段は、畿内西国の諸国においては一五六〇～七〇年代に銅銭から米に転換するのに対して、伊勢ではほぼ同時期に銅銭から主として金に転換するという。この研究は十六世紀後半、中世・近世移行期の西日本における貨幣使用のあり方について、その特徴を以下の二点で明らかにしたものである。すなわち、第一には中世における代銭納の終焉の時期を明示したこと、第二に畿内西国と伊勢（東日本の窓口的位置を占める）とが代銭納の終焉の時期に異なる動きを示していることを明確にしたことである。

第一の問題は、この時期に中国渡来銭の信用価値が急激に下落したためにおきた現象であると考えられる。とするとなぜこの時期にかかる現象が生じたのかが問題である。このことについては、近年中世日本の貨幣問題を中国史の側からの視点で捉えようとする研究を黒田明伸氏らが発表[30]しているので、参照していただきたい。

第二の問題は、かつて小葉田淳氏が東海（美濃・尾張・伊勢）地域を交錯地域として、西国では「古銭」が精銭であって永楽銭は撰銭対象となる悪銭にすぎないが、東国では永楽銭が最上位の精銭としての地位を得ている、と指摘したことを裏付けるものである。

この永楽銭の評価に対する東西の差は、撰銭令の初見とされる大内氏の文明十七年（一四八五）の法令において既にみられる。すなわち永楽・宣徳通宝を百文につき二〇文までは混用して使用することを許可しており、このふたつの通貨は低い評価を得ていることがわかる。さらにこの傾向は、十六世紀以降に室町幕府がだした撰銭令においてもみられるもので、洪武・永楽・宣徳通宝については、三分の一までは混用してよいとしている[31]。すなわち、十五世紀の後半以降、西国では既に永楽銭の貨幣としての評価は低いものであった。それに対して、東国においては先の後北条氏の場合にみたように、十六世紀後半には永楽銭の価値は高く評価されていたことが史料上から確認できる。しかし鈴木公雄氏の備蓄銭の出土データ[32]によると、この傾向はもう少し早く、十五世紀の第二四半期から第三四半期以降に永楽銭が備蓄銭の主要銭種として登場し、それは十六世紀の終わりまで他の銭種を断然引き離して首位の座を占めるとしている。またこの傾向は、東国の備蓄銭において顕著であるという。

以上のように、十五世紀の中期頃の日本国内においては永楽銭の通用価値が東国と西国では異なる評価を得ていたのである。ところで戦前に伊奈健次氏は、永禄・元亀・天正年間の伊勢大湊の入湊料徴収において、永楽銭が各種銅銭中で最高の評価を与えられていたことを明らかにした。永原慶二氏はこれに加えて小葉田淳氏の指摘や近年の研究などに立脚して、東国地域の経済構造に迫った[33]。氏は「伊勢大湊を扇のカナメのような位置にして」「永楽銭基準通貨圏」というべきものが存在することを想定している。先述のように後北条氏の領国では永高の採用によって、永楽銭の価値が高く設定されていたが、その傾向は東国全体に広がりをみせており、その窓口となるのが伊勢大湊であって、「西国の人びとは宋銭を主力とする良銭を残し、永楽銭を伊勢商人等に支払う。伊勢商人等はその永楽銭を東国向け取引にあて、受取り勘定は精銭たる宋銭（のちにそれが鈴木のいうとおり、びた銭と称された）などで取り、畿内西国との取引にはそれで支払う。伊勢商人等はこうすることによって通常の意味の商業利潤だけでなく、永楽銭と精銭の評価差から生ずる一種の為替利潤を大きく手にすることができるはずである」と述べ、東西商業の結節点として大湊が果たした経済構造上のメカニズムを解明した。

では西国では東国の永楽銭に対応するような、高い評価を与えられた銭貨が存在していたのであろうか。

櫻木晋一氏の報告「黒木町の出土備蓄銭[34]」によると、福岡県黒木町で出土した備蓄銭には、壺一つに九六〇〇枚余の中国銭が納められていた。そのうち九九・四六％が洪武通宝であり、そのタイプはほぼ同一のものばかりであったという。また薩摩で鋳造された私鋳銭として有名な「加治木銭」も洪武通宝を摸したものであるという。さらに江戸時代寛永年間の特産物を書き記した『毛吹草』には、筑後国と薩摩国の特産物の中に「洪武銭（コロセン）」とあり、江戸時代初期には両国で洪武通宝が大量に流通していたことを示唆していると考えられる。これらのことから櫻木氏は、「東の永楽、西のビタ」という場合の「ビタ」に相当する貨幣として、洪武通宝を考えることができるとしている[35]。ただし、鈴木公雄氏の前掲書によると備蓄銭に対する永楽銭の比率の高さは、九州でも東国と同様であるとのことであるから、畿内と九州を西日本として単純に同列に置くことには問題がありそうである。

おわりに

以上のように中世後期に至り、銭の流通が一般化したにもかかわらず、室町幕府は独自の貨幣を発行せず、もっぱら中国からの輸入に頼っていた。室町幕府がなぜ独自の貨幣を発行せずに輸入に頼ったのかについては、①日本で産出する銅は主に硫化銅であり、その精錬技術が当時の日本になかったこと、②幕府に貨幣を発行するだけの信用力と財政基盤がなかったこと、③日本では中国に比べて銅銭の価値のほうが金よりも高かったので、金を輸出して銅銭を輸入するほうが経済的であった、などが根拠とされている。さらに佐藤進一氏は「室町幕府論」(36)において室町幕府が勘合貿易を独占することによって、中国からの貨幣輸入の権限も掌握することが可能となり、ひいてはこれが事実上の貨幣発行権の掌握に通じていた、との説を提示している。この点については今後の研究の進展が待たれる部分である。

注

(1) 脇田晴子氏は「中世商業の展開」(『日本史研究』五一号、一九六〇年、のち『日本中世商業発達史の研究』お茶の水書房、一九六九年)において、中世の座商業は、十五世紀に市場での営業権(市座権)を獲得することに主力をおいていたが、十六世紀になると流通ルート(商品の仕入れ地から販売地への)を独占的に利用する権利を獲得することに主力をおくようになると指摘した。

(2) 本書は文安二年三月から翌々年正月までの記録である。ここには月日を追って入港した船の地名(船籍地なのか物資積出港なのかは不明)、積載品目・積載量、関料・納入日、船頭名、関料を徴収した問丸名が記入されている。これとは別に東京大学に所蔵されている『兵庫北関入船納帳』は文安二年正月と二月の状況が記載されている。記載内容は前者と若干異なる点があるが、両者を突き合わせることにより瀬戸内海の各地から兵庫津に輸送された諸物資がわかり、当時の瀬戸内海流通の実態を知る貴重な記録である。林屋辰三郎編『兵庫北関入船納帳』(中央公論美術出版、一九八一年)として公刊されている。

(3)『大乗院寺社雑事記　七巻』文明十二年十二月二十一日条。

(4)『東寺文書　一』(大日本古文書)東京大学出版会。

(5)『東寺文書　二』(大日本古文書)東京大学出版会。

(6)『東寺文書　四』(大日本古文書)東京大学出版会。

(7)『群書類従　巻五』。

(8)市場は本来神聖な場、すなわち寺社の境内で開かれることが多かった(門前市)。しかし門前以外でも市場が開かれるようになると、神聖な場をつくりあげるために市神を祀ることが行われた。小浜の「市の塔」は延文三年(一三五八)長井雅楽介によって建立された石造の五重の宝篋院塔であって、ここが神聖な場であったことを現している。小浜市和久里に現存している。

(9)仲村研編『今堀日吉神社文書集成』雄山閣出版、一九八一年。

(10)『今堀日吉神社文書集成』三六九号。

(11)『今堀日吉神社文書集成』三六三号。

(12)『今堀日吉神社文書集成』三七五号。

(13)『今堀日吉神社文書集成』三七四号。

(14)『今堀日吉神社文書集成』五七〇号。

(15)おとなり(乙名成)は官途成(かんとなり)ともいい、中世の町や村の成員が乙名(町や村を運営する指導者)になるための儀式であり、これを経ることによって成員内の年齢階梯制の最上位に立つことができた。
(16)『今堀日吉神社文書集成』一三八号。年未詳文書であるが、永正十五年と推定されている。
(17) 近年、礼物としての銭貨のやりとりの構造を「礼銭体制」と呼ぶことが提唱されている。田中浩司「日本中世における銭貨の社会的昨今をめぐって」(『熊ヶ谷出土銭調査報告書』町田市教育委員会編、一九九六年)。
(18) 当時過書は通行税の免許状的な意味が強く、その発給には礼銭が不可欠であった。
(19) 渡辺澄夫先生古希記念事業会編『九州中世社会の研究』第一法規、一九八一年。
(20) 勝俣鎮夫編『中世人の生活世界』山川出版社、一九九六年。
(21) 玉泉大梁『室町時代の田租』吉川弘文館、一九六九年、復刻版。
(22) 松延康隆「銭と貨幣の観念」(『列島の文化史』6、日本エディタースクール出版部、一九八九年)、『日本中世史研究事典』(東京堂出版、一九九五年)の「中世貨幣」の項を参照。
(23) 同氏『豊田武著作集第二巻　中世日本の商業』(吉川弘文館、一九七九年)参照。
(24) 水上一久「貨幣経済の発達と荘園」(『金沢大学法文学部論集　哲学・史学編』一号)。
(25) 佐々木銀弥『中世商品流通史の研究』法政大学出版会、一九七二年。
(26)『中世法制史料集　室町幕府法』岩波書店、一九七五年。
(27)『大宰府・太宰府天満宮史料　巻一三』。
(28)『新編武州古文書　上』入間郡六四「北条家検地書出」。
(29) 浦長瀬隆『中近世日本貨幣流通史』勁草書房、二〇〇一年。
(30) 黒田「一六・一七世紀環シナ海経済と銭貨流通」(歴史学研究会編『越境する貨幣』青木書店、一九九九年)。
(31) 永禄三年(一五六〇)七月の室町幕府追加法三四四条(『中世法制史料集　室町幕府法』岩波書店、一九六五年)には、「えいらく・せんとく・われ銭以下、とりあわせて、百文に三十二文、向後取りかわすべし」とある。
(32) 鈴木公雄『出土銭貨の研究』東京大学出版会、一九九九年。

（33）永原慶二「伊勢商人と永楽銭基準通貨圏」、同氏『戦国期の政治経済構造』岩波書店、一九九七年。小葉田淳・伊奈健次氏の研究についても詳細に述べられている。

（34）『出土銭貨』第八号、所収。

（35）「ビタ」については異説もある。例えば鈴木公雄氏は宋銭をさすとしている

（36）『岩波講座　日本歴史　中世三』岩波書店、一九七六年。

付

天正十七年御祓賦帳

——翻刻および解題——

（天理大学附属図書館蔵）

天正拾七乙酉歳

筑後国　　　天正十七年乙酉

肥前国　　　御祓帳　使竹市善右衛門尉

肥後国　　　八月吉日

蛎久

状・〇・　香田《やど》兵部左衛門尉殿　帯　扇　箱祓
状・・・・　宮仕房《同やど》　無色　帯　箱祓
状・・・懇　市久庵　無色《ぼし》　帯　小刀　箱祓
状・・・懇　河副藤左衛門尉殿　小刀　箱祓
同　新左衛門尉殿　小刀　箱祓
状・・・　中元寺平次郎殿　帯　箱祓
・　岩松七郎左衛門殿　帯帯
~~同伯耆守殿~~　扇
~~同孫十郎殿~~　小刀
同太郎右衛門殿　帯扇
中元寺神五左衛門殿　帯帯

小野四郎兵衛殿　子二小刀　帯　扇

立石源二郎殿　はこ　小刀　~~帯扇~~

状・　・・懇　中元寺主税助殿　はこ　小刀

同むすめこさま御祓参候

状・　・・懇　同右京亮殿　はこ　小刀　箱祓

同むす子殿へわたほし申上候

状・　・・懇　西村木工亮殿　はこ　小刀　箱祓

同子二わたほし申状

状　・・　大坪新七郎殿　帯　扇

状・　・・　中元寺藤二左衛門殿　はこ　小刀　帯

同二郎三郎殿　小刀

同新二郎殿　帯　はこ

小林新衛門殿　はこ　~~帯扇~~　あふき

蛎久北畠

状・　・懇　新四郎殿 昨也　帯　はこ

小刀

状・　・・懇　題橋院　はこ　はり　帯筆

大工将監殿　帯　はこ　小刀

状　当年参宮也　同源衛門殿　帯　はこ　小刀

音無宗兵衛殿　はこ　あふき

音無三郎左衛門殿　はこ　あふき

同清兵衛殿

平野内蔵助殿

状・　・・懇　月慶斎　はこ　帯　扇

状・　・・　同むす子殿へわたほし　中嶋河内守殿　はこ　帯

状・　・・懇　同新五兵衛殿扇　宗慶　はこ　帯　無色　筆

状

・

才隣　東堂様　　はこ　帯　扇

筆

中元寺右近丞殿　箱祓　帯　扇

松田五郎兵衛殿　帯　扇　はこ

同五郎三郎殿　小刀　はこ

渡瀬四郎兵衛殿　帯　扇　箱祓

渡瀬内蔵助殿　帯　扇　はこ

同宗左衛門殿

古河帯刀殿　帯　扇　はこ

状

・
・

蔵崎左近殿　帯　扇　はこ

同一郎五郎殿こかたな

中元寺~~善十郎~~殿　小刀

甚衛門殿

一殿　帯　はこ

二殿　帯　はこ

若宮殿　帯　はこ

同新八郎殿　小刀

状・　・・　中元寺左衛門殿　帯　扇　はこ

状・　・・　小木右京亮殿　帯　扇　はこ

□兵衛志衛門殿

状　・・　岩松六郎左衛門尉殿　はこ　帯　扇

栽松軒　無色帯　扇

岩松孫五郎殿

同左京亮殿　孫三郎殿

松田源衛門殿

中元寺右衛門尉殿　をひ　はこ

同源右衛門殿　小刀

田中宗五郎殿　帯　箱祓

藤太衛門殿　箱祓

岩松九郎左衛門殿　帯　扇

状・　・・　懇　中元寺新左衛門殿　箱祓　帯　扇

・・　佐渡守殿

同新四郎殿小刀

衛門殿

状　・・　懇　中元寺五郎廿郎殿　帯　扇　はこ

状・・正隣　伊勢やるす居　無色　帯　扇　箱

・小林九郎兵衛殿　帯　はこ

孫九郎殿

田原市助殿　はこ　帯

状・・・河副内蔵亮殿　はこ　帯　扇

小刀

同むす子殿へ　わたほし

状・同弥七郎殿　はこ　小刀　帯

小刀筆

状・○同宗仙　はこ　帯　扇二

懇

状・・河副兵部丞殿　はこ　小刀

周防守殿

帯　扇

状・・同新十郎殿　小刀

同新左衛門殿

同新五郎殿

四郎衛殿

○宗福庵　はこ　無色帯

同永宅　無色帯
山田内蔵助殿
木下左近丞殿　はこ　帯　扇
同新四郎殿小刀　壱岐守殿
状・・　同左馬亮殿　はこ　帯　のし
状・・懇　犬星七郎兵衛殿　はこ　小刀　のし
帯　扇
状・・懇　木下伊予守殿　はこ　小刀
状・・　同新八郎殿　はこ　帯　扇
鳥巣新兵衛殿　はこ
鳥巣三郎二郎殿　はこ　小刀
状・・　同与一左衛門殿　帯　扇
中元寺新八郎殿
長衛門殿
教
状・・懇　光林寺
状・　松陰軒　はこ
同自連　小刀

状　・・　中嶋内蔵助殿

状　・・　~~妙善~~いん

状　・・　立河三朗左衛門殿　　はこ

状　・・　光大寺

正昨

地福寺

正行

正柏

御参宮

状　・・　中元寺新~~十郎殿~~左衛門殿　　~~中~~~~中~~

香月将監殿

守蔵主

大坪右衛門殿

大石孫二郎殿

山口左馬亮殿

音無市佐殿

山田内蔵助殿
状　・・懇　森主馬亮殿　はこ　小刀
状　・・懇　河副宗二郎殿　御さん宮　はこ　小刀
大工新兵衛殿　はこ
状　・・　岩松隼人殿
新十郎殿　千衛門殿
・　鳥巣宗五郎殿
又左衛門殿
状　・・　同十郎九郎殿　はこ
同まこ九郎殿
同五郎二郎殿　はこ
代官忠兵衛殿
橋野甚兵衛殿
小林善兵衛殿
新衛門殿

善左衛門殿

与助殿

状　・・　懇　柳島伊豆守殿　はこ　小刀

京久

状・　・　柳島主膳殿

源

中嶋善左衛門殿

状　・・　末次右衛門助殿　はこ

状・　・・　山下九郎左衛門殿　はこ

真嶋四郎兵衛殿

◯勘解由左衛門殿

右近四郎左衛門殿

状　・・　懇　右近二衛門殿　はこ

状　・・　七田左馬亮殿

四郎兵衛殿

長清軒

状・・　懇　堤織部佑殿　はこ　小刀

同はは子
中嶋二郎左衛門殿

太郎左衛門殿

真嶋対馬守殿

状・・　懇　大庭~~掃部助~~殿
石見守

田中八郎左衛門殿

状・・　懇　右近刑部少輔殿　はこ

真嶋左衛門尉殿

中溝二右衛門殿

状・・　懇　真嶋蔵人殿　はこ

状・・　真嶋~~新三郎殿~~
市左衛門尉殿

状・・　懇　小林四郎左衛門尉殿　はこ　小刀

小賀善衛門殿

同　主馬殿

状・・　長松三郎兵衛殿

状・・　同善右衛門殿

状・・　山田藤二左衛門殿　はこ

同治部少輔殿

状参くう也　大甫殿　はこ

清龍院

状・・　貇　中嶋勘右衛門殿　はこ　小刀

状・・　小柳兵部丞殿

状・・　○小林二郎兵衛殿　走廻

状・・　右近左近丞殿　はこ

状・・　大河新九郎殿　惣助殿　はこ

状・　高福寺　はこ

状　孫次郎殿　はこ

佐賀龍造寺村

状　：　龍造寺民部大輔殿　のし百本
万度　末廣
状　・　同上様　のし五本ほん
けかけ　帯　白粉
状　：懇　同宗闇様　箱祓　五ッ
同御れう人様　のし三十ほん
白粉五ッ　箱祓
同いせ御れう人様　白粉五ッ　帯
箱祓　のし
是ハ大坂ニ御座候　同藤八郎殿　のし二十ほん
扇　両金　はこ
御ヒタニ　○ほうりうはう　帯　箱祓
状　たかのふさまの　御上さま　白粉一さを　のし廿本
けかけ
状　：　江嶋右衛門尉殿　帯　小刀　のし十ほん　はこ祓
状　：　鍋嶋賀（ママ）加守殿　万度のし百本　すへひろ

状　・・　同御せんさま　箱祓のし五十ほん
白粉三さを　けかけ

状　・・　同いせ夵殿さま　ぬいこだう二て　万のし五十ほん
御まもり
うしつけて　すへひろ

状上ノ文・・懇　鍋嶋左衛門尉殿　平五郎殿　ゆかけ　箱のし三十本
あふぎ　くもはえ
阿そ宮司

状　・・懇　下村生運斎　ゆかけ　箱のし廿本
帯　扇　小刀

状　・・懇　石井生札　一段御建廻　箱　帯　のし　小刀
十ほん

状　・・懇　鍋嶋三郎兵衛尉殿上　役人へ遣候　はこ　帯　卜あふぎ
こかたな

・・懇　宗たん二男　西岡主馬允殿

状　・・　太田伊予守殿　懇　箱のし十本
帯　扇

・・宗たんさま役人 中村かうせん
状 ・・ 鍋嶋四郎左衛門殿
状 ~~□衛門大輔殿~~
状 ◯~~同太郎三郎殿~~
状 ・ ゑそい伊賀守殿 はこ
状 ・ ◯安中石見守殿 はこ
状なし ・ 同大監物殿
状 ・懇 同左衛門尉殿
状 是 吉岡備中守殿 いさはい二御入候
状なし 同右衛門尉殿
なし 中野大監物殿
三浦賀運斎
状 ・・懇 土肥出雲守殿 御参宮 帯 はこ 小刀
御供
石丸藤田左衛門殿
相部新五郎殿 はこ

河内守殿
状　・・　宮田兵部丞殿　はこ
龍造寺与三左衛門殿
同生宅斎
久すし六郎衛門殿
状　・　○野田右衛門尉殿
賀加（ママ）守殿御内
状　鍋嶋正さん　役人　役人
状　・懇　久直市右衛門尉殿　はこ
口井土佐守殿
状　・　北嶋五郎次郎殿　はこ
六右衛門尉殿
田手にて這廻
状　・・　今泉善内左衛門尉殿　帯　あふき　はこ
状　上　懇　龍造寺七郎左衛門尉殿　家春御事
状　・・　諸熊二左衛門尉殿
状　・・　中嶋進次兵衛殿　兵庫殿と申候

状　・・　ゑそい三介殿
橋本内蔵介殿　あとめ
木下内蔵允殿　是ハ大坂ニ御入候
龍造寺掃部助殿
同越前守殿
状　高木宗左衛門尉殿　蓮池ニ御入候
龍造寺兵部大夫殿
状　・　龍造寺新助殿
龍造寺右馬大夫殿　あとめ
同豊後守殿　大坂ニ御入候
○高木泰栄殿　あとめ
状　・・　馬渡伊与守殿　いさはいニ御入候
江上蔵人殿　あとめ
龍造寺久兵衛門殿　建廻
状　馬庭筑前守殿
状　・　神代治部丞殿

龍造寺肥後守殿　平五郎殿へ御上使衆

成冨源仁　・中野治部少輔殿（是ハすこ衆ニテ候）

内田五左衛門殿

・・石丸壱岐守殿

状　田一段御寄進　水町~~右京殿~~　左衛門亮殿

水町丹後守殿

糸山上総殿

田中上総殿　正家様御そうしや

状　・・懇　浄覚坊　先達也　同所
はこ

~~江原左近尉~~　与賀町ノ役人

状　・・万渡二郎三郎殿　かき久町役人懇成旁
河原左馬允殿

状　・・鍋嶋弥六兵衛門殿

・・牟田宗右衛門尉殿　馬渡三衛門殿

かき久役人

状　・・南嶋宗左衛門殿
河原左近丞殿

古賀新助殿

状　佐河原　さかう右衛門助殿

小河但馬守殿

状　・・　□□行左衛門殿

武藤将監殿　新九郎殿あとめ

たかのふ御ミたいさまの内者

状　・・　秀嶋藤左衛門尉殿　懇　帯　小刀　はこ

春宥

石橋主馬允殿

石井吉衛門殿

状　秀嶋又二郎殿

ひて嶋おわり殿

石井七郎兵衛尉殿

石井内記殿

状　・・　河原田孫衛門尉殿

状　・・　納冨蔵人殿

小川石見守殿　あとめ

同源左衛門殿

・同三郎兵衛尉殿

状　懇　無田大蔵伴衛門殿　保人ハ主殿助殿也

状　・・懇　千布宗衛門殿

状　・・源田越後守殿　新五郎殿

ほりへ兵部丞殿

渡木長門守殿　　ひて嶋六衛門殿

ほりへ大蔵殿　　河崎長門殿

賀茂備前守殿　　田中越中殿

河崎雅楽殿　　田隅大外記殿

状　・・吉田清内殿　　かいの大外記殿

田中源衛門殿　　志田二衛門殿

山田土佐守殿　　志田兵部丞殿

田中右衛門殿

状

懇

万渡頴四郎殿
そうりう寺
伊藤左馬亮殿
吉岡伯耆守殿
馬渡新衛門殿
土橋主水殿
土橋次左衛門殿
鳥屋三川守殿
志け松備後守殿
増田主殿助殿
福地宗音
田中二郎衛門尉殿
石井孫八郎殿
牟田左馬亮殿
石井新八郎殿
田中右衛門尉殿

ひろ橋掃部殿
右同□□《成五》左衛門殿
馬渡□□殿
横田重次殿
長ふち壱岐守殿
石井四郎衛門殿
おう左馬允殿
中羽左近允殿
藤山右近殿

状　・　懇　蔵町右衛門尉殿　柳崎四郎兵衛殿
状　　　懇　成冨拾右衛門尉殿　おうの新五郎殿
　　　　　　北嶋内蔵助殿　高尾越中殿
状　　　　　馬渡弥七左衛門殿
状　　　　　宮部右衛門尉殿　横尾拾五左衛門殿
　　　　　　えり口新七殿
　　　　　　小林佐渡守殿
　　　　　　えり口宗兵衛門殿
　　　　　　小森新五兵衛殿
　　　　　　　兵庫助殿懇
状　：　　　諸岡~~因幡守~~殿　はこ
　　　　　　蔵町近江守殿
状　：　　　納冨~~外記介~~殿　三河守殿
状　・　　　渋屋~~治部大夫~~殿　はこ
　　　　　　　弥三郎殿
状　・　　　中山対馬守殿

横尾内蔵允殿　両役人

状・葉上総守殿　五郎左衛門殿

同二郎左衛門殿

状・納冨太郎三郎殿

富

状状・納常陸守殿　上　はこ

横尾三郎衛門殿

状・同上さま　龍造寺□□□　杉原つつミぬさ

状・貇西村市正殿　役人

状・小林新三郎殿　殿　貇　ゆかけ　帯　はこ　小刀　御供

状・同弥助殿　主税殿　大坂御入候

状・・貇犬塚宗兵衛尉殿

小河九郎三郎殿

状・・横尾出羽守殿　杉原つつミぬさ

状・・貇小河　小河如くわん　市右衛門殿　はこ

状　・・　納冨能登守殿　上　はこ
六郎殿

状　・・　小賀源次兵衛殿　~~はこ~~

こをの町　かよい斎

状　・・　柳嶋兵衛門殿　~~はこ~~

いて嶋新左衛門尉殿

状　・・　懇　世良伊与守殿

宗きん寺もろおか源助殿

状　懇　たいちやういん　むれう寺

大保庵

水かゑ

けいぎんさま御事也　白粉

状　・　大方さま　上帯　はこ　小刀

状　・・　○~~鍋嶋駿河守殿~~　すへひろ　はこ　小刀

志ゆ□ん　役人

状　：森対馬守殿　役人也　帯　ぬさ

状　：志内蔵主　光元寺　帯　はこ

：平衛門との

吉衛門殿　同役人也　帯　ぬさ

状　申十段御寄進　：小川三郎兵衛尉殿
衛門殿

大くま安藝守殿

あいの内膳殿

与賀庄

状　・〇真乗坊　ほうりん坊

状　：末次村　持光寺　御参宮

状　：龍造寺新右衛門尉殿

与賀馬場

状　・万渡四郎兵衛殿

阿弥陀院

梅福軒

同本条

○宮司坊

あんぎやう嶋

□状　・　安嶋淡路守殿

次郎衛門殿

たぶせ

田壱反御寄しん

状　・・　蔵町殿　上　　帯　はこ

□　同賀雲斎　　小刀　けぬき

たかのぶさま也　　（押紙）

状　・・懇　倉町太郎衛門尉殿　　古河伊豆守殿

加う野

寿
状　：　万命院　懇　はこ　帯

東長瀬

状　：　北河左衛門尉殿
状　・　○北河兵部少輔殿
状　：　北河式部少輔殿
状　：　北河主水殿
状　：　谷田内蔵助殿
状　：　六郎左衛門尉殿
坂井右近殿
同新衛門尉殿
橋本内蔵助殿母子

西長瀬

状　・明林坊
状　：たこう孫左衛門尉殿
状　：坂井主馬允殿
状　：諸熊壱岐守殿
状　：橋本源次兵衛殿
状　：坂井監物殿
状　：安見四郎兵衛殿
状　：宮仕房

御段

田淵掃部殿
同蔵人殿
安長六郎兵衛殿
同兵部左衛門尉殿
同杢助殿
田淵孫左衛門殿

新五郎殿
太郎次郎殿
内蔵允殿
彦左衛門殿

西高木

状：副嶋長門守殿　はこ　のし廿ほん
　　　　　　　　帯　あふき
状：高木甚兵衛尉殿　はこ　のし
　　　　　　　入候　帯　あふき
山崎内蔵助殿　はこ　帯

東高木

状：正法寺　上扇　はこ
状：桜あん　同
状：岩松彦左衛門尉殿　内者　帯　あさ袱

高木玉菊殿の御はつをの使也

状　：　さ近五郎左衛門尉殿　ぬさ祓　あふき

状　：　たゝら兵庫助殿

状　：　月帖ス

平尾おう之村《ひらおう》

状　：懇　壱岐守殿（押紙）

状　：懇　源左衛門殿

かう

状　：　八次源五左衛門尉殿　懇　はこ　帯　小刀　扇

同甚兵衛殿

久保新三郎殿

状　：　圓通寺　帯　はこ

状　根泰寺　同

状　くわん音坊　扇　くし

ま嶋

状・・安らく　帯　はこ

ぼくせい當年御でし御参宮被成候
ぬさ祓　扇

千布

状・・神代殿　ゆかけ　小刀　のし卅本
はこ

状・・懇 田中志摩守殿

状・・同伊勢龍殿

状 御神田十たん有 さく前也 ・・神代対馬守殿　御改め九郎殿

状 御神田一たん有 さく前也 神代弾正忠殿　御あとめ新右門殿

状・・同大上さま

状・・中嶋三郎兵衛殿

状　：　福嶋掃部殿
状　：　福嶋新蔵人殿
状　：　秀嶋伊賀守殿　貇
状　：　神代左馬助殿
状　：　金持庵

いつミ
杉原つつミ
状　：　伝宗庵　上扇　ぬさ
状　：　龍伝寺　同とさん
状　：　主殿殿　扇　ぬさ
状　：　千布宗右衛門尉殿　上　はこ　上扇

あ祢川
平左衛門殿
状　・　姉河弾正忠殿　帯　扇　はこ

状　・　姉河越前殿　　　同とさん

同　・　石見殿　御そうしや也

状　　　懇　姉河□左衛門殿

たで

状　・・・枕野隼人殿　やと　　　懇　帯　小刀　はこ

状　・・・江上孫太郎殿　上　　　帯　小刀　はこ

状　・・横手土佐守殿　孫四郎殿　　　おび　はこ

状　・○・江上孫右衛門殿　掃部少輔殿　　　帯　はこ

状　・・○直塚龍雲斎　　　帯　はこ

状　・・同勘解由右衛門殿　志そく　　　同とさん

状　・・古賀因幡守殿　下　　　帯　ぬさ

状　・・同隼人殿　下　　　帯　ぬさ

状　・　小賀隼人佐殿　中　せふりのふもと二御入候　　　おひ　ぬさ

同所也　直塚蔵

狀　・　・同孫二郎殿　下　帯　ぬさ

状　・・　・今村右衛門助殿　帯　はこ

狀　・　・灯明寺　扇　ぬさ杉原つつミ

狀　・・　・二宝　同とさん

状　・　・志やくとういん　同とさん

城原

狀　・・　又四郎　江上殿　上　上帯　箱祓　すへひろ　のし廿本　真羽一しり

状　・・　江上　おちさま　すミた祢上さま　又七郎殿　上扇　杉原つつミぬさ

状　・・　江上　○さたね殿　上　同とん

状　・　○江上左近将監殿　上　同　信種

状　・　・執行左馬大夫殿

状　・・執行種全殿　上　　同

状　・・・万渡能登殿　上　　同

状　田一段御寄進（丑としより）　當年岡左衛門尉殿　中

江上太郎四郎殿

状　：大庭善衛門殿　　帯　杉原つつミぬさ

状　：江上太郎五郎殿

状　・・~~鍋嶋宗次兵衛殿~~　上　　扇　ぬさ同

状　・・靍田将監殿　　帯　はこ　こかたな　上あふき

状　・・鍋嶋丹波守殿　上　　帯　はこ　こかたな　あふき

状　・・執行出羽守殿　　帯　はこ　あふき

せふり山

状　：五賦坊　　上あふき　ぬさ（杉原つつミ）

状　：水上坊　　同　　同

米田

申十段御寄進

状　・・馬場肥前守殿　上

真羽　一しり　のし卅本

帯　あふき　はこ祓

のし十本

同若殿

はこ祓上　あふき

はこ祓

・・薬王寺左近殿

帯　あふき

のし十本

状　・・佐渡《とくなか》殿

小刀　ぬさ祓

あふき

かんさき

嶋村

年ゝもミ六石の御供米有

状　・◯執行出雲守殿

のし廿本

帯　小刀　御供

箱河

状　：　藤崎殿　上扇　ぬさ
杉原つつミ

状　：　小賀殿　同とさん

馬場殿きしん
石崎左近殿　八□んのさくしき百姓也
年〻もミ八石ニ相定候

屋くがり

状　：　米蔵六郎太郎殿　上ぬさ

神崎

状　：　平河路
貞包藤太左衛門尉殿　扇　ぬさ
拾郎左衛門殿

神崎

状 ・・ 波根右京助殿　扇　ぬさ

状 ・・ 同佐渡守殿　同とさん

本告《うり》

状 ・・ 本告《うり》殿　上　扇　ぬさ　杉原つゝミ

同太郎　同　扇　ぬさ

くぐむた

状 ・・ 美濃殿　扇　ぬさ

状 ・・ むた又左衛門殿

ひかむ田

状 ・・ 平尾~~太郎十郎殿~~ 善兵衛殿　やと懇　帯　はこ

状　・・　樋口左馬允殿　同　同とさん

なわとり

寺家人　御祓進申候　扇　ぬさ

たくた

状　・・　井手宗衛門殿　扇　ぬさ

さけ村

殿へ御祓進申候　扇　ぬさ

ミね之郡ゑミ

ちりく山

状　・・　和和泉寺

状　・・　出雲殿

米田
中津くま
状：　廣木玄蕃允殿　帯　扇　はこ
毎年米一石二斗御供米有

木屋ぶ田代町
状・　○東屋十郎衛門殿　小刀　ぬさ

ふち
状：　久家殿　上　上ノ扇　ぬさ
杉原つゝミ

東ふち
御神田有　年〻壱石ニ相定候　作人
宗志やう入道也

こせの

状　：　瀧河二郎左衛門殿　　上扇　とさん
　　　　いかり孫四郎殿　　　同

こせ

状　　　式部殿　　　　　　　帯　ぬさ
　　・　田尻殿　是ハ本国筑後也
状　・　○田尻彦七郎殿

うし嶋

状　：　せいらいけん　　　　帯　ぬさ

木原町

状無　：　掃部殿　　　　　　扇　ぬさ祓
状　：　大膳殿　　　　　　　同
状　：　古賀新十郎殿　　　　當年御参

河副南林

状　：西定院　帯　はこ

状　：多門院　同とさん

よのう津村

状　：北御見門新衛門尉殿

いさかひ

状　：紀伊殿　帯　ぬさ

状　：冨吉主水助殿

かのこ村

状　：村岡善太郎殿　帯　ぬさ

かせありしけ村

九郎左衛門尉殿

江上甚左衛門尉殿

状　・　左衛門尉殿　源衛門殿

貞富形部左衛門殿

かせのいまづ

状　：　段伊豆殿

状　：　段源衛門尉殿

かせの上町

状　：　○多久間与三左衛門殿　ぬさ扇

状　：　平吉形部殿

増吟　ぬさ扇

おぎ郡あしかり

状　・・　徳嶋殿　上　　能扇ニはこ祓

状　・・　吉原左近殿

窪《くぼ》田《た》

後

状　・・　殿ハ五藤弥二郎殿

膳左衛門殿

おぎふとまた

山下壱岐殿　　ぬさ　扇

新庄

通圓寺　　ぬさ　扇

状　・・　高林寺　　同とさん

つのつを村

おぎ郡
今河
状　・・　ゆう音
内蔵丞殿

くるま村
宗左衛門殿
源蔵主殿

ます田
鍋嶋
と田
ひら野

状　・　○三叔和尚　上ノ扇ぬさ《杉原》

河上山

杉原つゝミ　御参宮

状・・座主坊　上扇　ぬさ

宮司坊　同とさん

鍛冶与三左衛門殿　同とさん

ほしぐま

状・・神代備後守殿　上扇　ぬさ

納冨

同御子息弥三郎殿　同

いま山

かうのふ

衛門尉殿

源衛門殿

大くわん寺

状　：　主玄坊　上ノ扇　ぬさ

まて山

院主坊

おぎノはるけ

状　：　屋形様　はこ　帯　上ノ扇

大殿さまへも御祓進申候

柳嶋殿　扇　ぬさ

九郎衛門殿　同　とん

辺ふの町

状　：　新衛門殿

状　：　田中殿

多久庄

状　・　龍造寺和泉守殿　ゆかけ　小刀　すへひろ　のし卅

同上さま　のし十

状　・・　龍造寺六郎二郎殿　真羽一しり　のし廿

同上さま　のし十

状　・・　龍造寺孫四郎殿　又八郎殿　ゆかけ　のし廿本　小刀

同大上さま　のし十

状・多久殿やく人　・　石井勘解由左衛門尉殿

状　・・　○桃河甚兵衛殿　替本

多久役人　御そうしや

状　・・　石井藤七兵衛殿

状　・・　江副備中守殿

河原左近殿

たく若殿役人
南里三郎衛門殿
孫四郎殿大夫
右衛門助殿
采女守殿
松尾九郎左衛門殿
寺町越後守殿
下村孫衛門殿
同四郎兵衛殿
今泉次郎左衛門殿
本田右京殿
山口二郎兵衛殿

長嶋郡北方

状
・
・
鍋嶋弥九郎殿
土佐殿

役人

長嶋郡高橋町

状　・○古河市左衛門殿
吉原次郎左衛門殿

後藤山武尾村

状・・・後藤善二郎殿　すへひろ　小刀　杉原つつミ
同上さま　帯　ぬさ
状　・・龍造寺常陸守殿　帯　はこ
松尾将監殿　扇　ぬさ
江嶋左近殿　同
石橋内蔵殿　同
中嶋五郎左衛門殿　やと　帯　扇　ぬさ

郡
藤津濱

状　：　鍋嶋豊前守殿　ゆかけ

状　：　香月与左衛門殿　帯

状　：　谷平次兵衛殿　帯

池町上総守殿

鍋嶋式部少輔殿

状　：　□邁万五郎殿　又右衛門殿

鍋嶋周防守殿

石橋九郎衛門殿

同
志保田

状　：　永田左京助殿

状　：　医王寺　醫王寺

状　：　廣瀬将監殿　はりを大内記殿

状　：　早田衛門助殿

状

・
・

杵島郡
白石

薬師堂《ひいて》

八郎兵衛殿
同石見守殿
四郎左衛門殿
新兵衛殿
太郎兵衛殿
三介殿
新九郎殿
与助殿
孫七郎殿
源介殿
新四郎殿

おき殿

軍助殿

吉村《きしノ》

状　・　大すミ殿

新右衛門殿

善兵衛殿

杵島郡

須古

安房

状　：　龍造寺阿波守殿

状　：　河崎伊賀守殿

おき別当殿

おほ殿

須古六角町

・・　別当殿山下四郎兵衛殿と申候

小田町

状・・　井本上総守殿
助左衛門殿　やと

山口

状・・　田嶋佐渡守殿
孫七郎殿
太郎三郎殿

さるし

状・・　石橋与四左衛門殿
百武甚兵衛殿
百崎孫七左衛門殿
新左衛門殿

状

と河

石井新八郎殿

主計殿

以上　しろき帋之分に御かき付候へく候

状

筑後榎津

・・内田甚助殿
二郎左衛門殿

ぬさ袚　あふき

柳河

䚮　・○龍造寺上総守殿と申候
家春様

はこ袚　帯　あふき　のし廿

䚮　○内田紀伊守殿

はこ袚　帯　あふき　のし廿

す古之

牀　・・　平井殿

状　・・　中野大和守殿

同郡
瀬高

牀状　・・懇　下庄
古河右京殿

状　・・懇　上ノ庄
小柳五衛門殿

状　・・懇　三郎兵衛門殿

状　・・懇　善助殿

状　・・懇　森岩見守殿

同郡
西牟田

殿様あり

近藤与三左衛門殿

同郡 町ノ
山下村

状 春木帯刀殿

状：山下殿

殿様あり

地

状：福市右衛門尉殿 去年御名代ニ御参候

同郡
ミけ

見とキ

状：不不木七郎兵衛尉殿 去年御名代ニ御参候

殿あり

状：三池殿

同郡
くろ木

殿あり

大たて文
うと殿　千度

肥後国

下松浦之内
今岡

状　：　鍋嶋右衛門尉殿
状　：　助七郎殿　宿　ぬさ祓　帯　扇
状　：　別当殿　はこ祓　帯　扇
状　：　鍋嶋次郎左衛門殿

同
有田町

状　：　源衛門殿　はこ祓　扇　帯
状　：　別当殿　ぬさ祓　色なし扇
宮使　ぬさ祓　扇
状　：　金剛寺

状　：　瑞正寺

状　：　同
山代殿

状　：　山口源介殿
かや野むら

状　・　隠岐守殿

同
今福

状　・　大田治部少輔殿　　はこ祓　當
志そく也　御参宮

状　・　○同五郎兵衛殿

同
志佐

六段
志佐殿御神田アリ毎年銀四十目つゝニ定御預り候

状　・　山本和泉殿　宿　　はこ祓　帯　小刀

又志佐殿御神田一段　同かわ山本清左衛門殿

同
志佐

状　・　志佐壱岐守殿　上　　千度のし卅
帯　扇　さけを

同
若子様　　千度のし十　帯　扇

~~御れう人~~
若子様　　杉原つつミ
ぬさ　のし　帯　扇

同御れう人　　杉原つつミ
ぬさ祓　のし　帯　扇

状　・　新見若狭守殿　　はこ祓　帯　扇

・　森下兵庫助殿　　とさん　同

宮司坊　宿　はたこせん　なき候　　ぬさ祓　帯　下扇

（中略）

もめん一段　毎〻祝儀祓上申候方〻也

龍造寺越前守殿

元禄五壬申年裏付

解題『天正十七年御祓賦帳』

この『天正十七年御祓賦帳』は、現在では天理大学附属図書館に所蔵される伊勢御師橋村氏関係文書群に収められている和綴じの冊子である。なお、巻末に「元禄五壬申年裏打」とある。

表紙には、「天正拾七年　乙酉歳」とあり、次頁に「筑後国・肥前国・肥後国」の三カ国の『御祓賦帳』であって、天正十七年（一五八九）八月に作成されたこと、「使　竹市善右衛門尉」であることが記されている。ただし、御祓大麻の配布範囲は、主に肥前国内であり、肥後国に至っては配布先は一件にしかすぎない。「使　竹市善右衛門尉」について、「田手社記」(1)に「伊勢御師橋村才右衛門内、荒木田神部竹市善右衛門ト云モ当国へ参着シ、御領中橋村旦那ニ被仰付度願ノ為滞在シ居ケルカ、其間ハ善右衛門ニモ、矢張旦那勧ノ為蛎久ニ参リ居シ故、神前ノ拝行ヲモ勤メサセケル」とある。すなわち彼は、肥前での活動の拠点を蛎久大神宮におき、肥前国内の「旦那勧」すなわち布教活動を行っていた伊勢神宮の神主である。

ところで、この帳面の記載内容には、配布先地名・配布先氏名・配布土産品が記されてあり、その他にそれぞれの人物に様々な注記がされている。これが当時の龍造寺領国の人々の動きを教えてくれる貴重な情報源となっている。その点から、この『御祓賦帳』は単なる御祓大麻の配布記録にはとどまらない、戦国期肥前国内の社会状況を知る史料として価値のあるものとなっている。

次に、この『御祓賦帳』から知ることができるいくつかの興味深い点について、述べておきたい。

一　配布先

配布範囲は、表紙に肥前・筑後・肥後三国内と記されるが、主に肥前国内であり、肥後国に至っては配布先は「肥後国　大たて文　うと《(宇土)》殿　千度」とあるのみである。「宇土殿」から推察するに、現熊本県宇土市に行ったと考えられ、「宇土殿」は伯耆左兵衛佐長良と考えられる(2)。

さて、「御祓大麻」の配布の順路をみていくと、まず蛎久からスタートして最も旦那数の多い龍造寺村へと向かい、その周辺地域を巡った後にやや北上して、その後肥前東部の神埼郡→三根郡→基肄郡田代まで行き佐賀中心部に戻る（この際、神埼郡「さけ村」から三根郡江見さらに千栗へは筑後川の水運を利用したと考えられる）。再び佐賀中心部から東部を経て、小城郡内海岸部から佐賀郡内の東端を廻り、小城晴気を経て多久に入る。その後、杵島郡武雄の後藤山を経て藤津郡鹿島へ、さらに杵島郡白石・須古・小田・砥河から筑後榎津へ渡る。筑後では八カ所、ついで肥後で一カ所を回り、肥前西部・長崎県側へ移動する。この肥前国と筑後・肥後国間の移動（往路は砥河から筑後榎津へ、復路は肥後宇土から肥前今岡）では、有明海の水運を利用していると考えられる。これらの地域での移動は、筑後川や有明海などの水運が各所で利用されていたことが想像でき、当時の水上交通の利用状況を考えるうえでも貴重な史料である（本書一二八頁の図4を参照）。

巡回先を現市町村との関係で示すと次の通りである（波線を付した地名は「宿」の所在地）。

〔佐賀市内〕蛎久→蛎久北畠→佐賀龍造寺村→与賀庄→与賀馬場→あんぎょう嶋（愛敬嶋）→たぶせ（多布施）→東長瀬→西長瀬→御段→西高木→東高木→□□おうの村→かう→ま嶋→千布→いつミ（和泉）→

〔神埼市〕あね川（姉川）→たで（田手）→城原→せふり山（背振山）→米田（米多）→かんさき嶋村→箱河→屋くがり（駅ヶ里）→神埼→本告→くぐむた（莞牟田）→ひかむ田（蛭牟田）→なわとり（直鳥）→たくた

（託田）↓さけ村（崎村ヵ）↓
〔みやき町〕ミね之郡ゑミ（江見）↓ちりく山（千栗山）↓米田↓
〔島栖市〕木屋ぶ田代町↓
〔佐賀市内〕東ふち（東淵）↓こせの（巨瀬野）↓こせ（巨瀬）↓うし嶋（牛嶋）↓木原町↓河副南林↓よのう津村（米納津村）↓いさかい（飯盛）↓かのこ村（鹿子村）↓かせありしけ村（嘉瀬有重村）↓かせのいまづ（嘉瀬今津）↓かせの上町（嘉瀬上町）↓
〔小城市〕おぎ郡あしかり（小城郡芦刈）↓おぎふとまた（小城太俣）↓おぎ郡今河↓
〔佐賀市内〕くるま村（久留間村）↓ます田（増田）↓鍋島↓
〔大和町〕と田（戸田）↓ひら野（平野）↓河上山↓ほしぐま↓いま山（今山）↓大くわん寺（大願寺）↓まで（真手）山
〔小城市〕おぎノはるけ（晴気）↓〔多久市〕辺ふの町（別府町）↓多久庄↓
〔武雄市〕長嶋郡北方↓長嶋郡高橋町↓後藤山武尾村（武雄村）↓
〔鹿島市〕藤津郡濱↓同志保田（塩田）↓
〔白石町〕杵島郡白石↓きしノ吉村↓杵島郡須古↓須古六角町↓小田町↓山口↓さるし（佐留志）↓と河（砥川）↓
〔福岡県〕筑後榎津下↓柳河↓瀬高下庄↓上ノ庄↓西牟田↓山下村↓ミけ（三池）↓くろ木（黒木）↓
〔熊本県〕肥後国宇土↓
〔長崎県〕下松浦之内今岡（比定地未詳）↓同有田町（佐賀県有田市）↓同今福（松浦市）↓同志佐↓下松浦平戸↓町之分（平戸市）↓壱岐嶋↓ミくりや（御厨）↓佐々↓田平↓下松浦あい之浦（相浦）・しも方（下方）浦ノ分・大嶋・生月・くしがさき・今福・福島・志摩・日宇・佐世保・調川・早岐・小麻嶋

二　記載されている事項について

①「状」

御祓大麻に添える挨拶状（小型の書状）。「嘉例御祈祷御祓大麻新暦云々」と文章が始まるので、「嘉例状」という。「村岡家文書」(3) の中にある御師橋本肥前大夫書状は、嘉例状である。

　　尚〻去年御初尾□慥ニ令到来、目出度存候、以上、

　態人□上候、仍嘉例御祈祷御祓大麻□進献之候、誠御□計候、弥於神前長久如意御満足之旨、可抽丹誠候、尚森本三九郎可申述候、恐惶謹言

　　五月吉日　　御師 橋本肥前大夫 □□　○（印）

②「御祓大麻」

種類には、「箱祓」・「万度祓」・「千度祓」・「剣先祓」の四種がある。本『御祓賦帳』では、「箱祓」（多くは「はこ」とのみ記される）が最も多くみられ、「剣先祓」はみられない。また「万度祓」は、龍造寺政家・鍋島直茂・同伊勢松・松浦肥前守だけであり、肥前国内の戦国大名と呼ぶべき人物とその息子だけに配られている。さらに「千度祓」は肥後の「宇土殿」だけである。

③土産

「御供」には洗米・藻塩草・土器の三種がある。その他の土産品は帯（上・下・無色）・扇（上・能・色なし）・小刀・のし（万本・千本・五本など）・末広・「ぬいこだう二て」・杉原・つつみ幣・けぬきなど。

表11は龍造寺氏一族・鍋島氏一族・武家の上層階層に配布されている主な土産品の一覧である。

ここにみるように、領主層にはゆかけ・けかけ・白粉・真羽のような奢侈品が土産として用いられ、特に女性には

表11　主な土産品一覧

土産品	配布先　（　）内は村名
ゆかけ（浴衣）	（龍造寺村）鍋島平五郎・下村生運斎、（千布）神代殿、 （多久庄）龍造寺孫四郎殿・龍造寺和泉守殿、（藤津郡濱）鍋島豊前守
けかけ（金糸の縫取のある布地）	（龍造寺村）龍造寺民部太輔殿の御上様・隆信様の御上様 鍋島加賀守殿の御上様
白粉	（龍造寺村）（宗誾様・御寮人様・伊勢御寮人様・隆信様御上様 鍋島加賀守殿の御前様、（水ヶ江）慶誾様
真羽（矢に使用する鷹の羽）	（城原）江上殿、（米田）馬場肥前守殿、（多久庄）龍造寺六郎二郎

白粉を配っていることが特徴的である。ここには生活用品に属するような品はみられない。この点について以下で他の『御祓賦帳』と比較してみる。

（i）毛利領国の安芸国内での『天正九年村山旦那帳』(4)では、毛利輝元へは「万度・厚板・下緒・五明・杉原・長蚫・御供」、お上様へは「薄板・しじら・白粉・帯・けかけ・ふのり・のし」であり、本『御祓賦帳』と比較して品数が豊富で奢侈品が多くなっている。しかし、領主階層以外の人々への土産品は「帯」・「五明」・「のし」・「小刀」・「とつさか」などであり、日用品類である点では肥前地域のそれと一致する。

（ii）永禄八年の讃岐国内での『さぬきの道者一円日記』(5)には、突出して豪華な土産が用いられた人物はいないが、「おひ」・「あふき」・「小刀」・「とつさか」が一般的であり、肥前地域のそれとほぼ一致する。ただし安芸・讃岐でみられる「とつさか」（とさか海苔）は肥前にはみられない。

（iii）天正九年の信濃国内での『しなの国道者之御祓くばり日記』[6]では、最も基本的な土産品は茶である。その他には、「のし」・「帯」・「あおのり」・「ふのり」など、山国で入手困難な品が用いられている。

以上から、土産品には地域性があり、それは配布先での要望度の高い品が選ばれていたことがわかる。

④職人

記載されている職人は大工三人（蛎久北畠）、くすし（薬師）一人（龍造寺村）、鍛冶一人（河上山）の三業種であるが、支配者層が居住する龍造寺村での「くすし」の存在は、特記できるものであろう。

⑤『御祓賦帳』記載の人名について

蛎久から有田町までの記載で無姓者は四九人（うち、白石に最多の一一人〈薬師堂・ひいて八郎兵衛・同石見守の三名を除く〉）である。これは全体総数の六七二人（坊主・宮司・庵名等寺社関係者は無姓者に換算せず）に対して、約七%にあたり（ただし、この中には「宿」の書き込みがある無姓者が一名含まれる）、『御参宮人帳』の無姓者数と比較して非常に少ないことに気づく。久田松氏の統計[7]によると、天正十～元和九年までの参宮者数七八八九人中無姓者は四八・七%である。この点から、『御祓賦帳』で把握されている「旦那」は、御祓配布・祈祷依頼などを通じて、御師との関係が恒常的に結ばれている人々であったと言えよう。それに対し『御参宮人帳』に載る無姓の人々は、御師が旦那として掌握していない人々であり、このような人々が大量に参宮をしていることが、十六世紀後半の特徴であり、伊勢信仰が全国的広がりをみせていたことを示すものである。

三　記載された主な人物について

①蛎久

○中元寺氏＝龍造寺氏・鍋島氏の御用商人として活躍する。天正十九年の佐賀城下町建設時に蛎久から移り、右近・

団氏と共に商人頭に任命される(8)。

○伊勢や＝伊勢への参宮者が利用する為替の発行や、伊勢参宮の際に御師から借用した初穂料の返金先となり、御師が下向した際の宿泊先でもある(9)。

○右近刑部少輔＝「鍋島紀伊守家中家譜(10)」の右近孫兵衛の書上げには「一、刑部義、日峯様（鍋島直茂）御代ヨリ知行物成五十石、久留間村ニテ被仰付（中略）、一、日峯様御代ニ柿久町ヲ佐嘉へ御引被遊候砌、都合ノ頭人刑部へ被仰付（中略）、一、日峯様御代、刑部へ旅人宿被仰付候」とあり、領国内において有数の商人であったことがわかる。朝鮮出兵の際には息子を同行させている。また、島原・天草の乱の際には、刑部の孫右近刑衛門が長崎で物資調達を担当した(11)。その他、蛎久には右近一族の名が多くみられる(12)。刑部の墓所は蛎久の楢龍院にある。

②龍造寺村

○龍造寺民部大輔（政家）＝隆信の実子で天正十二年隆信死去後龍造寺家を継ぐ。鍋島直茂の補佐を得ていたが、天正十四年直茂に政権を委譲する（御家裁判）。慶長十二年病没。

○同藤八郎（高房）＝龍造寺政家の実子。『御祓賦帳』には「是ハ大坂ニ御座候」との注記があることから、天正十七年当時は大坂にあったことがわかる。『直茂公譜』によると、政家は高房を天正十六年直茂の養子とし、直茂に龍造寺氏の姓を与え政務を補佐させようとしたとあるが、病弱のため、慶長十年病没。

○たかのぶさま御上さま（宗誾尼）＝村中龍造寺胤栄の妻であったが、胤栄没後隆信が村中龍造寺氏を継承したことから、隆信に再嫁した。本帳の龍造寺村の記載者中に「たかのぶ御ミたいさまの内者」と注書きのある秀島氏の名前も載る。

また、天正十六年『御参宮人帳』には、次のような「そうぎんさま」に関する記載がみられる。

廿五人肥前国龍造寺村
銀子　　　　御初尾
　　　　　　そうぎんさま
ヒタ
五貫文　御樽　　同人
そめ小袖一ツ　　そうぎんさまより
　　　　　　　　　内へ御樽
同せんかう
壱貫文　　　　　そうぎんさまより
　　　　　　　　　新三郎ニ被下候
いと一まき
壱貫文　　　　　そうぎんさまより
　　　　　　　　　新二郎ニ被下候
いと一まき
壱貫文　　　　　いちのたい殿
　　　　　　　　　御たる
御供料
銀子　廿五文目　驒州様之御れう人さま
ヒタ
三貫文　　　　　同御れう人さま
御たる料
あつ地のしま物一たん　御れう人さまより内へ御たる
銀子　十二文目　驒州御れう人さまノ御ちの人御供料

（中略）

御供被願也
壱貫二百文御神馬そうぎんさまより
一木綿四端　二人之年寄女房衆へ
一木綿弐端　若女房二人へ
一唐布一端　竹市善七ニ
一唐布　　助一郎ニ
　右之外
家中衆中へ
鳥目七貫文上ヨリ
合
上　同御供衆
女房衆十四人
おと子十一人
　人足七人

これには、年月日が記載されていないのだが、前後の日付から天正十六年四月二十五日頃と考えられる。『直茂公譜』には、天正十八年に宗誾尼は娘の於安とともに、大坂から下国したとある（大坂滞在は天正十四年からであったとある）。この『御参宮人帳』や『御祓賦帳』が作成された時は大坂に滞在していたこととなるが、詳細は不明である。

ところでこの『御参宮人帳』では宗誾尼が伊勢神宮の関係者へ奉加した金品は多額であることから、伊勢信仰に熱心であったことが推測される。なかでも、「唐布一端」を与えた「竹市善七」は、御師橋村氏の使者として肥前国内での御祓大麻配布を行う人物であり、「いと一まき」を与えた「新二郎」「新三郎」もしばしば肥前国内に下向して為替の回収などの業務を行っている御師橋村氏の代理人である。このように、肥前とのつながりの深い御師橋村氏の代官へも多くの奉加を行っていた。また、同時に「騨州様之御れう人さま」すなわち、鍋島直茂の妻陽泰院についても同様のことがいえよう。

○鍋島加賀守（直茂）＝鍋島藩祖。隆信没後は龍造寺家臣団をとりまとめ、実質的な支配権を掌握する。勝茂の誕生に際して、陽泰院とともに伊勢神宮に願掛けをしていたことから厚い信仰を寄せており、佐賀城下町建設に際しては蛎久から伊勢神宮を勧請した。「五箇国御領地之節配分帳」(13)では「鍋島飛騨守信昌」とあり、五三〇町を宛行われている。

○同御せんさま（陽泰院）＝直茂の正室・勝茂生母。勝茂の誕生に際して伊勢神宮に願掛けをしており、伊勢神宮への信仰はなみなみならぬものがあるといえよう。

○同いせ忩（伊勢松）殿さま＝初代佐賀藩主鍋島勝茂、天正八年誕生、当時一一歳。伊勢神宮に願掛けをして誕生したと伝えられる。一〇歳の時に一時神崎勢福寺城主江上家種の養子となり城原の勢福寺城に入るが、まもなく戻る。

○同平五郎（鍋島茂里）＝『歴代鎮西志』によると、鍋島茂里は石井安芸守信忠の子であるが、勝茂誕生まで直茂の猶子であった。朝鮮出兵に際して「平五郎組」を編成して「与頭」として鍋島軍の指揮をとった。

○土肥出雲守家実＝「五箇国御領地之節配分帳」では、五〇〇町を宛行われている。朝鮮出兵にも出陣。年未詳五月二十七日の隆信から弟長信へ宛た書状には、伊万里において船を新造する際の奉行を土肥出雲守家実に命じたことを伝えている。(14)

○石井生札（義元）＝鍋島直茂の改名前の信生から偏諱を得て生札と名乗る。直茂の重臣の一人。朝鮮出兵では秀吉の名護屋の陣所建設に尽力し、龍造寺政家と共に留守居役として物資輸送の任にあたった。また、下村生運・石井生札・鍋島生三の三人を「鍋島の三生」という。
○下村生運＝『直茂公譜』には、天正十一年正月の柳河での島津軍との戦いで多くの戦功をあげたことを記す。また、朝鮮出兵時の「当家朝鮮御供人数着到人名」に載る。「鍋島の三生」の一人で、直茂の重臣という。
○鍋島生三＝鍋島伊賀守入道生三。鍋島直茂の従兄弟である。隆信は元亀三年（一五七二）、生三を神埼郡姉川城主とする。『葉隠』によると、直茂は、老後の相談相手として彼を選んだという。それを示すかのように「坊所鍋島家文書」には、直茂から生三に宛てた書状が多く含まれる。「鍋島の三生」の一人。
○龍造寺家春（家晴）＝「五箇国御領地之節配分帳」では第五位で記され、一五七〇町を宛行われている。秀吉の九州仕置きの際に、諫早二万二五〇〇石の朱印状を得て、諫早領主となる。朝鮮出兵にも出陣。
○成富拾右衛門尉＝成富兵庫助茂安の名が有名。佐賀藩の治水事業を手がけた。朝鮮出兵では「成富拾右衛門組」を編成して鍋島軍の主力となり、天草・島原一揆にも出陣した。『元茂公譜』(15)に天草・島原一揆の際のこととして、次のように記される。「元茂公ハ搦手の御大将にて同月五日諫早に御着陣、御備之次第先手諫早豊前守（中略）、二陣ハ鍋島若狭守一備二千二百人（中略）、三陣ハ鍋島山城守直弘の一手三百五十人、成富十右衛門従者一千人」。
以上、「龍造寺村」に記載された主な人物について簡単にみてきたが、天正十二年の隆信没後から五年が経過した龍造寺村には、隆信の後継者政家及びその側近である鍋島直茂がそれぞれの家族とともに居住していたことがわかる。さらに龍造寺氏家臣団を構成する多くの家臣、なかでも重臣たちのほぼすべてが居住している様子もわかる。ただし、この後に述べるが、龍造寺領国の要衝の地を領している多久の龍造寺長信、武雄の後藤家信、城原（勢福寺）の江上氏などは、それぞれの「衆」を編成して在地に居住している。なお、この当時隆信の実母であり直茂の継母でもある慶誾尼は、水ヶ江の館に居ることがわかる。

また、この時期に龍造寺高房は大坂にいることが注記されているが、その他に龍造寺村の名簿中から当時大坂にいた人物として、「木下内蔵允」・「龍造寺豊後守（信親・信周＝隆信弟）」・「小林主税」をあげることができる。付き添っていたのであろう。

　ところで、この時期に龍造寺氏や鍋島氏の関係者が大坂に人質として上っていることが、『直茂公譜』・『直茂公譜考補』に記載されている。天正十四年には隆信の妻宗誾尼や直茂養子茂里らであった。その後天正十八年には、直茂の御廉中（陽泰院）、伊平太（勝茂）・龍造寺万歳（家晴）・後藤初龍（家信の子）小河平七郎（直茂次男）が大坂に登り、宗誾尼らは帰国した。この時於安もに下国したとあることから、宗誾尼は母娘で大坂にいたと考えられる。於安は秀の前ともいわれ、天正五年に波多三河守親に嫁したといわれている[16]。

　参考として『直茂公譜』『直茂公譜考補』から天正十四～十九年の龍造寺・鍋島両氏の主な動向を次に示す（表12）。

表12　天正十四～十九年の龍造寺・鍋島両氏の動向

年・月	事件
天正十四	人質として、政家は母宗誾尼を、直茂は養子茂里とその弟孫六茂忠を大坂へ送る（『直茂公譜考補』）。「御家裁判」の起請文（「藤竜家譜」）
	この年、代参宮―政家一回、直茂一回。
天正十五・四月	政家、島津攻めに参陣（『直茂公譜考補』）。
六月	政家、秀吉から所領安堵される（『直茂公譜考補』）。
天正十六・四月	政家、領国の実権を直茂に委譲（『直茂公譜』）。
五月	直茂、長崎代官に命じられる（『直茂公譜考補』）。
秋	政家・御子、直茂御同然、大坂参府（『直茂公譜考補』）。

十二月	政家、直茂に高房を養子とすることの誓詞を送る（『直茂公譜』）。
天正十七・一月	直茂、旧冬から上洛。信生を直茂に改名、加賀守を賜う（『直茂公譜』）。 藤八郎（高房）母（有馬仙岩の娘）没（『直茂公譜考補』）。 この年、代参宮―政家四回、直茂四回。
天正十八・一月	政家公御下国、直茂上洛・在京（『直茂公譜考補』）。 高房、秀吉より三〇万九九〇二石の朱印状を安堵される（直茂へ神埼郡四四五〇〇石分、勝茂へ三根・藤津郡九〇〇〇石分を含む）（『直茂公譜考補』）。
三月	政家隠居（太俣、隠居分五二二四石）（『直茂公譜考補』）。 直茂下国（『直茂公譜考補』）。
八月	二十四日、隆信七回忌法要（『直茂公譜考補』）。 当家御親類中から大坂へ人質をだす。直茂の御廉中、伊平太（勝茂）・龍造寺万歳（家晴）・後藤初龍（家信子息）・小河平七郎（直茂次男）。代わりに宗誾尼（隆信妻・政家母）・娘於安（秀の前）下る（天正十四年より人質として在洛）（『直茂公譜考補』）。
天正十九	この年、代参宮―政家一回、直茂一回。

③水ヶ江

○慶誾さま＝龍造寺隆信の実母。鍋島直茂の継母。龍造寺隆信の死去後の政権安定に尽力したという。慶長五年（一六〇〇）水ヶ江東館で没したと伝える（九二歳）。

④東長瀬・西長瀬

○橋本内蔵助殿母子（東長瀬）＝「隆信様須古御側衆」と称する五三人の中に「橋本内蔵允」がみえるが、同一人物であろう。江戸期佐賀藩の刀鍛冶橋本氏の一族と考えられる。天正七・八年頃隆信が須古に隠居した際に、家臣とともに刀鍛冶職人も付き従ったと考えられる。

○橋本源次兵衛殿（西長瀬）＝橋本氏は、江戸期藩主勝茂の要請で城下の長瀬に居住し、肥前刀の制作に携わった刀鍛冶職人橋本氏の祖に当たると考えられる。天正十四年の『御参宮人帳』では、長瀬村からの参宮者に「橋本善五郎」がいる。以上から刀鍛冶の橋本氏一族は天正年間から長瀬村に居住していたことがわかる。

⑤千布

○神代殿＝神代氏の当主家良ヵ。鍋島直茂の弟小川信貫の子を神代家の養子としたのが家良であり、川久保鍋島氏（同格）となる。天正元年誕生といわれるので、天正十七年当時は一七歳ヵ。神代刑部太夫は「五箇国御領地之節配分帳」では五四〇町を宛行われている。

○神代対馬守（周利）＝神代家良の家臣中野備後守・三瀬拾介宛の天正十三年「神代対馬守周利・鍋島飛騨守信生連署起請文」には、中野・三瀬両氏の争いを神代対馬守周利に加えて鍋島飛騨守信生が介入して仲裁している。(17)

⑥たで（田手）

○杉野隼人＝田手神宮の宮司、蛎久へ伊勢神宮遷座を行う。肥前国内の伊勢神宮信仰の推進者。鍋島直茂とも親交が深く、伊勢松（勝茂）誕生の祈祷を行い、直茂夫妻から厚い信頼を得る。肥前の龍造寺領国・佐賀藩領内の伊勢信仰の中心的存在として伊勢参宮などに活躍する。

⑦城原

○江上殿（江上家種）＝「五箇国御領地之節配分帳」では一七〇〇町を宛行われている。元亀二年（一五七一）、勢福寺城主江上武種は隆信と和議を結び、隆信の二男家種が養子となって家督を継いだ。「江上衆」「城原衆」を統括する。

○江上さだたね（貞種）＝勢福寺城主江上武種の弟。
○江上すみたね（澄種）＝江上貞種の嫡男。島原一揆鎮圧の際に死去。
○江上左近将監（信種）＝勢福寺城主江上武種の弟。
城原は江上氏の本拠地である。江上氏一族は家種を龍造寺氏から迎えた後も田手（ここには武種が隠居した日吉城がある）及び城原周辺に重臣執行氏（城原に三名みえる）と共に在住していた様子がわかる。「江上衆」の名が『御参宮人帳』にみえるが、在地性の強い集団として存在していたといえよう。
○執行種金（種兼）＝江上氏の重臣である。「五箇国御領地之節配分帳」では二〇五町を宛行われている。城原には多くの一族が居住していることがわかる。

⑧米田（三根郡上峰町米多）

○馬場肥前守（鑑周）＝「五箇国御領地之節配分帳」では七〇〇町を宛行われている。馬場氏は「小弐氏恩顧の輩」と称する少弐氏重臣であったが、龍造寺氏に従う。

⑨巨瀬

○田尻殿（鑑種カ）＝「是ハ本国筑後也」と注記されるように、本来は大友氏家臣で、本貫地は筑後田尻、その後筑後鷹尾を本拠地とする。龍造寺氏の傘下に入り、天正十七年には筑後から肥前巨瀬へ、さらに伊万里へと移転した。「五箇国御領地之節配分帳」では一六〇〇町を宛行われている。朝鮮出兵に出陣し、子と共に陣中で没する。朝鮮出兵中の日記「高麗日記」が現存する。(18)
○田尻彦七郎＝田尻鑑種の叔父了哲（天正十二年戦死）の実子。「田尻家文書」には、彦七郎宛で了哲の死に対して哀悼の意を伝えた隆信書状が残る。

⑩鹿子村

○村岡善太郎＝「村岡家文書[19]」の中に、伊勢御師橋村氏からの「嘉例状」が残る。天文二十二年、隆信が柳河（筑後一木）に退去したのち、佐賀に帰還するのを援助したという由緒を持つ家。

⑪嘉瀬今津

○段伊豆守＝天正十九年に鍋島氏が佐賀城下町を建設した際に、蛎久から移住した商人の一人である団氏の同族か。龍造寺氏・鍋島氏の御用商人・貿易商人として活躍した[20]。

⑫嘉瀬上町

○平吉刑部＝龍造寺氏・鍋島氏の御用商人として活躍した。南蛮貿易商人[21]。

○増吟（増誾）＝「鶴田家文書（庶）」五四（『佐賀県史料集成　第六巻』）、「後藤家文書」一二二（『佐賀県史料集成　第六巻』）、「田尻家文書」一一二五（『佐賀県史料集成　第七巻』）の三通が増誾書状である。どれも隆信の意向を受けて書かれており、隆信の信頼の厚い人物であることがわかる。また、大友氏の重臣戸次道雪の嫡女誾千代の名は「御名ヲ肥前国加瀬ノ増吟へ御頼被成」て一字をもらったと伝える（『豊前聞書』）。

⑬窪田

○後藤弥二郎＝天正四年に龍造寺隆信と武雄の後藤貴明が養子交換をした際に、隆信の養子として佐賀に来た貴明の実子。窪田に所領を宛行われ、隠居した。

⑭多久庄

○龍造寺和泉守長信＝隆信の弟、水ケ江龍造寺氏を継ぐ。多久梶峰城主、近世多久氏の祖。「五箇国御領地之節配分帳」では二番目に載り、八七〇町を宛行われている。隆信とともに領国経営に尽力し、元亀元年（一五七〇）、肥前西部の押さえである多久の梶峰城主となる。「多久家文書」には隆信から長信へ宛てた書状が大量に残っている。天文七年（一五三八）～慶長十八年（一六一三）。

○龍造寺六郎次郎（家久）＝長信の嫡男。家久の代から多久姓を名乗る（多久長門守安順）。永禄六年（一五六三）～寛永十八年（一六四一）。

○南里三郎左衛門＝「多久若殿役人」と注記される。『水江臣記』[22]には、「長信様御代ニ、南里三郎左衛門儀家老職被仰付候、其時身躰三百三拾石ニ加米にて候」とある。

○石井勘解由左衛門尉＝『水江臣記』には「天理様（長信）多久御入城之節、御供七拾五人之内ニ而御座候」とある。

○江副備中守＝『水江臣記』には、「天理（長信）様多久御入城之節、七人之家老之内ニ而御供仕、罷越候事」とある。また、「備中若キ自分四郎兵衛と申候砌、天理様より御判紙被下候写」には、「領地之事、拾弐町我等帰国之時可申付候、聊不可有相違之状、件如、　家信《（後長信）》御判　天文廿一年七月十五日　江副四良兵衛どのまいる」とある。天文二十二年には龍造寺隆信と長信は佐賀から筑後一木村へ退去しているので、佐賀への帰国に対して協力を要請していたのであろうか。

○本田右京亮＝『水江臣記』には、「天理（長信）様多久御入城脇被召寄罷上候」とある。

⑮後藤武雄村

○後藤善二郎（家信）＝龍造寺隆信の三男、後藤貴明の養子として武雄の後藤家を継承。「五箇国御領地之節配分帳」では、一三〇〇町を宛行われている。

⑯藤津郡濱

○鍋島豊前守信房＝鍋島直茂の実兄。「五箇国御領地之節配分帳」では、五〇〇町を宛行われている。龍造寺隆信が天正四年藤津郡攻略の際に藤津衆の要として鹿島城主とした。その後三十余年後に神代（現長崎県国見町）に移り、神代鍋島氏の祖となる。

⑰須古

○龍造寺阿波守信周＝龍造寺隆信の実弟、隆信が平井氏の須古城を攻略後、天正八・九年頃隠居して須古城に入るが、その際に信周を家老職に任命。隆信死去後も須古にとどまり須古鍋島氏の祖となる。『五箇国御領地之節配分帳』では、三番目に記載され、五〇〇町を宛行われている。

⑱柳河

○龍造寺上総守（家晴・家春）＝家晴の父鑑周は龍造寺隆信の父周家の従兄弟。当時は、柳河城主。天正十二年隆信没後、柳河城主であった直茂が蓮池城に戻る際に家晴を柳河に入れた。後に諫早領主（親類同格）となる。「五箇国御領地之節配分帳」では、五番目に記載され、一五七〇町を宛行われている。天正十七年当時は柳河が龍造寺支配下にあったことがわかる。

注

（1）『勝茂公譜考補』（『佐賀県近世史料　第一編　第一巻』佐賀県立図書館刊）。
（2）御師福島太夫による『天正十六年参宮人帳』（『大分県史料』）に、「天正十八年九月二日　肥後宇土郡□□伯耆左兵衛佐長良　是ハ宇土殿事也」とある。
（3）『佐賀県史料集成　第二一巻』。
（4）山口県立図書館蔵。
（5）冠纓神社所蔵。
（6）『信濃史料』一五巻所収。なお、真野純子「中世末御厨旧地における伊勢信仰の展開過程」（笠原一男還暦記念論集『日本宗教史論集　上』吉川弘文館、一九七六年）に詳しい。
（7）同氏『伊勢御師と旦那』。
（8）本書第六章参照。

（9）本書第六章参照。
（10）『佐賀県史料集成　第二六巻』。
（11）『元茂公譜』。
（12）本書第六章参照。
（13）「五箇国御領地之節配分帳」は、龍造寺隆信生存中に作成されたといわれ、家臣団の知行宛行一覧である。
（14）「多久家書物一—三二」（「多久家文書」）『佐賀県史料集成　第一〇巻』。
（15）小城藩主鍋島元茂の年譜録。佐賀大学地域学歴史文化研究センター編『小城鍋島藩と島原の乱』（二〇〇四年）にその一部が翻刻されている。
（16）『歴代鎮西志』。
（17）『神代家文書目録』鍋島報效会編、二〇一〇年。
（18）「田尻家文書」（『佐賀県史料集成　第七巻』）。
（19）『佐賀県史料集成　第二〇巻』。
（20）本書第六章参照。
（21）本書第六・七章参照。
（22）『水江臣記』（秀村選三編『九州史料落穂集』第五冊、文献出版、一九八六年）は、水ヶ江龍造寺氏を継いだ龍造寺長信以来の多久家家臣団の由緒を書き上げたもの。多久市立図書館所蔵。

初出一覧

序（新稿）

第一章　肥前東松浦地域における国人領主鶴田氏の動向……伊万里市史編さん委員会編『伊万里市史原始・古代・中世編』二〇〇六年。原題「戦国期の松浦地方」（一部改稿）。

第二章　戦国期有明海の交通体系と国人領主……所理喜夫編『戦国大名から将軍権力へ』吉川弘文館、二〇〇〇年三月。原題「戦国期における有明海の交通体系―兵船動員と海賊・国人領主―」。

第三章　龍造寺氏の鉄砲受容について―焔硝の調達をめぐって―……平成十六〜十八年度科学研究費補助金　基盤研究（C）研究成果報告書『戦国期龍造寺氏の領国経営と流通ネットワークの研究』二〇〇七年二月。原題「龍造寺氏の鉄砲受容と焔硝の調達をめぐって」。

第四章　龍造寺領国における物資調達と長信の役割……平成十六〜十八年度科学研究費補助金　基盤研究（C）研究成果報告書『戦国期龍造寺氏の領国経営と流通ネットワークの研究』二〇〇七年三月。原題「龍造寺領国における建設資材の調達と長信の役割」。

第五章　肥前国における印判状について……有光有學編『戦国期印章・印判状の研究』岩田書院、二〇〇六年。原題「肥前国における戦国期の印章使用」（一部改稿）。

第六章　戦国期肥前における「町」の研究……（新稿）。

第七章　肥前国内における銀の「貨幣化」……（新稿）。

第八章　中世後期の経済発展と銭貨……池享編『銭貨』青木書店、二〇〇一年。原題「中世後期の経済発展と中国銭」。

翻刻・解題『天正十七年御祓賦帳』……（新稿）

あとがき

本書に収めた論稿は、二〇〇〇年に著書『日本中世社会の流通構造』（校倉書店）を出版して以降の仕事をまとめたものである。この一〇年間は、主に肥前の戦国期社会と流通問題を研究対象としてきた。

肥前の中世史研究は、未解明な部分が多く、戦国期の龍造寺領国研究に限っても、研究者の層が薄く研究が進んでいるとはいえない。日本史研究の中で戦国大名研究が一定の成果を上げているとはいえ、ともすると近世の軍記物に依拠した「国盗り物語」が好まれる傾向は否めない。これは肥前戦国史関係の書物においても同様であり、この点を克服するには、史料に基づいた肥前戦国史像や龍造寺隆信像を描くことが重要である。本書に収めた論考の執筆目的は、一つにはこの課題に答えることでもある。その他所収論考には、種々の執筆経緯が存在するが、以下で簡単に述べておきたい。

第一章「肥前東松浦地域における国人領主鶴田氏の動向」で扱った国人領主鶴田氏は、従来まとまった研究が存在しておらず、軍記物によって語られることが多かった一族である。『伊万里市史』の執筆をきっかけに「鶴田家文書」に出会ったのである。ここには多数の起請文が収められており、これは肥前戦国期の文書の一つの特徴を示していた。そこで「鶴田家文書」中の主に起請文の検討を通じて、肥前の中小国人領主の動向が戦国期の政治情勢にどのような影響を与えたのかを、具体的に考察することとした。鶴田氏が周辺国人領主と離合集散を繰り返す行動パターンは、戦国期九州地域の中小国人領主層によくみられるものである。その意味でここで明らかにした鶴田氏の動向は、戦国期中小国人領主の典型を提示するものとなったと考える。なお、第一章は、平成十一年度～平成十三年度科学研究費

補助金　基盤研究（C）「中世後期筑後及びその周辺諸国における地域ネットワークの研究」の成果の一部である。

第二章の「戦国期有明海の交通体系と国人領主」（原題「戦国期における有明海の交通体系―兵船動員と海賊・国人領主―」）は、私が肥前戦国期を扱った初めての論考である。この論考の執筆によって、有明海が交通・流通を遮断する存在ではなく、地域間の交流を促進・深化させる役割を果たしていることに、改めて気付いた。こうした視点から有明海の交通をみていくと、その多様な結びつきが明らかになってくる。本書の第七章「肥前国内における銀の『貨幣化』」や『御祓賦帳』の解題でも述べたように、有明海に注ぐ筑後川の中流域地域と肥前藤津郡との結びつき、さらに藤津郡と豊後国などとの地域間交易・交流に有明海が欠かせない存在であったことが、次々と明らかになってきた。現代社会においても長崎県島原の人々がフェリーで熊本へ買い物に出るとの話を聞いて、有明海はその存在意義を失っていないことを知った。有明海を巡る流通問題は今後も深めていきたい課題である。

第三章「龍造寺氏の鉄砲受容について―焔硝の調達をめぐって―」と第四章「龍造寺領国における物資調達と長信の役割」は、従来研究されることが少なかった龍造寺隆信の弟長信の龍造寺領国における政治的地位を追究したものである。長信が龍造寺領国経営上で果たしていた役割・政治的地位を明らかにしたことによって、龍造寺領国の特質の解明に寄与できたと考えている。さらに、上述のような軍記物から脱するためにも有効であったと考える。

なお、第三章および第四章は、平成十六年度～平成十八年度科学研究費補助金　基盤研究（C）「戦国期龍造寺氏の領国経営と流通ネットワークの研究」の成果の一部である。

第五章「肥前国における印判状」については、有光有學氏が研究代表を務めた平成十二年度～平成十五年度科学研究費補助金　基盤研究（B）「戦国期印章・印判状に関する総合的研究」に参加して、肥前戦国期の印判状の収集・分析を行った際の論考である。印判状の使用例の少なさは、肥前戦国期の特徴であって、それを改めて検証することとなった。

ところで、今回本書を上梓するにあたり三本の新稿を収めた。なかでも、第六章「戦国期肥前における『町』の研究」と第七章「肥前国内における銀の『貨幣化』」は、現在私が最も興味をもって読んでいる史料『御参宮人帳』の分析によってできた論考である。これを読み進めていた私の誘いにのってくれた院生（当時）の小崎美知子さんとは、とても楽しい時間を過ごさせて頂いた。一緒に伊勢参宮もし、神宮文庫での文書調査も行った。彼女の修士論文とは分析視覚が異なったのだが、第七章に収めた表は彼女の作成によるものである。ここでお礼を述べておきたい。また この『御参宮人帳』や『御祓賦帳』を利用して第六章の町場の研究ができたことは、史料をどのようにして読み解くのか、すなわち史料活用の可能性を広げられたということからも意味があるものであったと考えている。

この一〇年間に、日本中世史、特に中世後期の分野では、銭貨史研究が著しい進展を示した。最近では、銭貨の中世的特質の研究から中近世移行期の金銀使用の問題が取り上げられるようになってきた。そうした観点で『御参宮人帳』をみていくと、銀での奉加銭納入が圧倒的であることに注目させられた。これが第七章「肥前国内における銀の『貨幣化』」を書く動機となった。肥前国の参宮関係史料をみていくと、その銀使用の広がりは、同時代の他地域と比較しても群を抜いている。石見銀山を持つ毛利領国と比較しても、肥前国の銀流通の様相は際だっているといえよう。第七章でも結論付けたように、これは肥前国での銀使用の一般化すなわち「貨幣化」を示していると考えられる。

第八章「中世後期の経済発展と銭貨」は、池享編『銭貨』に分担執筆をした際の論考である。この中で一般庶民層にまで浸透している貨幣経済の実態を追究したことが、中世銭貨流通史に関心を深めたきっかけであり、第七章「肥前国内における銀の『貨幣化』」の執筆へと結果した一つの要因である。

最後に翻刻『天正十七年御祓賦帳』を載せた。この『御祓賦帳』は肥前国在住の伊勢神宮信徒の旦那名簿である。しかし内容はそれだけには留まらず、戦国期肥前の様々な情報が得られる貴重な史料である。このことは、第六章での考察や解題から知られる通りである。なお、翻刻に際しては、佐賀大学地域学歴史文化研究センター非常勤博士研究員（当時）野口朋隆氏のご協力を頂いた。また、『御祓賦帳』の翻刻掲載許可を頂いた天理大学附属図書館には感謝を申し上げたい。

ところで、この一〇年の間に、一橋大学大学院時代の恩師である永原慶二先生が亡くなられた。また、この大学院時代に一橋・学芸大の合同ゼミなどを通じてお世話になった佐藤和彦氏も時を経ずして亡くなられた。お二人が亡くなられて、これまで私を支えてきてくださった人々の存在がいかに大きかったかを改めて実感した次第である。とくに研究の良き助言者・理解者である夫宮島敬一に対して、この場をお借りして感謝を表することをお許し願いたい。

なお、本書の索引は、放送大学大学院に在籍中で、私の研究仲間である田中健一氏にお願いした。誠意を持って面倒な作業を引き受けて頂いた。そして最後に、同成社の社長山脇洋亮氏と本書の担当として懇切丁寧な校正・ご助言をいただいた三浦彩子氏にも感謝を申し上げる。

二〇一〇年一二月一〇日

鈴木敦子

103, 105, 109, 110, 111, 113, 114, 115, 116, 117, 119, 120, 146, 150, 162, 165, 172, 194
鍋島信生　43, 51, 110, 111, 113, 114, 119
成富拾右衛門尉（兵庫助茂安）　172
入田親廉　216
乃美元信　81

は行

橋村氏　125, 142, 143, 145, 147, 153, 170, 171, 186, 187
波多壱岐守盛　23, 25
波多氏　14, 18, 20, 25, 26, 27, 31, 35, 38, 42
波多（下野守）鎮　23, 25, 26, 30, 31, 33, 43, 45
波多（三河守）親　19, 23, 38, 45
波多助三郎　17
原田種実　53
原田親種　43
原田了永　31, 43
馬場氏　14
日高甲斐守喜（源喜）　23, 25, 26, 30
日高監物介勝秀　26, 30
平佐藤右衛門尉就之　201
平吉形部・平吉形部丞　105, 113, 130, 149, 197
平吉源右衛門　130, 165
平吉平兵衛　149, 198
深掘氏　49, 50, 52, 56
福田左京亮　50
藤井氏（御師）　180, 182
戸次鑑連（道雪）　29, 30, 31, 70, 72, 73, 89
堀立壱岐守　73

ま・や行

松浦鎮信　26, 28, 30
松浦道可　26, 30, 33, 34, 43
三池氏　6, 59
水ヶ江龍造寺氏　13
村岡右衛門尉　105, 112
村中龍造寺　13
村山氏（御師）　179
毛利輝元　81, 201
毛利元就　70, 71, 81
山下和泉守　216
山本和泉守　154
山本はるたさる入道宗慶　197
横岳氏　14, 31, 85, 86

ら行

龍造寺家就　113, 114, 117, 172
龍造寺（上総守）家晴　111, 119, 172
龍造寺剛忠　13, 116
龍造寺隆信　6, 7, 13, 14, 27, 28, 30, 31, 33, 36, 37, 38, 40, 44, 53, 74, 75, 77, 82, 83, 84, 85, 87, 89, 91, 92, 93, 94, 95, 96, 97, 98, 99, 100, 101, 102, 103, 104, 106, 107, 108, 110, 114, 116, 117, 118, 120, 130, 131, 134, 135, 137, 138, 170, 194, 195, 204
龍造寺胤信　13
龍造寺胤栄　13
龍造寺藤八郎・高房　109, 111, 165, 172
龍造寺（和泉守）長信（長述）　7, 14, 36, 43, 82, 83, 84, 85, 87, 89, 91, 92, 93, 94, 96, 97, 98, 99, 100, 104, 106, 107, 130, 131, 134, 140, 168, 195, 204
龍造寺（安房守）信周　100, 113, 136, 137, 139, 172
龍造寺（民部太輔）政家　6, 74, 99, 101, 102, 103, 104, 108, 109, 110, 111, 114, 116, 118, 120, 150, 172, 194, 204
龍造寺康房　30, 36, 37
両鶴田氏　14, 23, 26, 26, 28, 29, 30, 31, 32, 33, 34, 36
ルイス・フロイス　54, 74, 75, 76, 141, 174, 215

河原（豊前守）高　36
吉川元春　73
肝属越中守　69，70
闇千代　72
草野鎮永　25，28，29，30，31，43
楠葉西忍　207，209
豪海・鶴田豪海　19，35，36
国司元相　201
児玉三郎右衛門尉元良　71，201
児玉木工允　81
後藤家信　30，38，39，44，74，92，93，117，134，166
（後藤）惟明　33，34，43
後藤氏　24，34，37，40，134，135
（後藤）茂綱　39
後藤善二郎（善次郎）　30，38，134，166
後藤貴明　26，28，30，31，32，33，34，36，37，38，43，104，168
（後藤）晴明　36，37，38，44
許斐彦左衛門　156，157

さ行

斎藤播磨守　216
斎藤民部少輔　55
佐田兵庫允居宅　201
佐田隆居　70
（宮後）三頭太夫　202
渋谷与衛門尉　80
島津貴久　69
下村生運　172
小代氏　6，56，57，58，60
小代堀内刑部丞親平　56
尋尊　209，210
真芳（後室）　23，25
陶隆房（晴賢）　13
杉野隼人　143，153，154，155
鈴田越前　32，33
増闍（増吟）　130，164
宗闍尼（宗闍様）　171
祖式部少輔友兼　70

た行

多久茂文　107，108，118
竹市善右衛門尉（善右衛門）　125，143，171
田尻鑑種　53，216
田尻氏　6，53，54，55，57，58，60，61，119，216
田尻中務太輔　54，62
田尻伯耆守親種　53，216
田雑（大隅守）　51，52
種子島時堯　78
ダルメイダ（イルマン・ルイス・ダルメイダ）　48，50，60，61
段伊豆守　172
団良円　143，172
筑紫氏　14，31，139，159，160，174
千葉胤頼　14
中元寺新右衛門　143
鶴田（兵部大輔・善右門）明　19，30，37，38，39
鶴田因幡守勝　19，24，26，27，29，30，32，34，36，37，38，44，93
鶴田越前守前　15，19，23，24，27，30，33，34，35，36，42，73，74
鶴田賢　15，19，36，37，38
鶴田五郎　18，19
鶴田氏　6，13，14，15，16，18，20，22，23，25，28，29，30，31，34，35，36，37，38，39，40，44，93，94
鶴田賢秀（堯）　19，30，36，37，38，38，45
鶴田太郎　20
鶴田直　19，20，22，23，35
藤童丸　19，23，25
土橋栄益　14
土肥（出雲守）家実　172
豊臣秀吉　49，110，111，115，132，135，159，166

な行

中野式部　51
中村道安入道　180，183，184，185，203
夏足三河入道　55
鍋島茂里（平五郎）　130，165，172，198
鍋島（和泉守）忠茂　39
鍋島直茂　6，38，39，99，100，101，102，

や行

八戸米（焼米）（肥前国杵島郡）　96，98，132
八代（肥後国）　183
柳井（周防国）　209
柳河・梁河（筑後国）　51，55，100
柳川城（筑後国）　53
養父郡（肥前国）　111，159，173，190，191
矢部川（筑後国）　53，54，55
山下城（筑後国）　55
山下六角町（肥前国杵島郡）　136
山代（肥前国松浦郡）　61
由良（淡路国）　209
横小路・横町（肥前国佐賀郡）　146，147，148
横瀬浦（肥前国彼杵郡）　50，76，77
横辺田（肥前国杵島郡）　98

ら行

龍造寺村（肥前国佐賀郡）　127，129，145，150，151，152，161，162，170，172
六角川（肥前国）　93，134，137，165
六角宿（肥前国杵島郡）　137

〔人名索引〕

あ行

青木勝左衛門　156，157
青木又左衛門　156，157
秋月種実　104，118
足利義輝　71，72，78
荒木田氏　143，169
有浦四郎左衛門尉馭　25
有馬氏　14，26，34，50
有馬仙岩　182
有馬晴純　43
有馬義貞　25，50
有馬義純　25，50
粟屋右京亮元勝　201
粟屋掃部寮　201
粟屋備前守元通　201
石井（安芸守）信忠　165
石井生札　172
伊集院忠明　69
伊勢松　194
犬塚惣兵衛尉家続　104，105，109
井上但馬守就重　201
今川貞臣　56
今川了俊（貞世）　16，17，41，56
今村新右衛門　156，157
伊万里右馬太輔　22
伊万里（中務丞）貞　17，18
岩橋氏　159，160，174
右近刑部　143，149，172
上井覚兼　79
江上家種　100
相知氏　17
相知中山備前権守　17
相知美濃権守　17
大内義隆　13
大内義長　14
大河野氏　18，20，22，41，42
大河野対馬入道聖本　16，17
大河野豊前権守　17
大友氏　6，14，28，29，31，35，40，43，52，53，54，55，56，58，59，60，70，71，72，75，76，77，78，86，174，177，216
大友新太郎　78
大友宗麟（義鎮）　13，14，31，35，55，58，60，71，72，76，79
大友義鑑　13，216
大村右京亮　181
大村純前　43
大村純忠　50，76，77，181

か行

桂左衛門大夫就宣　201
蒲池鑑広　55
蒲池鎮並　54
鴨打陸奥守胤忠　52

多久町（肥前国小城郡）　131，132，133
多久原（肥前国小城郡）　132
武雄（肥前国杵島郡）　14，24，28，33，34，36，44，93，117，129，134，135，141，154，161，173
太宰府天満宮（筑前国）　143，219
田代町・田代（肥前国基肄郡）　127，138，139，155，158，167
田代村（肥前国杵島郡）　92，93
田尻（筑後国）　53
立花表（筑前国）　70
橘湾（肥前国）　51
田手（肥前国神埼郡）　129，141，152，153，154，155
田手大神宮（肥前国神埼郡）　143，153
種子島　69，72
田平・多比良（肥前国松浦郡）　51
多良往還（肥前国）　137
太良庄（若狭国）　211，212
千布（肥前国佐賀郡）　129
塚崎（肥前国杵島郡）　135，166
辻（蛎久の辻）（肥前国佐賀郡）　146，147
対馬（対馬国）　155，158，173，196，204
寺井（肥前国佐賀郡）　60，164
寺小路（肥前国佐賀郡）　146，147
天川（マカオ）　197
東福寺　207，210
外浦（肥前国彼杵郡）　50，77
富田城（出雲国）　71
戸町・戸町浦（肥前国彼杵郡）　49，50，52，77

な行

直鳥（肥前国神埼郡）　154，173
永島（肥前国杵島郡）　92，93，134
長嶋庄（肥前国杵島郡）　133，134，166
長瀬村（東長瀬・西長瀬）（肥前国佐賀郡）　129
長与（肥前国彼杵郡）　50，77
名護屋（肥前国松浦郡）　132，135
浪瀬峠（肥前国松浦郡）　24
西嶋（肥前国三根郡）　142
寧波（明）　207
野原庄（肥後国）　56，57

は行

博多（筑前国）　111，207
蓮池城・蓮池（肥前国佐賀郡）　60，152，164
八町嶋（筑後国）　159，160，174
浜通り（肥前国）　139
日在城（肥前国松浦郡）　14，20，21，22，23，24，28，34，36，37，38，93
ひがむた（蛭牟田）（肥前国神埼郡）　141，154
引田（讃岐国）　208
肥前国府（肥前国佐賀郡）　145
秀津（肥前国杵島郡）　138
兵庫湊（摂津国）　208
平戸（肥前国松浦郡）　26，33，76，77，79，123，154，186，187，189，203
平山（肥前国松浦郡）　24
深掘（肥前国彼杵郡）　50
符川郷（武蔵国）　219，220
福田（肥前国彼杵郡）　50，77
藤津・藤津町（肥前国藤津郡）　51，182，183，184，185，190，203
藤津郡（肥前国）　148，193
太俣（肥前国佐賀郡）　108
府内（豊後国）　76，183，184，216
別府・別府町（肥前国小城郡）　127，131，132，133，141，161，165

ま行

松浦（肥前国松浦郡）　17，49，100，170，199
松浦川（肥前国）　22，25
三池庄（筑後国）　53，59
三会（肥前国高来郡）　51
水貝・水ヶ江（肥前国佐賀郡）　54，55，129
水田庄（筑後国）　219
水屋（肥前国基肄郡）　158
三原（備後国）　208
向村（肥前国松浦郡）　17，18，22
牟田辺（肥前国小城郡）　187，188

蒲田（肥前国佐賀郡）　55
上関（周防国）　209
唐津往還・唐津街道（肥前国）　131, 132, 134, 165
川崎町（筑後国）　159, 161
川副庄（肥前国佐賀郡）　16
河西（川西）村（肥前国松浦郡）　22
岸岳城（肥前国松浦郡）　14, 25, 26, 42
北九州　13, 14
北関（兵庫北関）（摂津国）　8, 208, 209
木原町（肥前国佐賀郡）　127, 140
厳木口（肥前国松浦郡）　23
清水寺（筑後国）　104, 108, 109, 110
清水山（肥前国佐賀郡）　84, 86
莞牟田（肥前国神埼郡）　154
草野城（肥前国松浦郡）　43
口之津（肥前国高来郡）　48, 50, 77
久間衆　168
久間村（肥前国藤津郡）　148, 168
九里半街道　210, 216
黒川崎の合戦　70
黒木町・須古黒木町（肥前国杵島郡）　136, 137, 138, 167
桑名（伊勢国）　212
神代（肥前国高来郡）　51, 111,
郡山（安芸国）　179, 201
古賀津（肥前国小城郡）　131, 132, 161
小侍（肥前国小城郡）　35, 36
巨勢原（肥前国佐賀郡）　73
五島（肥前国松浦郡）　49
後藤山（肥前国杵島郡）　129, 134, 135, 165, 166
小むれ衆　168

さ行

佐賀城下町　145, 147, 150, 162, 163, 169, 171, 198
佐賀関（豊後国）　183
里城（豊前国）　70
塩飽（讃岐国）　208
塩田（肥前国藤津郡）　129, 184, 203
潮見城（肥前国杵島郡）　98
志久（肥前国杵島郡）　96, 98
獅子ヶ城（肥前国松浦郡）　14, 15, 23, 24, 27, 28, 29, 33, 34, 35, 36, 37, 38, 42, 44, 74
嶋（讃岐国）　208
島原（肥前国高来郡）　6, 51, 110, 114, 141, 174
島原の合戦・島原の陣（肥前国高来郡）　74, 75, 76, 87
下津井（備前国）　209
白川町（肥前国杵島郡）　136, 137
白石（肥前国杵島郡）　129
白石町（肥前国杵島郡）　129, 137
石塔院（肥前国神埼郡）　153
城原（肥前国神埼郡）　100, 129
須古（肥前国杵島郡）　33, 53, 93, 98, 100, 129, 134, 135, 136, 137, 138, 141, 147, 158, 161
須古城（肥前国杵島郡）　93, 100, 134, 135, 137
須古城下（肥前国杵島郡）　136, 137
須古六角町（肥前国杵島郡）　127, 135, 136, 137, 138, 141, 161
須々磨攻め（周防国）　81
瀬高下庄（筑後国）　53
瀬戸田（備後国）　209
瀬戸内海　50, 54, 55, 130, 169, 208, 209, 224
彼杵郡（肥前国）　50, 51

た行

大徳寺（京都）　178
鷹尾・鷹尾城（筑後国）　53, 54
高来（肥前国高来郡）　43, 50, 51, 54, 58, 77, 190, 193
高崎（安芸国）　209
高瀬津・高瀬（肥後国）　48, 76, 164, 183, 184
高橋町（肥前国杵島郡）　92, 127, 133, 134, 135, 141, 161
高橋町衆　134
多久・多久庄（肥前国小城郡）　36, 87, 93, 98, 107, 129, 133, 141, 158, 161, 162, 187, 188

や・わ行

八木直樹　43

脇田晴子　208，223

〔地名・寺社・城名索引〕

あ行

芦刈（肥前国小城郡）　52
阿南庄（豊後国）　182
姉川（肥前国神埼郡）　129，154，173
天草（肥後国）　54，58
有明海　6，47，48，51，52，53，54，55，56，57，58，59，60，61，63，129，130，145，164，184，185，196，204
有田町（肥前国松浦郡）　127，129，140，141，166
諫早（肥前国高来郡）　111
伊勢・伊勢神宮（伊勢国）　123，147，148，152，163，171，172，178，182，186，218，220，221
板井（筑後国）　138，139
厳島・厳島社（安芸国）　177，178
猪隈（肥前国杵島郡）　134
今堀（近江国）　212，213，215
今村衆　138，167
今山の戦い（肥前国佐賀郡）　6，14，27，68，174
伊万里街道　131，132
石見銀山　83，176
岩屋（肥前国松浦郡）　14，23，24
浮田庄（日向国）　16
牛津川（肥前国小城郡）　131
牛津宿（肥前国小城郡）　139
臼杵（豊後国）　182
宇野（備前国）　209
瓜生野町（肥前国養父郡）　155，156，157，158，173
江の浦（筑後国）　54
榎津（筑後国）　54，60
小天（肥後国）　57
老手・手隈村（肥前国彼杵郡）　50
大河野（大川野）（肥前国松浦郡）　14，17，18，20，22，23，24，42，92，93，94，134
大崎村（肥前国杵島郡）　98
大湊（伊勢国）　221，222
大村（肥前国彼杵郡）　48
大森銀山（石見国）
大渡衆（肥前国杵島郡）　138，167
小城（肥前国小城郡）　84，86，127，131，166，190，192
沖田畷（肥前国高来郡）　111
沖浜（豊後国）　184
小田・小田町（肥前国杵島郡）　100，139，140，141，154
鬼ヶ城（肥前国松浦郡）　25，28
遠敷市場（若狭国）　210，211，212
尾道（備後国）　208
小浜（若狭国）　210，212，216，224

か行

蛎久（肥前国佐賀郡）　126，129，130，133，141，143，144，145，146，147，148，150，151，152，153，154，161，162，163，169，170，171，172
蛎久北畠（肥前国佐賀郡）　129，145，146，148，149，150，171，172
蛎久大神宮（肥前国佐賀郡）　143
蛎久町（肥前国佐賀郡）　147，150，152，169
梶峰城（肥前国小城郡）　131
嘉瀬（加世・加瀬・嘉瀬庄）（肥前国佐賀郡）　60，129，130，131，149，163，165，171，196，204
嘉瀬上町（肥前国佐賀郡）　127，129，130
嘉瀬津（肥前国佐賀郡）　129，130
方本（讃岐国）　208
加津佐（肥前国高来郡）　51，52
鹿子木庄（肥後国）　16

62, 139
六斎市　131, 132, 164, 165
倭寇　49, 52, 59
和銭　216

〔研究者名索引〕

あ行

秋山伸隆　89
伊奈健次　221, 226
宇佐見隆之　2
宇田川武久　62, 69, 88
浦長瀬隆　175, 200, 220, 225
宇仁一彦　172
榎原雅治　173

か行

鹿毛敏夫・鹿毛氏　182, 183, 202
加藤章　67
川副博　67, 89
川戸貴史・川戸氏　3, 8, 175, 177, 178, 179, 200, 201, 202, 205
木島孝之　4, 132, 165, 166
北島万次　67
木戸雅寿　4, 163
鍛代敏夫　8
久田松和則・久田松氏　123, 127, 153, 163, 164, 165, 170, 171, 173, 182, 186, 188, 202, 203
黒田明伸　221, 223, 225
小島道裕　3, 161, 174
小葉田淳　205, 221

さ行

坂本亮太　8
桜井英治　216
櫻木晋一　222
佐々木銀弥　217, 225
佐々木稔　88
佐藤進一　223
佐藤満洋　216
新城常三　123, 203
真野純子　202
鈴木公雄　221, 222, 225

た行

武野要子　68, 88, 164, 172, 204
田中浩司　175, 178, 179, 200, 204, 225
玉井哲雄　4, 124, 125
玉泉大梁　217, 225
千枝大志・千枝氏　175, 178, 179, 200, 202
外山幹夫　61, 89
豊田武　217

な行

中島圭一・中島氏　178, 200
永原慶二　61, 221, 226
仁木宏　9

は行

服部英雄　63, 167
八幡崇経　170
林屋辰三郎　224
原田重和　41
平野明夫　40, 45
福川一徳・福川氏　62, 72, 88, 89
藤野保　6, 67, 88, 114, 119, 120, 164, 168
洞富雄　88, 90
堀本一繁　43, 45, 68, 119, 120
本多博之・本多氏　175, 176, 178, 179, 200

ま行

松岡美幸　205
松田博光　68
松延康隆　217, 225
水上一久　217
宮島敬一　41, 42, 45, 68
宮武正登　20, 42

旅籠銭　155
初穂料・初尾料　127，130，137，142，147，148，153，158，163，179，181，186，187，188，189，190，194，200，201，203，204
肥前守護代　13
肥前鳥居　140
『肥前日記』　180，181，182，183，184，187，199，202
ヒタ（ビタ）　166，169，186，187，188，189，190，191，192，193，201，222，226
備蓄銭　221，222
火縄銃　74
『兵庫北関入船納帳』　208，224
秤量貨幣　196
「平吉家文書」　105，117，119，164，172，196，197，204，205
「平吉家由緒書」　130，196，197，198
「深掘家文書」　61，63
「福田家文書」　50，61，62，77，89
太保老中　104，114
船奉行　55
夫丸　84，86，92，93，94，97，112，134
兵農分離　3，161
別当・別当殿　133，136，137，141，152，157，158，159，160，162，167，173，174，212
貿易決済用　7，195，196
貿易商人　130，196，197，207
奉加銭　130，165
「保福寺文書」　104
『北肥戦誌』　51，52，53，62

ま行

薪　84，85，86，87，97，158
巻物　160
町・町場　1，3，4，6，7，9，123，124，125，127，130，131，132，133，134，135，136，137，138，139，140，141，142，143，145，147，150，152，153，155，158，160，161，162，167，170，180，182，184，185
町方三役　158，160
町立て　159，160
町中衆　157
町年寄　158，173
松浦党　16，17，20，25，39，41，52
「満盛院文書」　104，118
「万度祓」　202
「三池文書」　63
「水江臣記」　73，75
土産・土産品　127，171，181，202
明船　60，207
無姓者　126，155，182，186，187，188，189，190，191，192，193，201，203
棟別銭　218
「村岡家文書」　105，117，119
村掟　212
「村山文書」　200
門前　224
門前市・門前町　145，153，224

や行

宿・やど　126，127，129，134，139，141，142，143，144，145，153，154，155，160，166，169，180，181，183，184
「養父郡惣社祇園宮縁起」・「祇園宮縁起」　155，156，157
山城　1，4，125，136
山留　84，86
有姓者　126，127，135，153，155，182，186，187，188，189，190，191，192，193，203
養子交換　31，44

ら・わ行

龍造寺領国　6，7，40，67，68，69，82，87，91，94，95，96，99，110，111，114，115，119，131，133，134，148，149，150，189，190
流通ネットワーク　132，185
領域内流通網（領域内流通）　125，135，141，167
領国経営　87，91，199
礼銭・礼物　215，216，225
『歴代鎮西志』　28，34，35，40，44，52，

硝石　79
「小代文書」　63
「しろかね」　182
神宮寺　170
親類同格　9，108，118
水軍　50，51，52，56，58，60，62
精銭　182，220，221
銭貨　3，8，175，181，207，211，213，217，220，223
宣教師　48，54，78，79，80，81，184
戦国城下町　124，161，162
宣徳通宝　221
「千度祓」　202

た行

『大永享禄之比御状并書状之跡付』　199，204
大工　96，97，99，150，158，172
太神宮（大神宮）　143，153，168，171
「大船廻法」（「廻船式目」）　57，58
代銭納　8，207，212，217，218，220
内裏造営　218
たかせ屋　184，185，203
「多久家文書」　87，90，91，96，97，99，104，100，106，118，164，165，204
多久役人　133，141，152，162
「武雄鍋島家文書」　165
「田尻家文書」　62，63，119，130，164
「立花文書」　88，89
段銭　177，179，196，201，218，219
『丹邱邑誌』　131，165，168
旦那（檀那）　124，126，127，130，135，143，150，153，157，181，200
旦那場　142，145，169，200
地域間流通　125
地域経済圏　2，3，184
地域的銭貨流通秩序　3
「筑後鷹尾文書」　62
『籌海図編』　60，130，164，184，204
中近世移行期　1，2，4，6，7，8，9，124，125
中世都市　1，3，4，9，124
朝鮮出兵　39，68，130，132，135，146，149，172，198，199
町人　145，149，158，171
沈香　181
津　58，129
通行特権　216
「つえ」　82，83，195
「堤家文書」　104，105，106，117，118，119
「鶴田家（嫡）文書」　14，15，16，30，39，41，43，44，45，99
「鶴田家（庶）文書」　15，30，41，42，43，44，45，118，130，164
定航船　78，79
鉄砲放　70，71
鉄砲与　75
手火箭（手火矢）　50，70，77，79
『天正九年村山旦那帳』　142，169
『天正十七年御祓賦帳』　7，8，123，125，163
湯治場　135
「東寺百合文書」・「東寺文書」　224
土硝法　80
土地売券　217，220
鳥目　190，192

な行

『直茂公譜』　100，119，170
『直茂公譜考補』　100，119，172
「永野御書キ物抜書」　44，45
鉛　72，78，79，81
南京木綿　181
南蛮衆　82，83，195
南蛮船　50，77，78，79，197
南蛮鉄砲　71
「南蛮文化館所蔵文書」　89
二階崩れの乱　59
荷所　59
『日本史（フロイス）』　49，51，74，76，87，89，174

は行

博多屋　204
計屋　182，183，184，185
『萩藩閥閲録』　80，88，90
箱祓　126，181，202

掛屋　184，185
鍛治　158
加治木銭　222
借上　212
『勝茂公御年譜』　152，153
『勝茂公譜考補』　143，149，172
「鹿子木文書」　104，117
「貨幣化」　7，175，176，177，178，179，180，182，187，188，189，196，199，200，201
火薬　69，72，75，78，79，80，87
「河上神社文書」　164
為替　133，147，148，149，171，179，182，186，222
河港　53，131，134，138，160
勘合貿易　49，223
貫高　8，219，220
官道　139
起請文（神文）　26，27，28，29，30，31，32，35，36，37，40，45，68，168
九州仕置き　111
九州探題　17，56
「清水寺文書」　104，118
銀　7，80，82，83，130，137，138，147，156，166，170，175，176，177，178，179，180，181，182，183，185，186，187，188，189，190，191，192，193，194，195，196，197，198，199，200，201，202，203，204，205
銀子（艮子）　82，116，148，156，169，195，197，204
銀流通　175，179，180，188，199，203
クリーク　154
軍役　106，111，219，220
慶長国絵図　137
警固料　50
「剣御祓」　202
検使　29，31，43，55
豪族屋敷村　161
洪武通宝（洪武銭）　221，222
「五ヶ国御領地之節配分帳」　139
小刀　126，183
黒印　102，104，105，106，108，109，110，111，112，113，115，116，117，118
国際通貨　176
国人領主　1，3，5，6，13，14，28，32，39，40，51，52，53，54，55，56，57，58，59，60，61，125，141，161，199，216
『御参宮人帳』　7，123，124，127，130，131，133，135，136，137，138，139，140，142，145，146，148，150，152，154，155，157，163，165，166，168，169，170，171，186，187，188，189，194，199，204
小路　146，147，148
御奏者　133，162
国境　138，139
「後藤家文書」　44，104，130，164，168
こまかね　82，195，196
御用商人　7，68，69，80，130，149，163，196，199，201

さ行

「西持院文書」　104，120
座親　157，158，159，160，173
酒屋役　218
『さぬきの道者一円日記』　142，155，169
三老臣　113，114
参宮人・参宮者　124，138，140，146，153，154，168，186，189，190，191，203
地侍・地侍層　140，154，168
私鋳銭　222
「渋谷文書」　90
朱印　102，104，106，108，109，110，117，118
衆　57，134，135，139，140，147，167，168，180，184，185，203
自由通行権　50，216
「十六・七世紀イエズス会日本報告集」　62，89
首都市場圏　208，209
「状」　126
城下町　1，3，4，124，125，132，137，140，143，145，147，160，161，162，163，169，174，176，184，201

索　引

〔事項索引〕

あ行

悪銭　3，190，191
合薬　80
安堵状　106，111，119，216
「イエズス会士日本通信」 48，61
「石井十郎所蔵文書」　105，120
石火矢　50，60，69，76，77
伊勢参宮　123，153，171
伊勢信仰　123，131，133
伊勢や（伊勢屋）　129，133，148，149，150，170，171，173
市立て　158
市場在家　134
市場集落　161，170
市町　166
市まつり（市祭り）　159，160，162
「犬塚家文書」　104，105，118
今堀商人　216
「今堀日吉神社文書」　212，224，225
「伊万里家文書」　16，18，41，42
「岩橋家記録」　159，160，174
『岩屋家譜』　15，20，22，23，24，27，35，41，42，44
印章　101，102，103，107，108，109，111，113，116，117
印判状　7，101，102，104，105，106，107，108，109，110，111，113，114，115，116，117
「上杉家文書」　89
馬屋の土　81
浦浜　56
永楽通宝（永楽銭）　156，190，191，193，219，220，221，222
遠隔地流通　124
塩砂　72
焔硝（煙硝・塩硝）　7，72，78，79，80，81，82，83，84，85，86，87，91，94，97，99，130，149，171，172，195，196，197，198，199
焔硝煎　84，85，86，87
御家裁判　115
扇　126，202
御馬廻衆　146
大筒　74
大鉄砲　72，75
「大友家文書目録」　88，89
「大友宗麟資料集」　62，63，88，89
大鋸・大鋸挽　95，96
沖浜屋　184，185，203
「小城藩士佐嘉差出古文書写」　120
御師　123，125，126，127，142，143，145，147，153，158，169，170，171，172，179，181，182，184，186，187，200，202
白粉　126，202
『御祓賦帳』　7，123，124，125，126，127，130，131，133，134，135，136，137，138，139，140，141，142，145，146，148，150，152，153，154，160，162，164，166，169，171，172，178，179，180，202
御祓大麻　125，126，127，135，137，141，142，145，150，153，163，169，172，179，180，181，184，202
帯　126，180，183，202
「御屋形日記」　133，165

か行

街区　145，147，150
海賊　48，49，50，51，52，60，130
街村状地割　138，140
『海東諸国記』　199
海夫船　56，58
隔地間取引　208，212

戦国期《せんごくき》の流通《りゅうつう》と地域社会《ちいきしゃかい》

■著者略歴■

鈴木　敦子（すずきあつこ）

1949年　東京都に生まれる
1972年　日本女子大学文学部史学科卒業
1976年　東京教育大学大学院文学研究科修士課程修了
1981年　一橋大学大学院経済学研究科博士後期課程単位修得退学
　　　　富士大学経済学部専任講師・助教授
1994年　佐賀大学教育学部助教授
2001年　博士（一橋大学・経済学）
現　在　佐賀大学文化教育学部教授

主要著書
『日本中世社会の流通構造』（校倉書房、2000年）、『古文書が語る日本史　南北朝・室町時代』（共著、筑摩書房、1990年）、『藤原四代のすべて』（共著、新人物往来社、1993年）、『鳥栖市誌第3巻』（共著、鳥栖市誌編纂委員会、2008年）ほか

2011年4月10日発行

著　者　鈴木敦子
発行者　山脇洋亮
組　版　(有)章友社
印　刷　モリモト印刷(株)
製　本　協栄製本(株)

発行所　(株)同成社
東京都千代田区飯田橋4-4-8
(〒102-0072)東京中央ビル
TEL 03-3239-1467　振替 00140-0-20618

ISBN978-4-88621-545-1 C3321

同成社中世史選書

①日本荘園史の研究
阿部　猛著
三二八頁・七八七五円

【本書の目次】
弘仁十四年の公営田制について／転換期としての十世紀／悪党大江泰兼／越中国堀江荘について／大炊御門家領について／ほか

②荘園の歴史地理的世界
中野栄夫著
四一〇頁・九四五〇円

【本書の目次】
第Ⅰ部　荘園の成立とその歴史地理的環境／第Ⅱ部　中世荘園の動向／第Ⅲ部　地頭と悪党／附論　荘園制支配と中世国家

③五山と中世の社会
竹田和夫著
二八〇頁・六三〇〇円

【本書の目次】
序章　五山および五山僧研究の現状／第1部　蔭凉職と五山僧の活動／第2部　五山僧の時代／終章　五山および五山僧研究の課題

④中世の支配と民衆
阿部　猛編
三〇六頁・七三五〇円

【本書の目次】
開発神話・ノート［阿部猛］／田楽・さるがうの起源研究に関する一視点［坂口勉］／「上寿」考［中野栄夫］／ほか

同成社中世史選書

⑤香取文書と中世の東国

鈴木哲雄著

三七〇頁・六三〇〇円

【本書の目次】

Ⅰ　香取文書の書誌学（色川三中と香取文書／ほか）／Ⅱ　香取文書と東国社会（大禰宜家文書のなかの重書案／ほか）Ⅲ　香取文書の周辺

⑥日本中近世移行論

池　享著

三三〇頁・七三五〇円

【本書の目次】

第一章　中近世移行をどうとらえるか／第二章　理論的問題／第三章　研究史から学ぶ／第四章　統一国家の成立

⑧中世後期の在地社会と荘園制

福嶋紀子著

三二二頁・七三五〇円

【本書の目次】

序　章　本書の構成／第一部　中世後期荘園の開発と支配／第二部　荘園制的収取体系の地域的展開／第三部　散用状作成の意義